U0561300

走向生活世界

幼儿园二十四节气课程资源深度开发与利用

陆秋慧 主编

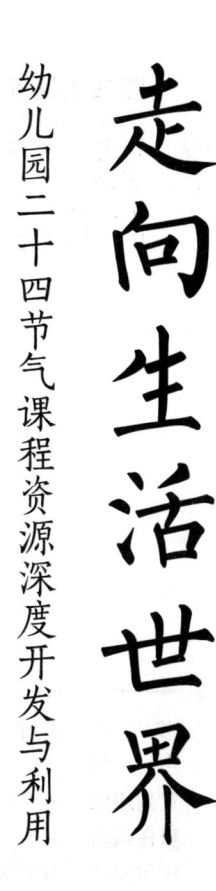

主 编

陆秋慧

编 委

周 静	林 瑶	刘芯豆	葛 莲	徐梅新
孙 艺	周 维	包尊瑜	李 旭	孙笑妍
陈 艳	张一凡	徐豫锡	程甜甜	杨宇航
王轶群	郭曼芳	俞 茜	翟羽佳	王紫云
李 雯	陈莎莎	刘梦芝	李叶俊	余晨溪
张淑娟	高宗璟	冯 锐	韩莉莉	鲍 辰
熊 婧	彭 璐	于诗雨	张 昕	李海悦

南京师范大学出版社

图书在版编目（CIP）数据

走向生活世界：幼儿园二十四节气课程资源深度开发与利用 / 陆秋慧主编. -- 南京：南京师范大学出版社, 2024. 11. -- ISBN 978-7-5651-6459-0

Ⅰ. G613.3

中国国家版本馆CIP数据核字第2024GZ1216号

书　　名	走向生活世界:幼儿园二十四节气课程资源深度开发与利用
主　　编	陆秋慧
策划编辑	彭艳梅
责任编辑	彭艳梅
出版发行	南京师范大学出版社
地　　址	江苏省南京市玄武区后宰门西村9号(邮编:210016)
电　　话	（025）83598919(总编办)　83598412(营销部)　83373872(邮购部)
网　　址	http://press.njnu.edu.cn
电子信箱	nspzbb@njnu.edu.cn
照　　排	南京凯建文化发展有限公司
印　　刷	兴化印刷有限责任公司
开　　本	710毫米×1000毫米　1/16
印　　张	23.25
字　　数	311千
版　　次	2024年11月第1版
印　　次	2024年11月第1次印刷
书　　号	ISBN 978-7-5651-6459-0
定　　价	68.00元
出 版 人	张　鹏

南京师大版图书若有印装问题请与销售商调换
版权所有　侵犯必究

为幼儿搭建走向生活世界的桥梁
（代前言）

一、二十四节气课程资源开发与走向生活世界的桥梁①

幼儿园课程走向生活世界的本质,就是让幼儿探寻生活的意义,发现生命的价值,从而提高幼儿的生命质量。幼儿园课程改革的核心,是为幼儿提供丰富的探索周围世界的条件与表达自己情绪情感的机会,即通过课程资源的深度开发,为幼儿架设走向生活世界的桥梁,让他们在与大自然和他人的交流互动中建构自身对世界的认识,通过不断发现和反复尝试,在充满幻想与色彩缤纷的世界中体验各种情感,感受生活,感悟人生。二十四节气课程是我园的特色课程,取材于传统农耕生活,能够和幼儿的生活完美融合,其文化内涵丰富,有利于培养幼儿的审美情趣、感受能力、文化品格和科学态度等,是开展生活教育的理想教育内容。随着相关课题研究的深入和现代生活世界观的确立,我们又将课程的发展定位于通过幼儿园课程设计,促使幼儿走向现实生活,走进生活世界。我们力图通过二十四节气课程资源的深度开发,进一步梳理和发现二十四节气所蕴含的文化价值和科学知识,总结和提炼节气课程资源深度开发的策略,科学利用和管理节气课程资源,让课程的建设可以更贴近幼儿的日常生活,可以和幼儿的已有经验相连接,最大限度地理解、尊重并支持幼儿的学习,促进幼儿健康、自由、全面地发展,架构起连接幼儿生活世界与成人生活世界的桥梁,进一步突显幼儿生活世界与成人生活世界相融合的价值。

---

① 陆秋慧.为幼儿架设走向生活世界的桥梁——以二十四节气课程资源的深度开发为例[J].江苏教育研究,2021(28):72-76.

二、二十四节气课程资源开发的前提与原则

(一) 必要与可行:节气课程资源深度开发的前提

我园自 2018 年以来,一直对幼儿园节气课程展开实践研究。然而,我们的教师由于习惯于从自身的角度为幼儿设计学习方式,沉浸于让幼儿为"未来的生活世界"做准备,在课程资源的开发中,常常忽视幼儿的兴趣和已有经验,有意无意地远离了幼儿的现实生活。其结果,不仅没有让幼儿充分体验到学习的乐趣,还人为地割裂了幼儿的学习和生活,丧失了许多让幼儿通过与自然、社会互动交往构建自身经验、能力,培育情感、人格的机会。基于此,我们迫切需要对课程资源进行深度开发,科学利用和管理节气课程资源,让课程的实施能够更好地促进幼儿全面、健康、快乐和自由的成长,使幼儿园真正成为幼儿幸福成长的沃土。

二十四节气课程资源的深度开发,坚持教育要走进幼儿生活、走向幼儿生活世界的理念,进一步梳理和发现二十四节气所蕴含的文化价值和科学知识。二十四节气作为非物质文化遗产,可谓中华优秀传统文化教育和幼儿教育天然的"融合剂",能增进幼儿学习与日常生活的联系,从生活的各个层面促进幼儿情感、态度、健康、知识等方面的发展。同时,节气中有许多值得幼儿观察、记录、探索的物候和天气现象,有可供幼儿阅读和理解的故事、民谣等资源。这些资源是让幼儿园课程走向生活世界的有利条件,也是让教师在实践中避免当前学前教育还存在的,诸如以成人的生活世界或抽象复杂的科学世界取代儿童的生活世界,在教学中一味向儿童灌输枯燥的科学知识等问题的保障[1],为园本课程的开发与实施指明了方向。

课程资源的开发和利用,帮助幼儿架设通往生活世界的桥梁。幼

---

[1] 邹小婷.基于生活世界的学前教育论略[J].现代教育论丛,2017(6):23-29.

生活世界与成人生活世界存在着差异。幼儿的生活世界非常重视幼儿主体性的发挥,强调幼儿在建构过程中的主动参与。然而,幼儿生活世界和成人生活世界并非毫不相容地完全对立,而是可以有机融合、相互连接的。因为幼儿的主动参与和自我建构的过程,本身就是与包括他人在内的周围环境相互作用、相互影响的过程。节气课程资源的深度开发,就是联系幼儿生活世界和成人生活世界的纽带,从而为幼儿架设走向生活世界的桥梁。

(二) 兴趣和体验:节气课程资源深度开发的原则

二十四节气蕴含着十分丰富的文化价值和科学知识,节气课程资源既有广度,又有深度,可以用于幼儿学习的内容非常多。课程资源的深度开发首先面临的就是如何在面广量大的课程资源中,寻找到最适合幼儿学习的内容。我园将幼儿的兴趣和体验作为节气课程资源深度开发的主要原则,从是否能够引发幼儿的学习兴趣或满足他们的学习需要,以及是否能让幼儿在学习过程中得到充分体验或促进他们的自主反思来判断课程资源开发的价值。

1. 关注幼儿的兴趣和需要

儿童的学习是一种自我建构的过程,是主动与环境(包括他人)互动和被动接受环境影响的统一。[①] 幼儿学习的结果,呈现出行为上的和心理上的改变。因而,幼儿园课程的教学要取得理想的教育效果,需要适应幼儿身心发展的规律。由于幼儿的心理发展具有认知活动的具象性和心理活动及行为的无意识性的特点,课程资源的开发必须关注幼儿的兴趣和需要,将是否能够唤起和引发幼儿的兴趣,是否和幼儿已有的知识经验产生联系,作为资源开发首先考虑的因素。例如,霜降时节,正逢菊花开

---

① 刘桂辉.课程与经验的关系解析——论杜威的经验课程观及教育启示[J].当代教育科学,2016(21):43-47.

放,幼儿园结合南京传统手工艺与二十四节气中的"三候",开展了仿绒花菊花手工艺活动。传统的绒花手工艺材料为蚕丝,极为珍贵,颜色配以染色料,时常有精美的渐变色,但材料与制作工艺都不适合幼儿现阶段发展水平。因此,幼儿园将绒花手工艺活动进行简化,选择毛根作为蚕丝的替代品,既能达到绒花的制作效果,也免去了作品上色的难度,使幼儿在动手操作中体验南京本地传统手工艺活动的乐趣。

2. 增进幼儿的体验与反思

课程资源的开发还需要关注能否促进幼儿在学习过程中的亲身体验与自主反思。课程资源的深度开发,要在引发幼儿兴趣,满足他们发展需要的同时,促进他们主动地探索,自主地活动,使幼儿在教师提供的课程环境中通过动手操作,主动与环境互动,从而获得直接经验,或者将他们掌握的间接经验运用于真实的生活情境中,进而实现经验的改造和重组。我园节气课程资源的开发,不仅强调要为每一位幼儿提供动手学习的机会,促使他们在主动探索的行动中获得直接经验,而且重视通过课程资源的有效运用,引导幼儿能够对自己的行为进行思考、总结,并在此基础上形成实践能力,可以解决现实生活中遇到的类似问题。例如,夏至时节,幼儿园操场上突然出现了一只会飞的虫子,这引发了幼儿的强烈兴趣。它是昆虫吗?它是蛾子吗?蛾子是昆虫吗?幼儿纷纷展开了探索。有的对着虫子画画,想把它的样子记录下来;有的则找到老师,希望老师把虫子的照片发在网上,问一问科学家……随后,幼儿的探索不断深入,有的幼儿查阅了绘本,知道了昆虫纲的定义,并通过定义判断蜘蛛、蜈蚣、蚯蚓等不属于昆虫纲。没想到,一只小小的飞虫激发了幼儿多方面的实践探索,通过资源的有效运用,幼儿还掌握了昆虫纲的知识,知道了昆虫的名字。

序

  二十四节气,是我国古代先民们依据在生产与生活中累积的关于大自然节律更迭的认知而订立的一套知识体系,是古老的华夏文明在农耕时代为人类所奉献的一部彰显"天人合一"精髓的文化经典。它被誉为我国的第五大发明,并于2016年被联合国教科文组织列入人类非物质文化遗产。这部文化经典的功能突出表现在两个方面:不仅是农耕生产的时间体系,也包含着先民们与大自然间建立起来的丰富多彩的民俗活动系统;不仅指导着一年四季的相关农事活动,也在提醒着人们该如何以敬畏自然、遵循自然规律为前提去安排日常的生活活动。鉴于此,在我国古代的教育活动中,二十四节气"当仁不让"地成为年长者们传承文化、教育下一代的重要教育内容,在家庭内部及邻里之间、于朝朝暮暮之中,口口相传、代代复诵。当幼儿园作为专门的教育机构出现以后,二十四节气便自然地走进了幼儿教育实践过程。

  早在20世纪20年代,陈鹤琴先生在其创办的我国第一家实验幼儿园——鼓楼幼稚园里,就选用了二十四节气作为组织教育活动的重要架构,将"大自然"与"大社会"的教育主张与实践有机地结合在了一起。近些年来,随着我国幼儿园园本课程研究的不断深入、回归幼儿生活的课程设计理念不断增强,由幼儿园教师们自行发起的围绕二十四节气课程资源与内容的探究不断增多,发表的相关研究成果也屡见不鲜。由陆秋慧园长担任主编、南京市栖霞区马群幼儿园全体教师共同创作的这部《走向生活世界:幼儿园二十四节气课程资源深度开发与利用》,正是其中一

项,并且是非常优秀的一项。

全书以二十四节气课程资源开发策略为开篇,以季节为单元,详尽呈现了研究者在深入探究中所累积的以单一的幼儿园和家园双方为不同主体的两类课程资源案例。逐一深入阅读过后不难发现:在马群幼儿园研究团队的视域里,二十四节气不仅是需要被传承的知识与文化经典,更是孩子们当下应该拥有的真实生活经验;优秀的节气课程资源不仅是聚集在文件夹里供教师选用的音、像、图、文,而且是需要真正渗透进孩子们的一日生活当中的具体活动;好的节气教育活动应该让孩子们在饮食起居、洒扫庭除、待人接物中体验节气文化,并借助节气的脉络演进一点一滴地去建构自己与他人、社会环境、大自然之间的丰富联结;最终,确保孩子们在习得扎实的生活知识与生存技能的同时,也得在社会性发展方面收获适宜的成长。基于这一系列关于二十四节气课程的基础理念,马群幼儿园的教师们先是对二十四节气进行了充分深入的学习与研讨,结合所在地的宏观与微观环境最大范围地遴选出了适宜幼儿的内容,而后深度聚焦孩子的年龄特征,基于孩子的视角与生活经验,帮助他们学会并养成观察与记录的基本习惯;与此同时,将二十四节气与《幼儿园教育指导纲要(试行)》中所规定的五大领域相渗透,将节气文化的内容充实幼儿在不同领域中的游戏、学习、生活的过程,在幼儿园也在家庭这两个幼儿成长场所里同时推进对节气课程资源的探究。边开发、边评估、边积累,历经6年有余的扎实探索,马群幼儿园的教师们针对每个节气中各种适宜的资源都做了详尽的整理,从中细分出了与各个节气对接的动植物、美食、习俗、文学、家长、社区等多个层次的资源类别;基于对这些资源的综合利用,教师们开展了丰富的节气主题活动设计。透过这些活动的实施,孩子们不仅与大自然有了最为紧密的联结,也对与同伴之间的合作、分享有了充分的体验。收集雨水、寻找霜雪,丈量树木、播种、除虫、秋收、欣赏枫叶、认识果实、制作美食——活脱脱将教室内的区域及活动搬到了户外、"植入"了自然之中。如此的教育实践,仿佛让孩子回归至大自然的一分子,使他们不只是有着吸收力心智的人类幼崽、更是生机勃勃的自然之子。必须说,在马群幼儿园的孩子们学习生活是舒展的、幸福的。当然,这份幸福不仅因为我们拥有二十四节气这份璀璨的文化经典,更在于拥有求实、认真、勇于探索、无比热爱孩子的马群幼儿园的教师们。

我是在2014年南京栖霞区教育局举办的一场园本教研交流会上认识陆秋慧园长的。彼时就为她基于遵从人本主义理念、立足教师人本文化团队建设的幼儿园管理措施的思考而印象颇深。2018年,马群幼儿园被列为南京师范大学与栖霞区幼儿教育课题组的基地园,在与陆园长及其带领的教师团队频繁与深入的工作往来中,日益见证了马群幼儿园的园长和教师们的聪慧、务实、果敢以及他们在幼儿教育实践中不懈努力、孜孜以求的真情与真心。而所有这些,恰恰是一项优秀的幼儿园研究成果得以集腋成裘、聚沙成塔的最为重要的前提。今天,承载着他们的心血与汗水的著作就要出版了,我需要作为课题组的负责人表达热烈的祝贺,更必须以一位幼儿教育研究者与实践者的身份表达我的敬意!我深深知道,马群幼儿园在这项研究中所经历的诸多艰辛以及他们超凡的执着与坚持。

当然,这一路走来,也离不开我们课题组的指导专家李旭老师的每两周一次的悉心入园指导。我曾多次与李旭老师针对马群幼儿园的课题进行过深入探讨,其中印象最深的一次是在共同参加学术会议途中,我们围绕二十四节气文化对于全人类幼儿教育的预期贡献达成了一个共识:在地球同纬度的区域里,在二十四节气规律适用的范围内,这套课程资源都会有其实践价值。换句话说，我们盼望，与二十四节气有关的幼儿教育研究成果不仅有益于我国的孩子，更该在适当的时候走向国际，助力更多不同种族、不同文化孩子们的茁壮成长。如果这一愿望得以实现，祖先们传承下来的非物质文化遗产更会在国际幼儿教育领域实至名归。

祝福陆秋慧园长及她所带领的马群幼儿园的每一位教师！更祝福马群幼儿园的每一位孩子的未来！

刘晶波[*]

---

[*] 南京师范大学教育科学学院教授，博士生导师，南京师范大学高质量发展研究院学前教育项目首席专家。

目　录

为幼儿搭建走向生活世界的桥梁（代前言） ·· 001

序 ··· 001

第一章
幼儿园节气课程资源深度开发策略

第一节　萌发课程资源审议意识 ·· 003

　一、通过任务驱动唤醒教师的课程资源的主体意识 ·························· 003

　二、通过生活实践唤醒教师的课程资源的开发意识 ·························· 004

　三、通过走进自然唤醒教师的课程资源的审议意识 ·························· 005

　四、通过互动纪实唤醒教师的课程资源的实践意识 ·························· 005

　五、通过同频共振唤醒教师的课程资源的共享意识 ·························· 006

　六、通过全程留存唤醒教师的课程资源的管理意识 ·························· 007

第二节　形成课程资源审议路径 ·· 008

　一、走向自然，唤醒课程资源审议的自觉性 ··································· 009

　二、走向生活，坚守课程资源审议的机制性 ··································· 010

　三、走向经验，提升课程资源审议的价值性 ··································· 012

　四、走向儿童，强化课程资源审议的动态性 ··································· 014

第三节　绘制课程资源地图 ··· 015

　一、节气课程资源地图的内涵 ··· 015

　二、幼儿园制作的节气课程资源地图易出现的问题 ························· 016

　三、节气课程资源地图的开发路径 ··· 017

第四节　建构课程资源库⋯⋯⋯⋯⋯⋯⋯⋯⋯⋯⋯⋯⋯⋯⋯⋯ 021
　　一、"基础+附件"模式,实现课程资源的可拓展性⋯⋯⋯⋯⋯⋯⋯ 021
　　二、"总表+地图"模式,实现课程资源的可规划性⋯⋯⋯⋯⋯⋯⋯ 023
　　三、"问卷+手册"模式,实现课程资源的可交互性⋯⋯⋯⋯⋯⋯⋯ 024
　　四、"审议+修订"模式,实现课程资源的可变通性⋯⋯⋯⋯⋯⋯⋯ 025

第二章
以幼儿园活动为主体的节气课程资源开发案例

第一节　春——以惊蛰节气为例⋯⋯⋯⋯⋯⋯⋯⋯⋯⋯⋯⋯⋯ 032
　　一、惊蛰节气课程资源开发设计方案⋯⋯⋯⋯⋯⋯⋯⋯⋯⋯⋯ 032
　　二、活动内容⋯⋯⋯⋯⋯⋯⋯⋯⋯⋯⋯⋯⋯⋯⋯⋯⋯⋯⋯ 046
　　三、惊蛰节气课程资源开发与反思⋯⋯⋯⋯⋯⋯⋯⋯⋯⋯⋯⋯ 090

第二节　夏——以小满节气为例⋯⋯⋯⋯⋯⋯⋯⋯⋯⋯⋯⋯⋯ 095
　　一、小满节气课程资源开发设计方案⋯⋯⋯⋯⋯⋯⋯⋯⋯⋯⋯ 095
　　二、活动内容⋯⋯⋯⋯⋯⋯⋯⋯⋯⋯⋯⋯⋯⋯⋯⋯⋯⋯⋯ 109
　　三、小满节气课程资源开发与反思⋯⋯⋯⋯⋯⋯⋯⋯⋯⋯⋯⋯ 154

第三节　秋——以霜降节气为例⋯⋯⋯⋯⋯⋯⋯⋯⋯⋯⋯⋯⋯ 161
　　一、霜降节气课程资源开发设计方案⋯⋯⋯⋯⋯⋯⋯⋯⋯⋯⋯ 161
　　二、活动内容⋯⋯⋯⋯⋯⋯⋯⋯⋯⋯⋯⋯⋯⋯⋯⋯⋯⋯⋯ 175
　　三、霜降节气课程资源开发与反思⋯⋯⋯⋯⋯⋯⋯⋯⋯⋯⋯⋯ 224

第四节　冬——以冬至节气为例⋯⋯⋯⋯⋯⋯⋯⋯⋯⋯⋯⋯⋯ 231
　　一、冬至节气课程资源开发设计方案⋯⋯⋯⋯⋯⋯⋯⋯⋯⋯⋯ 231
　　二、活动内容⋯⋯⋯⋯⋯⋯⋯⋯⋯⋯⋯⋯⋯⋯⋯⋯⋯⋯⋯ 244
　　三、冬至节气课程资源开发与反思⋯⋯⋯⋯⋯⋯⋯⋯⋯⋯⋯⋯ 288

第三章
以家园活动为主体的案例

一、立春节气课程资源开发设计方案 …………………………………… 297

二、活动内容 …………………………………………………………… 302

第四章
教 研 历 程

一、阶段一：着眼建构，多元对话 …………………………………… 317

二、阶段二：优化活动，追随发展 …………………………………… 331

三、阶段三：基于幼儿，共思再行 …………………………………… 339

四、阶段四：反思沉淀，助长经验 …………………………………… 346

第一章

幼儿园节气课程资源深度开发策略

第一章　幼儿园节气课程资源深度开发策略

第一节　萌发课程资源审议意识[①]

　　我园在省规划课题"走向生活世界的幼儿园课程资源深度开发——以节气课程为例"的引领之下,对节气课程资源开发展开了深度探索,明晰了教师在课程资源开发中的关键地位,然而实践过程中也出现了教师对节气物质资源、人文资源掌握不够明确,资源利用与幼儿生活割裂等现象,这对幼儿园课程实施的质量产生了较大影响。提高教师的课程资源开发能力,唤醒其课程资源意识,成为我园提升教育教学质量关键目标之一。我们尝试将课程资源开发与多媒体平台相结合,打造了"节气小栈"微信视频号栏目,以栏目带动教师的行动,助力教师真正成为课程资源开发的主体。

一、通过任务驱动唤醒教师的课程资源的主体意识

　　任务驱动是指教师以学生为中心、以任务为驱动进行教学。我园"节气小栈"栏目的创办同样是基于任务驱动,教师自发组建视频拍摄团队,针对课程资源的开发展开行动。如团队教师以节气自然现象或自然风景为拍摄背景,以幼儿与资源的互动为视频主要内容,将认识、筛选、运用节气课程资源的过程用真实画面表现出来,记录幼儿园里教师与幼儿在节气文化滋养下的多彩学习生活。

　　不仅如此,我们还高度重视任务驱动的激励性功能。当"节气小栈"

[①] 刘芯豆.幼儿园节气课程背景下教师课程资源意识的唤醒——以"节气小栈"栏目为例[J].早期教育,2023(5):10-11.

推送的视频有了较大关注度和较多观看量时,微信视频号平台会将该视频优选出来并推送给更多的人,这大大提升了团队教师的成就感,使其逐渐由原来仅仅是完成任务转变为自我不断挑战任务。为了让"节气小栈"栏目更具吸引力,获得更多关注量,团队教师深入挖掘更多课程资源,不断创生课程活动内容,在此过程中,其课程资源主体意识不断被激发,他们不再是课程资源的被动吸收者,而是更加关注课程资源的运用与筛选,更重视课程资源与幼儿的互动。

二、通过生活实践唤醒教师的课程资源的开发意识

教育源于生活和实践。我园"节气小栈"栏目的内容打造自然离不开幼儿和教师的生活,更离不开他们的实践。在每期视频拍摄初期,教师先要对当下节气的自然变化、文化活动、保健要点等知识点展开细致学习,然后将知识带入生活中,身体力行地挖掘课程资源支持下的节气课程活动内容,从实践中发掘节气之美,让自己真正成为课程资源开发的主体。

如随着秋分节气的到来,幼儿园里处处弥漫着丰收的气息,在视频拍摄初期团队教师走访了幼儿园周边的社区,得知幼儿园附近的山上有不少野栗子树,且每到这个时候不少本地居民都会上山摘栗子。于是,团队教师准备了厚厚的防刺手套、蛇皮口袋、板栗图片,准备上山摘板栗子。然而在实践操作中发现,板栗树很高,想要摘到更多板栗,需要用长竹竿左右拍打,板栗才能掉落。教师在课程资源开发中感受到了节气中蕴含的生活实践和文化活动的魅力,由此,上山打板栗成了幼儿园秋分节气的家园共育活动。在亲子活动实践中,教师的指导建议不仅仅来源于网络,更是亲身实践后获得的经验。

三、通过走进自然唤醒教师的课程资源的审议意识

走进自然是节气课程资源发掘的重要途径。"节气小栈"栏目的视频拍摄一直秉持镜头走进自然的理念,让镜头记录节气中幼儿园和幼儿家乡的美景。教师深度发掘自然资源,以真实经历审议自然资源在幼儿园二十四节气课程设计中的运用,让资源真正落实到活动设计中,有效提高幼儿园教育教学活动的质量。

如白露节气,最为显著的节气自然变化是清晨的露水,我园二十四节气课程的设计自然也将露水纳入大班活动中。在课程审议中,教师发现,大班科学活动"露水的形成"的开展方式多以幼儿观看视频、与同伴交流为主,幼儿对露水形成过程并不清晰。如何让本次活动更符合幼儿的学习特点,使露水这一课程资源真正走进幼儿的生活,达成"观察自然、喜爱大自然"的幼儿发展目标呢?这时,"节气小栈"的团队教师从以往拍摄的露水视频中发现:在南京,要想看到露水,首先要起早,幼儿8点入园是很难看到露水的;昼夜温差大的时候才较易形成露水,而南京在白露时节是时冷时热的,不是每天都能看到露水;靠近泥土地面的草丛里更容易找到露水,而高高的树叶上基本看不到(除山上等特殊地理位置以外)。结合以上三点,教师对科学活动"露水的形成"进行了优化和完善:一是组织家园共育活动"收集露水",并设计调查问卷(问卷涉及三个问题,即"你是几点出发收集露水的""户外气温是多少度""你在哪里发现了露水");二是梳理教师的提问,层层递进,引导幼儿总结露水形成的条件(昼夜温差大,越靠近地面越容易出现露水),积累相关科学经验,激发其科学探究的愿望。

四、通过互动纪实唤醒教师的课程资源的实践意识

课程资源的挖掘要关注幼儿的兴趣与需要,增进幼儿的体验与反思。

"节气小栈"栏目的视频拍摄不是虚假摆拍,而是记录幼儿园里每一个故事,记录幼儿与资源互动的瞬间。这就要求教师将课程资源真正落实到课程实践中,让课程资源走进幼儿的生活与学习,让幼儿玩中学、学中玩,在亲身体验中自主探索、反思提炼,从而获得身心健康和谐发展。

如霜降节气中,柿子是霜降节气的代表性水果,晒柿饼常常是霜降节气的课程活动之一。在往年的课程活动实践中,幼儿采用平晾制作柿饼,坚持阴天收、晴天晒,可是在幼儿的期待中,柿子不仅没晒成柿饼,还生了霉菌,柿饼制作以失败告终。然而晒柿饼是幼儿喜爱的活动内容,在柿饼制作过程中,幼儿坚持每天观察柿饼的变化,在失败后自主总结经验、展开反思,体会劳作的快乐。因此我们选择保留晒柿饼活动,那么如何才能制作成功呢?教师向商洛地区幼儿园取经,采用"吊晒"的方式制作柿饼。于是,在"节气小栈"的镜头记录下,新一轮柿饼制作开始了,师幼共同清洗柿子、削皮、拴绳,并记录柿子的变化,让课程资源真正落实在师幼行动中,让课程资源"活"起来、"玩"起来。

五、通过同频共振唤醒教师的课程资源的共享意识

德国哲学家雅斯贝尔斯曾指出,教育的本质是一棵树摇动另一棵树,一朵云推动另一朵云,一个灵魂唤醒另一个灵魂。"节气小栈"的团队教师在教育行动中,带动了整个幼儿园教师发现节气之美,唤醒教师的课程资源共享意识。

如春分节气,"节气小栈"的团队教师在拍摄方案中拟定了"挖野菜"活动,不少教师毛遂自荐,带团队教师到幼儿园周边取景,发现了马兰头、香椿头等野菜。保育老师也"崭露头角",亮出烘焙技能,积极参与节气美食制作等视频拍摄中。"节气小栈"栏目的制作,让幼儿园里的每个人都成了课程资源开发的主人,并共享自己的发现。不仅如此,每到"节气

小栈"推送新视频时,园内教师积极转发视频内容,并附上自己对当下节气的关键词描述,将课程资源共享给其他同样展开节气课程实践的幼儿园、学校,在同频共振的交流中互相分享自己的课程实践,以共享的方式不断优化幼儿园课程资源开发与利用的途径。

六、通过全程留存唤醒教师的课程资源的管理意识

课程活动不是一蹴而就的,而是要融入幼儿的一日生活中,使幼儿全面体验、感知、实践。由此,"节气小栈"栏目也应当将正确的课程观念融入视频中,突出活动的阶段性与过程性,因此在视频拍摄过程中,以方案审议为开端,至最后的剪辑成片,每一个环节都要用视频记录活动开展的全过程,让课程活动从始至终都有视频作为课程活动的过程资料,并为视频的剪辑提供完整的素材,让四季轮回、节气更迭的自然秘密融入视频之中。因此,最终的成片虽然只是课程活动中的一个片段或一个部分,但是"节气小栈"不仅保留了栏目剪辑出来的成片,还保留了课程活动的全程材料,从幼儿在活动前的访谈认知,到最后自我创作、探索的过程,都留下了可贵的素材,为后续开展课程活动提供学习与研讨的材料。

例如,在霜降节气的"节气小栈"视频中,视频里所呈现的画面是制作萝卜娃娃,但这只是整个霜降主题活动中的一个小剪影。在视频中有这样几个细节值得关注,一是萝卜的由来。幼儿园的萝卜是在幼儿园的丰收节种下的,每年的丰收节除了要收获新的果实,还要种下新的"希望",萝卜就是其中之一。经过几个月的日晒与雨露,萝卜也在孩子们的照料下逐渐长大,在霜降时节,萝卜长势喜人,既是霜降"节气小栈"视频中的一个重要元素,又成为幼儿园霜降课程活动中的课程资源之一。二是成缸泡好的萝卜是视频拍摄的背景。这是霜降课程活动的一个小缩

影,也就是说孩子们在霜降课程活动中,不仅开展了视频中所呈现的制作萝卜娃娃的活动,还开展了许多其他有关萝卜的活动,制作萝卜美食也是其中之一。三是节气日历的呈现。在每个节气里,孩子们都会关注时下最热门的元素,例如,大雪节气开始,街边就出现了卖糖葫芦的推车,这些元素都是取自于幼儿的生活与发现,并通过幼儿的表征使其出现在节气日历上的,这些元素会成为本次节气活动的重要课程资源。

由此,"节气小栈"的全程拍摄为幼儿园的课程活动留存了不少珍贵的课程掠影,不仅可以成为教师后期课程审议研讨的视频资料,而且为后续开展节气活动的教师与班级提供实践指导,所有的视频材料也会跟随幼儿园的课程活动纸媒材料一起保存在课程资源库中。

我园"节气小栈"微信视频号栏目切实提升了教师的课程资源主体意识、开发意识、审议意识、实践意识、共享意识以及管理意识,让课程资源更好地支持课程建设、支持幼儿学习,并助力幼儿园教育教学质量稳步提升。

第二节　形成课程资源审议路径

课程审议是课程编制的重要环节,它是指课程开发主体对教育实践情境中的具体问题进行反复讨论权衡以获得一致性的理解与解释,最终做出恰当的、一致的课程变革决定,并采取相应的策略。[①] 随着幼儿园二十四节气课程建设的不断推进,我们愈加发现课程资源审议的价值与重要性,如何在活教育理念的启迪下提升课程质量,优化课程的架构与实施

---

① 张华.课程与教学论[M].北京:教育科学出版社,2000:21.

策略,提升课程资源利用的合理性与有效性,真正促进幼儿和教师全面发展,这是课程建设过程不可忽视的问题。由此,坚持课程走向幼儿生活的理念,建立健全的二十四节气课程资源审议机制,是势在必行的行动,更是让课程资源最大程度服务于幼儿成长的重要途径。

一、走向自然,唤醒课程资源审议的自觉性

陈鹤琴先生曾说,让孩子沐浴在大自然之中,使孩子的身心与天地万物交融,让孩子直接从大自然中吸取成长需要的养分。二十四节气课程资源的深度开发,要坚持走向自然、走向生活的教育理念,挖掘、发现、梳理节气中可供幼儿观察、记录、探索的科学知识与文化传统,这些资源的审议与优化是二十四节气课程真正落实课程走向幼儿生活世界的有利条件,同时也是促进幼儿有效学习和全面发展的重要媒介。因此,教师必须从源头上提高课程资源审议的自觉性,加强对课程资源数量与质量的建设。[1]

课程资源应当是活化的,能够被幼儿解读、被拓展、被创生的。[2] 因此,二十四节气课程资源的挖掘要以幼儿的体验与操作为基础,关注幼儿探索与学习的过程,是持续动态更新的状态,而不是一成不变的状态,这对教师的课程资源意识有着极大的要求和挑战。基于此,我园组建了课程资源开发小组,并内部编撰了"节气专辑"供全园学习,以提升教师的二十四节气课程资源意识。"节气专辑"共分为五卷序辑和二十四卷节气分辑,五卷序辑分别从"二十四节气常识及幼儿园课程运用指导"和"二十四节气详解"两个维度展开,其中四卷以四季为线,概括性地梳理了各个节气的星象物候、天气、农时、节日、民俗、养生与谚语。而二十四

---

[1] 张雪燕.开发课程资源 拓展活动主题[J].北京教育(普教版),2011(2):63-64.
[2] 秦红.资源审议围着儿童经验转[N].中国教育报,2019-03-24.

卷节气分辑则是对序辑的补充,更是对各类资源园本化的实践记录,一般一辑划分为7个栏目,分别是节气时令、节气三候、节气农事、节气文化、节气养生、课程研究以及课程实践,每一个栏目不仅有收集到的文本上的节气知识、地域的资源内容,还有园本教师开展课程资源利用的实践范例。例如,在立春专辑的节气农事栏目中不仅有关于社会层面的种植建议——要抓住"冷尾暖头"及时下种,要防范霜冻、给动物防寒保暖等,还有关于幼儿园内的物候表现以及种植和养殖的建议——立春节气正值幼儿园的寒假,值班的老师们把大棚掀开,帮助蔬菜通风透气,并继续做好小动物们栏舍的保暖工作。幼儿园里的小刺猬、小兔子们也都被保护得好好的,住在暖和的窝里等待春天的到来。在惊蛰专辑的课程研究中则记录了中班幼儿与蚂蚁的探索故事。

节气专辑从整体到局部,从理论到实践,梳理了二十四节气课程实施过程中教师可利用的不同类型的课程资源集合,记录了课程实施中教师、幼儿在自然的环境中与课程资源深度互动的各类样态,为课程资源多元化的利用、动态化的更新、多维度的开发提供了支持与保障,同时也为教师节气文化专业素养与理论知识水平奠定基础,帮助教师系统全面地认识可以作为二十四节气课程资源的内容,使其课程资源意识初步萌发。

二、走向生活,坚守课程资源审议的机制性

南京师范大学教授虞永平认为:"课程审议的过程,是一个不断尝试、实践和完善的过程,需要课程实施者进行深入探索。"[①]因此,要想有效地展开课程资源审议工作,完善和优化幼儿园课程资源审议机制是必不可少的工作,其中包含了审议主体、形式、方法等多方面要素,我园也在课程资源审议机制上展开了探索之路。

---

① 虞永平.论幼儿园课程审议[J].学前教育研究,2005(1):11-13.

第一章 幼儿园节气课程资源深度开发策略

一是建立三层课程资源审议的机制，使课程资源审议园本化、班本化、生活化。三层课程资源审议机制分别是幼儿园审议、年级组审议和班级审议，一般审议的时间顺序也是从上至下。幼儿园审议的组织者一般由幼儿园园长或业务管理者担任，审议的内容一般是二十四节气课程活动框架与课程进展方向的制定，为教师的课程活动的价值把脉，提供可优化、改善的建议。年级组审议的重点一般是关于同年龄班幼儿课程活动组织形式的探究，尤其是游戏与生活环节教育价值的深度发掘。班级审议则是年级组审议后班本化的再出发，更关注幼儿个体的发展情况，聚焦幼儿与资源的互动情况，聚焦幼儿对自然、生活的兴趣与问题，其审议的形式也更加灵活多变，是一种常态、基础的审议。

二是拓宽课程资源审议主体，使课程资源审议多元化、动态化。课程资源审议不应当只是教师的工作，更需要参与到课程活动中的各类人群参加，家长、幼儿、社区都应当关注、支持幼儿园课程开发与实践。幼儿园还成立了发展委员会，定期邀请家长、社区工作人员参与到幼儿园课程资源审议工作中，共同编撰了二十四节气《家园共育手册》，手册分为节气解说、节气资源（内含绘本、儿歌、歌曲等）、节气小制作等多类亲子活动集锦。以手册唤起家长对课程资源的认识，打通家园课程资源的开发与利用路径，同时在课程资源审议的过程中聆听家长的需要，联动社区的支持，从而丰富和拓宽课程探索的形式、场域。不仅如此，幼儿也应当是课程建设与审议的主体，幼儿园设立了课程评价卷，分为幼儿卷和家长卷，让幼儿通过简单的方式参与到二十四节气课程资源审议之中，为课程资源开发提供新的方向，为资源的深度挖掘提供支持，使幼儿园课程资源动态化发展。

三是构建课程资源审议网络途径，使课程资源审议机动性、多渠道。课程资源审议应当形式多样，灵活机动。教师应当将课程资源审议工作融入一日生活中，不断提升课程资源审议的意识与实效。例如，幼儿园开辟了"节气小栈"微信视频号栏目,在视频拍摄的过程中,教师需要真正地走近生活、走近自然,以真实的体验与经历审议课程资源在幼儿活动中的利用。二十四节气课程在白露节气有一节探索露水形成的科学活动,初始活动流程中有一个绘画露水形成流程图,但活动过程中并未充分调动幼儿对露水的经验,幼儿主动性体现不足,如何优化这一环节呢?基于"节气小栈"栏目的拍摄经验,老师们发现了新的探索方法与路径,增加了家园共育"寻找露水"活动环节,以问题"露水在哪里""几点发现的露水""露水的形态"等问题唤醒幼儿对露水的经验,以调查问卷与真实的经历、自然的刺激激发了幼儿对露水科学探索的好奇与兴趣。

三、走向经验,提升课程资源审议的价值性

陈鹤琴先生曾提出,所有的课程都要从人的实际生活及经验里选出来。这意味着所有的课程都来源于人的实际生活,不是虚构的生活,也不是脱离幼儿实际经验的内容。也就是说,所有的课程资源都应来源于幼儿的生活,并真正服务于幼儿的学习与发展,成为探索和发展的桥梁。因此,为了使课程资源审议真正走向幼儿的经验,帮助教师明确关注幼儿本身,支持幼儿开展有意义的学习,幼儿园对课程资源开发思维导图展开了探索和研究。

第一,基于幼儿经验,分析幼儿表达,梳理与绘制幼儿本位的课程资源思维导图。要想让课程资源思维导图真正关注幼儿当下的经验,就要让教师真正地走近幼儿,关注幼儿与同伴的学习,关注幼儿与课程资源的互动。例如惊蛰节气,幼儿园的水泥路上小小的蚂蚁排着队忙碌着,幼儿对其产生了浓厚的兴趣,于是展开了热烈的讨论,但各种问题也接踵而来,教师将问题收集起来,一一分析问题所指向的领域或方向(见表1-1),并以此为基础制作思维导图。

第一章 幼儿园节气课程资源深度开发策略

表1-1 "小蚂蚁大世界"活动第一次探索幼儿问答记录(节选)

幼儿的问题/可挖掘的问答	指向的领域或方向
幼A:蚂蚁在做什么? 幼B:它们是在找吃的吧。 幼C:有一次我面包掉到地上了,有好多蚂蚁爬上来。 幼B:那蚂蚁喜欢吃面包。	蚂蚁饲养 蚂蚁习性
幼A:我见过巨大的蚂蚁,比这个大好多。 幼B:我也见过,我看到带翅膀的。	蚂蚁种类
幼A:小蚂蚁也会排队,一个接一个的。	蚂蚁习性
幼A:蚂蚁是昆虫吗? 幼B:是的。	昆虫纲
幼A:蚂蚁的家在哪里?	蚂蚁习性
……	……

第二,基于幼儿经验,结合幼儿兴趣,动态增添课程资源生成开发的"虚线"(如图1-1所示)框架。课程资源开发思维导图不是一蹴而就的,是要结合实施课程资源情况动态调整与生成的,因此为了使教师进一步关注幼儿的兴趣与需要,课程资源思维导图上往往有"虚线"框架的留白区,供教师实时增添新的灵感与想法,结合幼儿新的探索热点,共同商议课程活动后续的推进方向与研究重点,让教师对课程资源的预设与生成有机结合。例如,在"小蚂蚁大世界"课程资源思维导图中就有一些"虚线"框架,这些就是教师基于幼儿在探索的过程中,临时生成发现的课程资源,并非是教师预设的。在探索过程中,往往会出现"意外"情况,而教师的教育机智就是要将"意外"生成二十四节气课程资源的一部分,以满足幼儿的求知欲与好奇心,让幼儿进行深度学习与探索。

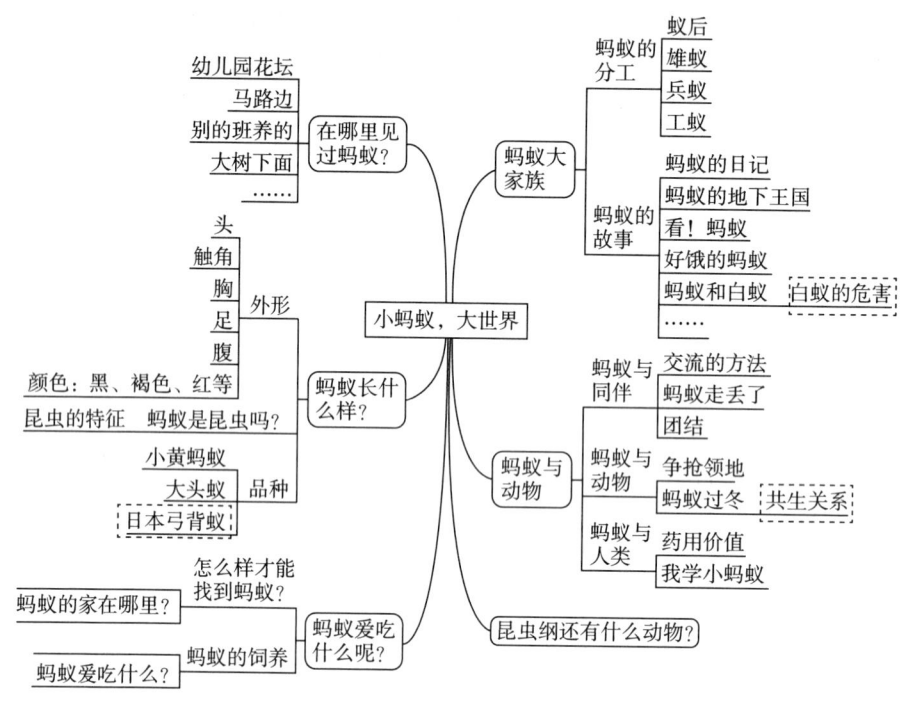

图 1-1 "小蚂蚁大世界"课程资源思维导图

四、走向儿童,强化课程资源审议的动态性

"精密观察"是陈鹤琴先生提出的教学原则之一,其对于教师来说是打开幼儿心灵的钥匙,对幼儿来说是了解世界的方法。在南京市鼓楼幼儿园,单元课程班本化是回归班级幼儿具体经验和需要的途径,通过梳理幼儿生活中的资源,以"儿童生活历"的方式预设内容,也就是说教师要通过"精密观察"捕捉到幼儿在预设活动中有价值的新问题,生成新的活动,将预设与生成相互交融、循环往复。① 也就是说,课程资源的开发与利用要以幼儿为本,而与之呼应的就是审议活动的动态化,教师的课程资源审议意识要随时在线在场,以资源服务于幼儿的发展与学习,在二十四节气预设课程活动的基础上不断生成新的课程活动。因此,二十四节气

---

① 朱水莲.单元课程班本化的探索:"幼童本位"视阈下的实践与审思[J].早期教育,2023(8):15-18.

课程提出了"基础课程""附件课程"的做法,基础课程就是以二十四节气中的三候变化为主要的课程资源开展的有预设的系列活动,而附件课程就是在基础课程活动中师幼共同探索的基础上,依据幼儿的兴趣与需要,发现幼儿问题的价值,并开发出新的课程活动。附件课程的提出使幼儿园的课程资源一直处在一个动态化发展的状态,形成一个有序、有机的课程资源开发的"供应链"。例如,雨水节气,基础课程结合节气三候以及地域物候的变化,设计了"大雨小雨""柳树发芽""水獭吃鱼"等课程活动,而在师幼的共同探索中,雨水节气的降雨量明显增多,幼儿对雨产生了探索欲望,教师也抓住"雨"这一课程资源展开一系列的生成活动,"接雨水""七彩下雨天""雨水大妙用"等多种类型多种形式的游戏和活动也自然而然生成了。

"走向自然、走向生活、走向经验、走向儿童"是二十四节气课程对课程资源审议的呼唤,更是对活教育思想的传承与园本化实践的思考。在探索的道路上,幼儿、教师、家长、社区形成教育共同体,共同进入幼儿园课程审议与建设的过程中,让课程资源服务于幼儿,促进幼儿全面发展,让课程审议走向幼儿生活世界,形成健康有机的发展路径,提升其自觉性、机制性、价值性、动态性。

第三节　绘制课程资源地图[①]

一、节气课程资源地图的内涵

课程资源地图是指对幼儿园周边可以利用的资源进行调查后,绘制

[①] 刘芯豆.二十四节气课程资源地图的实践研究[J].山西教育(幼教),2022(1):54-55.

出一张资源地图,直观形象地标识出教师可以利用的自然空间资源、人力资源、配套的物质资源或数字资源等[①]。它是课程展开的线索、幼儿学习的痕迹、教师审议的帮手。

为了进一步完善、优化幼儿园二十四节气课程,我园以课程资源地图的制作为切入点,将周边可利用的物质资源、自然资源、人力资源挖掘出来,结合地域特色、文化传统与习俗,将资源园本化、儿童化、生活化,以制作资源地图的方式来逐步实现资源的统一管理。

课程资源地图不是简单地制作地图,而是要根据课程、教师、幼儿的需要,以多方的合作为基础,整合呈现园所附近的二十四节气课程资源。课程资源地图的制作不是一蹴而就的,也不是阶段性的工作,而是一个长期、动态的过程,要实时根据附近的资源情况、多方挖掘的信息,不断地调整、完善资源地图。

总而言之,节气课程资源地图能更好地支持二十四节气课程的有效开展,同时课程资源地图的制作,能使幼儿、教师的经验不断生长,更有效地促进幼儿园、社会、家庭三方的有效合作。

二、幼儿园制作的节气课程资源地图易出现的问题

(一) 节气课程资源地图与节气课程的融合性欠缺

课程资源地图是课程建设的强有力助手,它应当以课程建设为主线,对可以助推课程建设的资源展开审议、罗列、再挖掘。我园在制作课程资源地图的初期,是以幼儿园所在位置为中心,在电子地图上将3—10公里内的道路、交通及建筑进行罗列,并使之呈现在课程地图上。但在研究进程中发现,最终地图只是罗列周边物质资源,缺乏二十四节气中人文、地

[①] 王海英.幼儿园"课程资源地图"的绘制与有效利用[J].早期教育(教师版),2016(6):10-12.

域风俗方面的内容,与节气课程的融合度不高。

(二)节气课程资源地图与幼儿学习的互动性不强

节气课程资源地图是课程建设的助手、教师审议的工具,更应当是幼儿学习的记录。而许多资源地图呈现方式基本以教师制作为主,虽然课程资源地图成品精美、好看,但却没有幼儿参与的痕迹。而且很多幼儿园都会将资源地图放在幼儿园大门口的一整面墙上,其高度完全超过幼儿的视线范围,地图上面所呈现的资源只有成人才能观察。无论是资源地图的制作过程,还是其最终的呈现方式,往往与幼儿的学习、活动缺少互动,资源地图的功能更多以展示成果为主。

(三)节气课程资源地图与课程活动的割裂

节气课程资源地图其最重要的价值与功能就是能将可供节气课程建设使用的资源通过一张地图的方式呈现出来,在课程活动筹备前期,教师无须花费大量的时间来寻找适合的资源,可以直接通过资源地图进行资源的审议与筛选。但是在课程资源地图的使用过程中发现有两种现象,一是教师往往会对某一类资源进行重复的使用,这里的重复是指使用的方式与途径相同,课程资源的使用方式不够多元化;二是教师之间的资源使用信息闭塞,课程资源探索活动无法共享交流,资源地图无法呈现出不同教师开展课程资源探索活动的不同方式,无法将资源探索活动的经验积累、提炼、升华。

三、节气课程资源地图的开发路径

(一)明晰课程资源地图逻辑线,梳理课程资源手册,为课程资源地图制作夯实基础

节气课程资源地图的制作应当符合课程建设的逻辑,为了寻找到最适合园所课程资源地图的制作方式,我园在制作资源地图前经历了四个

研究阶段。

一是制作准备阶段。在这一阶段课程建设核心组成员首先要从网络和专业书籍中搜罗课程资源地图的相关文献资料,进行集中学习、分享与消化,尤其要学习一些高校的做法。紧接着,在专家的引领下,梳理出制作资源地图的行动方法。

二是资源搜罗阶段。资源地图应当是多方参与的,资源的挖掘更应当是多方互动合作的过程。在这一过程中,幼儿、家长、教师三方合作,将幼儿园3—10公里内的资源进行梳理,从物质资源(景区、学校、医院等)、人力资源(家长、社区人员、幼儿园发展委员会成员等)、自然资源三个维度展开初步挖掘。

三是资源手册制作阶段。在经历了前面的阶段后,幼儿园已获得大量的课程资源,但如何将资源进行汇总整理呢？我园采用了制作资源手册的方法,将搜集来的资源按"幼儿的年龄特点、课程的建设需要"双条目先进行筛选,将不符合幼儿现阶段的、脱离幼儿生活的资源剔除,紧接着将剩下的资源分类整合,以二十四节气的更替为逻辑线索,将资源汇编成手册。

四是资源手册的再审议阶段。这一阶段是重中之重,这里的"再审议"有两个需要关注的重点:一是要对资源做进一步的筛选、优化、更新;二是要根据手册中资源的陈列情况,提炼出资源地图制作的逻辑线。

经历了上面四个阶段后,节气课程资源地图的制作的逻辑也逐渐明晰,即以周围的物质资源为主线索,在物质资源的基础上,再进行深度挖掘。例如,我园地处紫金山附近,紫金山蕴藏着丰富的自然资源与人文资源,在资源地图的绘制过程中,除了要将紫金山呈现在资源地图上,还要在标注紫金山坐标的基础上,用便签条的方式进行补充说明,可以以二十四节气为子线索梳理,即白露:露水、芦花、绵枣儿;雨水:球果堇菜等。

（二）收集幼儿的每一步脚印，让幼儿成为课程资源地图的主动建构者，给课程资源地图增添童言趣事

资源地图要想成为幼儿的学习记录，首先要让幼儿看得懂，让他们成为课程资源地图的主动建构者。那么，如何提高幼儿的参与度，让资源地图与其的互动性增强呢？

第一步，关注留痕。在课程资源发掘过程中的每一次活动，幼儿势必会留下来一些他们活动的材料，如照片、绘画作品，这两类材料都是很好的幼儿学习留痕，教师可以将此类材料留存下来，张贴在资源地图上，让幼儿看到资源地图就能看到自己的"故事"，使之有话可说。例如，我园附近有中央公园，其二十四节气子线索里推荐立春节气可以在此地放风筝，幼儿有关放风筝的故事绘画记录或放风筝活动照片，就可以张贴在中央公园地标旁，这样幼儿看到资源地图时就可以和同伴交流分享自己的活动经历，让幼儿的生活留痕、经验留痕、学习留痕。

第二步，关注解读。资源地图在留痕的基础上，会有不少幼儿的参与成分，但是幼儿的作品呈现是某一参与活动幼儿的经验，资源地图应将个人的经验集体化，因此教师要解读幼儿的留痕，可以用"画中有话"的方式，将张贴在资源地图上的幼儿作品、照片进行解读，记录幼儿描述照片与作品的原话。这里可以用两种方式呈现幼儿的原话描述，一是教师的文字纪实——根据幼儿的描述进行文字记录，二是视频转述——拍摄创作幼儿的自我解读的视频，用二维码的方式将视频呈现在作品旁。这两种方式，成人能够快速接收其"留痕"的含义，也能通过给幼儿观看视频的方式，让幼儿主动了解作品意义，增加其生活经验，逐渐让幼儿愿意主动留痕、积极分享经验、参与地图制作。

第三步，关注环境。首先，课程资源地图所张贴的地方要便于幼儿观看，光线要明亮，应当张贴在幼儿园全体幼儿、家长、教师经常经过的地

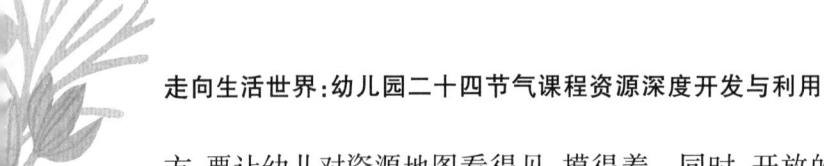

方，要让幼儿对资源地图看得见、摸得着。同时，开放的环境也能让家长及时了解周边资源的发掘情况，根据节气的更迭，自发带幼儿开展各种类型的节气活动，使家园的双方互动更有效。

（三）创新编码管理模式，打通课程资源地图与课程活动的联系，使课程资源地图用途多元化

资源地图应是教师审议的好帮手。现阶段，大多数幼儿园都是以资源地图的方式直观呈现周边资源，未通过资源地图实现课程资源与课程活动的共同管理。

我园将课程资源地图与每一次课程活动相联系，创新编码管理模式，使教师看到资源地图，就可以找到每一种资源使用的课程活动资料，使资源共享，使教师的信息共享，使幼儿的经验不断累积、提升。

编码管理模式是指，每一个课程活动的过程性资料，都分类存放在档案袋中，每一个档案袋都有专属编码。在资源地图上已使用过的资源旁，可以将档案袋的专属编码标注上，这样就可以通过编码查看详细而完整的课程活动的过程性资料，使不同的教师都能够快速了解现阶段课程活动的组织情况、资源挖掘的情况以及幼儿的活动反馈情况，以促进资源的使用更加深入、更加多元、更加符合幼儿的需要与兴趣。

例如，秋分到，幼儿园里桂花飘香，幼儿在幼儿园里寻找桂花树、收集桂花、制作桂花蜜、品尝桂花糕等，一系列的活动都是围绕着桂花这一自然资源开展的，将这一系列资源存档于档案袋中并编码，随即将编号写在资源地图桂花资源的旁边，这样就可以通过编码查找桂花资源使用的过程性资料了。

通过编码管理模式的创新，课程资源地图不仅成为资源呈现的工具，更是让地图成为幼儿园课程资源管理的工具，使资源地图的功能更加多元，让教师课程审议的信息更加透明，打通了教师互相学习的渠道。

第四节　建构课程资源库[①]

随着江苏省课程游戏化项目的不断推进,很多幼儿园都建设了课程资源库。然而,由于课程资源库建立之后往往缺乏有效管理,导致课程资源库利用率低,资源库无法有效整合资源和幼儿的生活,无法与课程发生有机联系。课程资源库逐渐成为收纳、堆积各类材料的仓库,处于"静态管理"的状态[②]。在课程资源库的建设过程中,我园从资源库的补充、规划、反馈和更新等方面开展动态管理,逐渐形成了富有节气课程特色的资源库动态管理模式,打破了原有的静态困境,有效提升课程资源的可拓展性、可规划性、可交互性和可变通性。我园节气课程资源库的动态化管理,就是顺应节气顺序,结合幼儿生活的兴趣与需要,根据课程内容的发展脉络对课程资源库进行更新与完善,实现课程资源和课程需要的有效衔接,从而促进幼儿园课程的可持续发展。

一、"基础+附件"模式,实现课程资源的可拓展性

完善课程资源库,是优化园本课程的重要一环。园本课程的建设是一个全面、持续的过程,相应的,课程资源库也是不断发展变化的,需要在课程实施的过程中不断地调整和完善[③]。课程资源库的动态管理要求课

[①] 陆秋慧.幼儿园课程资源库动态化管理的园本实践[J].早期教育,2022(40):19-21.
[②] 刘继同.由静态管理到动态管理:中国社会管理模式的战略转变[J].管理世界,2002(10):26-36.
[③] 方晨瑶.试析幼儿园课程资源库的动态管理[J].教育导刊(下半月),2018(5):71-74.

程资源与课程活动紧密结合,随着课程活动的不断开展,课程资源要随之增加或更新到资源库中,这样才能使课程资源库中的内容和功能及时满足课程实施和幼儿学习的需要,与课程活动更加契合,同时也方便教师和幼儿随时随地取用。

我园课程资源库分为实物资源区与非实物资源区。实物资源区存放的是课程实施中运用到的实物材料。非实物资源区则是存放课程文本资源、网络资源和活动资源的区域,其收录的内容更关注资源与课程活动的关联性。例如,我们以二十四节气为线索,一个节气的材料放到一个课程资源箱,课程资源箱里面存放着小、中、大班开展节气活动中会运用到的实物资源与非实物资源,此为课程资源库的基础部分。在资源收纳整理的过程中,我们发现,课程活动并不是一成不变的,为了更好地顺应园本课程班本化、生活化的发展,在不影响幼儿园基础课程资源的建设思路与内容的前提下,我们增添了附件课程资源作为基础课程资源的补充(如图1-2所示)。

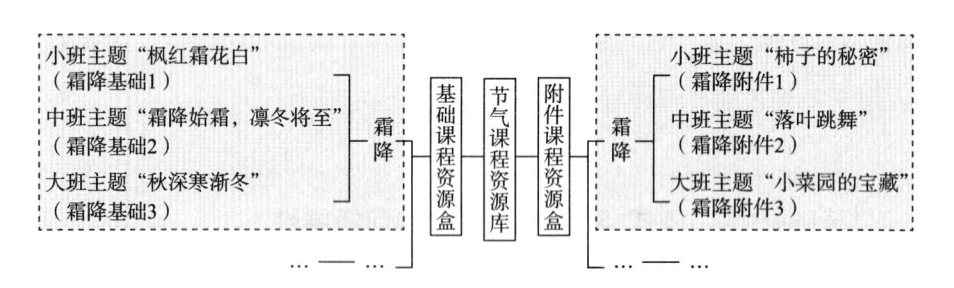

```
小班主题"枫红霜花白"                                    小班主题"柿子的秘密"
(霜降基础1)         基 节 附                            (霜降附件1)
                    础 气 件
中班主题"霜降始霜,凛冬将至" 霜 课 课 课 霜                中班主题"落叶跳舞"
(霜降基础2)       降 程 程 程 降                        (霜降附件2)
                    资 资 资
大班主题"秋深寒渐冬"  源 源 源                           大班主题"小菜园的宝藏"
(霜降基础3)         盒 库 盒                            (霜降附件3)
       ……                                                    ……
```

图1-2 节气课程资源库(节选)

为了充分发挥基础课程资源和附件课程资源的优势,我们为附件课程资源建立了专项资源盒,为每一个附件课程资源盒设立了独一无二的"编码",并将附件课程资源盒里的内容整理成表格目录,放在基础课程资源盒中,以方便师幼开展活动时随时取用。

例如,在寒露节气课程活动中,中班的幼儿对蚂蚁产生了强烈兴趣,于是他们围绕蚂蚁展开了相关的课程活动,对蚂蚁的外形、生活习性等方面进行了深度探索。课程实施后,寒露时节的课程资源除了已有的基础课程资源,还增加了有关蚂蚁的班本课程资源。我们将蚂蚁班本课程资源收纳到附件课程资源盒里(内含蚂蚁工坊、蚂蚁绘本、幼儿作品、教师收集的活动材料等),并标记资源盒编码"寒露附件×",再将资源盒编码填写至基础课程资源盒的目录表格中。由此,当下一位教师打开寒露资源盒时,除了能看到基础课程资源,还能根据资源盒中的表格,搜寻到之前部分班级开展的班本附件课程资源。"基础+附件"模式,提升了课程实施的弹性,拓展了课程与活动的内容,使课程资源随着课程的实施及时得到梳理、拓展与延伸。

二、"总表+地图"模式,实现课程资源的可规划性

节气课程架构了幼儿与生活世界联系的桥梁。节气课程应使幼儿获得完整的四季经验,感受不同时节中动物、植物、气温的变化,体验节气之美。因此,对节气课程资源进行合理规划,应是幼儿园课程资源库构建的重点之一。

我们将二十四节气中需要运用到的物质材料整理入档,构建了"二十四节气资源总表"。"二十四节气资源总表"中包含"自然资源、社会资源、已生成的活动资源"三个栏目,教师能提前准备好资源。例如,在总表的立春节气中,详细记录了立春时幼儿园内可以寻找到的自然资源(迎春花和水仙花),以及幼儿园曾开展过的美食活动(春饼、春卷),帮助教师有意识地做好资源利用的前期准备工作,不仅如此,总表中还备注了可能开展的课程活动及资源盒的"编码"(花灯展——立春基础课程资源盒;舞龙与舞狮——立春附件×等)。这样,教师根据总表,可以清晰地了解幼儿园节气课程资源的内容,并能根据"编码"在资源库里找到可运用

资源的存放地点。总表管理模式有效解决了教师对课程资源规划不全面的问题，避免了园内缺少某一时令节气可利用资源的困境，为幼儿园课程的开展提供保障。

此外，为了最大化利用幼儿园周边的课程资源，补充总表中欠缺的周边物质资源、自然资源、人力资源，我们还制作了课程资源地图，将其张贴在课程资源库实物存放区的墙上。

例如，中央公园位于幼儿园附近，家长常常带着孩子去中央公园玩耍，谷雨时节的雨后，中央公园的草地上就会冒出小蘑菇，孩子们对于小蘑菇的生长充满了疑问，由此，谷雨节气主题活动"公园里的'菇'事"开始了。活动结束后，教师将活动相关材料收纳到附件课程资源盒中（谷雨附件×），并在总表上登记入库。当其他教师在开展谷雨节气主题时，不仅能通过总表了解谷雨节气所有的课程资源，还能通过资源地图了解到周边资源开发的途径与使用方法。"总表+地图"的管理模式为节气课程资源的开发提供双向支持，帮助教师从不同角度对资源的再利用进行不断探究与思考，助力教师全面、系统、科学地设计与组织课程活动。

三、"问卷+手册"模式，实现课程资源的可交互性

幼儿园课程既是教师教学的"菜单"，更是幼儿学习的"跑道"[①]。判断资源是否合适，其标准必须依据幼儿的身心发展规律和学习特点[②]。幼儿园课程资源的开发主体不仅仅是教师，还包括幼儿与家长，体现了实现课程资源可交互性的内在要求。

在园期间的节气里，幼儿园往往采用一个节气一张调查问卷的方式

---

① 成尚荣. 为儿童幸福前行铺设好"跑道"[J]. 早期教育,2005(8):4-6.
② 朱静晶. 优化中班综合课程主题活动资源库的实践研究[J]. 早期教育（教科研版）, 2013(Z1):68-71.

调查家庭资源、幼儿园周边资源。节气调查问卷的设计有两个关键点：一是要了解全国范围内节气的不同人文风俗样态。例如，冬至节气，我们通过调查问卷发现，园里很多故乡在北方的幼儿家中都有吃饺子的习俗，而南京本地幼儿家中会炖鸡汤。于是，我们在进行冬至节气课程活动时，在食谱制订上为幼儿准备了饺子和鸡汤，使他们感受到不同地区富有特色的节气习俗。二是要考虑到幼儿的年龄特点，要保证调查问卷在使用的过程中幼儿是参与的主体，小班可采用拍照片、涂色、画圈等方式展开调查，中大班以绘画、测量等方式进行调查。

由于大寒、立春、大暑、立秋、处暑五个节气一般在寒暑假期间，为了凸显幼儿在资源开发中的主体性，保证幼儿有完整的二十四节气体验，我园研发了《家园共育手册》，每个节气编印一本手册，手册里记录了各个节气的习俗、气候以及相关绘本、儿歌，推荐了一些亲子游戏、手工、食育等内容。手册中还留有一些空白页，可以让幼儿和家长自主记录开展的活动内容。例如，在大寒节气的《家园共育手册》中，食育活动推荐的是腊八粥，但园所部分幼儿回到故乡后，家长会在大寒节气里蒸糯米八宝饭、蒸米糕、做馒头。于是，家长和幼儿可以通过照片或绘画的方式，将这类手册以外的活动记录在手册的空白页。

通过"问卷+手册"的方式，家长和幼儿能参与到幼儿园节气课程资源开发中。课程资源不再是一成不变的物化材料，幼儿的生活和故事成了宝贵的课程资源。同时，教师通过与幼儿、家长的互动，了解到各地的节气习俗，进一步开发了节气资源，体现了幼儿园与家长资源的可交互性。

四、"审议+修订"模式，实现课程资源的可变通性

课程资源可分为静态和动态两类，然而，即便是静态的资源也不是一

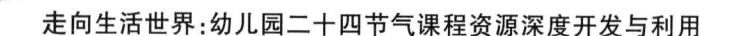

成不变的。随着时代的进步和社会的发展,如今的节气风俗和传统的节气风俗有着很大不同。这启示我们,课程资源库也需要不断更新,使节气课程的发展能够和社会的发展保持同步,更好地贴近幼儿的生活,满足他们学习和发展的需要。

在我园节气课程建设中,课程审议是重要环节之一。园长、业务园长领导的课程审议小组负责课程资源库的调整与更新,课程审议组长将审议好的资料按流程归纳到资源库中入档备案。为了增强课程资源的可变通性,我园的节气课程资源库专门设置了"审议墙",审议墙上张贴了三年内当下节气课程活动的思维导图,为教师每周一次的课程审议提供素材。教师在课程审议的过程中,可以结合思维导图寻找相关课程资源,也可以在已有活动的基础上,及时反馈资源利用的新途径或实施中遇到的新问题。

课程审议既是解决课程实施问题的具体策略之一,也是课程修订前的基础性工作[1]。我园节气课程的修订是在课程审议的基础上,选择能够体现节气课程理念的课程资源,对原有课程进行完善和改进。例如,在霜降节气的一次课程审议中,教师在审议墙上发现前一年开展的晾柿饼活动由于南京湿度较大,柿饼还没晾几天就发霉了。然而,晾柿饼是幼儿非常感兴趣的活动,虽然上一年晾柿饼没有成功,可幼儿每天都会去观察柿饼的情况,和同伴交流自己的发现。经过课程审议组的研讨,决定保留晾晒柿饼的活动,然而,柿饼还能怎么晒成为今年开展晾柿饼活动的新问题。于是,园长和陕西商洛的结对幼儿园取得联系,得知做柿饼有专门的柿子(农户称之为"水柿子");晾柿饼也有专门的绳子,而不是前一年使用的麻绳;晾晒方式除了有吊柿子,还可以在竹簸箕里的柿子底下垫两根竹棍来平铺晾晒……经过"远程教学",幼儿终于晒成了柿饼。随后,教

---

[1] 虞永平.论幼儿园课程审议[J].学前教育研究,2005(1):11-13.

师将相应的材料收纳到课程资源库,并将活动过程的思维导图张贴在审议墙上,供教师下一次开展晾柿饼课程活动时取用。

"审议+修订"模式,加深了教师对课程理念的理解和认同,解决了课程实施中的现实问题;在优化与完善课程实践的同时,也增强了课程资源的可变通性,使得资源库能够根据课程实施的需要,及时更新相应资源,使其真正成为教师教学和幼儿学习的宝库。

第二章

以幼儿园活动为主体的节气课程资源开发案例

第二章 以幼儿园活动为主体的节气课程资源开发案例

走向生活世界的幼儿园节气课程资源深度开发设计方案(幼儿园活动)中总结了幼儿园多年的课程资源开发经验,从资源种类的多样性、资源内容的丰富性、资源使用的深度性,从满足幼儿兴趣需要、贴合幼儿年龄特点、符合幼儿生活实际、支持幼儿自主学习等方面设计方案。

课程资源深度开发设计方案中的幼儿园活动具有系统性和目标性,每个节气资源开发设计方案中都涵盖设计意图和主题目标,设计团队对每个节气的气候特点、习俗文化、美食美景等内容进行了凝练,在本主题中希望幼儿重点关注的部分,用简洁清晰的语言呈现,将设计方案的意图串联在整个方案之中。方案中的活动以《3—6岁儿童学习与发展指南》(以下简称《指南》)中的五大领域学习与发展目标为基本目标,将节气资源的渗透作为目标达成的重要途径,围绕认知、技能、情感三大要素制订目标,提供了节气活动中的整体目标指向,明确了节气活动开展的意图和愿景。节气资源的梳理是节气活动开展的重要前提,我们从自然资源、社会资源、已生成的活动资源几个方面做了梳理、分析与思考,对现实的节气生活有一定的把握后,细化资源类别,从动物、植物、气候、美食、文学、社区或家长等方面详细体现节气中实际可利用的资源和传统节气要素。

幼儿园开展过丰富的节气活动,梳理幼儿园的生活历,将节气、节庆活动作为课程开展的重要载体,我们在每个资源开发设计方案中遴选了几项经典活动:小中大班的集体活动各七节、节气特色体验活动一个、科学小实验两个,这些活动都能供幼儿在节气活动中汲取经验。环境作为隐形课程能为资源的渗透提供有效路径,方案中的环境与游戏包含主题墙创设、游戏区域材料投放,为幼儿一日生活的各个环节提供思路和建议。同时,节气中蕴含的大量资源也为幼儿的课程活动提供参考,日常渗

透、时令美食、劳动建议等板块里也展示了节气资源的广度，体现了幼儿园课程开展的价值追求。节气具有天然的教育资源，在这些资源中，我们可以找到大量的劳动场合、时令美食、天气变化时的保健知识，这些与生活、季节建立联系，保证不同季节资源的流动性和可变性。

几项活动的设计体现了节气课程资源的可实践、可体验、可操作、可触摸，这让节气不再是虚无缥缈的，幼儿在游戏中体验节气、在动手实验中感知自然、在主动参与中感受生活。

第一节　春——以惊蛰节气为例

一、惊蛰节气课程资源开发设计方案

（一）设计意图

春雷响，万物长。惊蛰，是二十四节气中的第三个节气，在每年阳历3月5日、6日、7日中的一天。"惊"表示惊醒，"蛰"是藏起来的意思，惊蛰的意思是春雷惊醒了藏起来冬眠的动物，小昆虫苏醒、繁殖生长，渐渐进入我们的视野，让这个世界变得热闹起来。惊蛰时节，雨水较多，春催万物，大自然有了新的生机，植物、动物呈现出一片欣欣向荣的景象。惊蛰是阳气开始生发的时期，人们在这个时期需要注意调节饮食和作息，保持身体健康。

在本主题中，幼儿会参与各种各样与惊蛰有关的活动：讨论关于春雷的话题；到户外去寻找苏醒的小昆虫，了解昆虫的特点和生活习性；感受春天带来的生机勃勃，从惊蛰节气的雷、电自然现象中体会小动物们被"惊醒"的趣味，乐意亲近自然，表现自己对春天的喜爱和向往。在二月二龙抬头节日中，了解风俗习惯，激发热爱民族文化的情感。

（二）活动目标

1. 小班

（1）知道桃花是在春天开放，能手口一致地点数 5 以内的桃花数量。感知自然界中先看到闪电，后听到雷声的现象。

（2）能口齿清楚地讲述自己在惊蛰节气中的发现。能尝试用南京方言边念儿歌边做出相应的动作，愿意在集体面前大胆表现自己。

（3）能讲述避免雷电伤害的基本常识，在"躲春雷"游戏情境中知道在分散跑时要躲避他人的碰撞，以免受伤。

（4）知道 3 月 12 日是植树节，愿意保护植物、保护环境。

（5）通过搓、捏、压的方式，能够用黏土捏出桃花和桃枝。尝试自己看图谱，能初步跟着节奏打击乐器。

2. 中班

（1）了解防雷电的知识，有安全意识；能用侧身钻的动作钻过 60 厘米高的障碍物，探索侧身钻的动作要领：先伸脚—再过肩—腿跟上，发展身体协调性、灵活性。

（2）借助动作或口头语言表现儿歌的节奏和韵律，了解惊蛰时春雷响、虫儿醒的场景，根据惊蛰时出现的现象进行儿歌续编。能用连贯的语言表达自己的想法并进行简单讲述，感受儿歌语言的节奏韵律。

（3）收集关于惊蛰的知识，向同伴介绍调查表，愿意将惊蛰时节里的趣闻、观察到的现象与他人分享，积极参加惊蛰的集体讨论，萌发集体意识。

（4）了解节气对动植物的影响，学习观察昆虫的方法，能感知发现惊蛰时节动植物的生长变化等自然现象，乐于探索和亲近自然，萌发对大自然的热爱。通过用加 1 或减 1 的方法将数量变得一样多，理解数的实际意义。

（5）在欣赏自然界变化的时候，用绘画、黏土造型等不同的方式表现动物的形态,并尝试添画。能根据图谱使用乐器进行演奏,对打击乐活动感兴趣,有较好的乐器使用习惯。

3. 大班

(1) 练习一个接一个地向前蹲走,发展腿部力量和协调性。通过自主探索以及同伴模仿,能在口令的帮助下与同伴合作向前蹲走一定距离。体验与同伴合作蹲走的乐趣,努力与同伴共同完成游戏。

(2) 理解故事内容,了解故事中讲述的昆虫外形特点。熟悉故事中的对话,尝试分角色进行表演。通过故事的学习对昆虫有一定的了解,喜欢聆听故事。

(3) 认识各种鼓,知道鼓是我国民族乐器的一种。知道龙的来历,了解二月二龙抬头理发的习俗。培养热爱祖国、热爱民族文化的情感。

(4) 感知雷和闪电的自然现象。通过观察,记录乌龟苏醒时的形态以及当时的温度,并能够尝试照顾苏醒的乌龟。发现事物简单的排列顺序规律,知道许多物体可以进行二等分、四等分,感知整体与部分的关系。

(5) 了解桃树树枝的形态以及桃花花瓣的形状特点。学习用排笔表现大小不同的桃花,尝试用点彩的方式表现出桃花林的整体美感。保持画面整洁干净,感受桃花水粉画的美。知道惊蛰节气小动物都会苏醒,熟悉歌词内容,初步学唱歌曲。能在会唱歌曲的基础上,尝试扮演角色表演歌曲。

(三) 资源开发

表 2-1 惊蛰节气课程资源开发

资源	类别	现实生活世界	传统节气要素
自然资源	动物	布谷鸟、冬眠动物	黄鹂、布谷鸟、黄莺
	植物	艾草、桃花	向日葵、艾草、桃花、梨
	气候	测量温度、观察和记录雷电	气温升高迅速,雨量增多却有限,开始有雷声

续表

资源	类别	现实生活世界	传统节气要素
社会资源	美食	银耳炖雪梨、韭菜鸡蛋	荠菜、梨、鸡蛋、驴打滚
	文学	故事:《爱唱歌的小黄莺》《虫虫睡醒了》 绘本:《蝴蝶,如此耐心》《认识昆虫》《好安静的蟋蟀》《两只坏蚂蚁》《一寸虫》《世界上最温馨的家》《100层的房子》	
	社区或家长	春种、赏梅、理发	
已生成的活动资源		雷电:听雷声、防雷电 鼓:了解振动发声的原理、制作小鼓、学习中华鼓舞 昆虫:认识常见的昆虫、收集昆虫、绘制昆虫线描画 桃树:认识桃花、了解花期、制作创意手工桃花 二月二:知道龙抬头的由来和理发的习俗	

(四) 活动设计

表 2-2 惊蛰节气活动设计

活动类型	年龄班	活动名称
集体活动	小班	社会活动"我们去植树"
		语言活动"城南谣"(童谣)
		美术活动"美丽的桃花"(黏土)
		科学活动"打雷和闪电"
		数学活动"桃花朵朵开"(点物匹配)
		音乐活动"大雨小雨"(打击乐)
		体育活动"躲春雷"(四散跑)
	中班	美术活动"好饿的小蛇"(线描画)
		音乐活动"昆虫音乐会"(打击乐)
		语言活动"惊蛰"(儿歌)
		社会活动"惊蛰之美"
		科学活动"有趣的蚂蚁"

续表

活动类型	年龄班	活动名称
集体活动	中班	数学活动"变得一样多"（数量关系）
		体育活动"小猴子看桃花"（侧身钻）
	大班	美术活动"桃花三两枝"（水粉画）
		社会活动"有趣的鼓"
		科学活动"冬眠的动物苏醒了"
		数学活动"二等分和四等分"（图形的分解与组合）
		音乐活动"蜗牛与黄鹂鸟"（歌唱）
		语言活动"昆虫运动会"（故事）
		体育活动"大青虫赛跑"（合作走）
节气特色体验活动	全园	惊雷响，春已至
科学小实验	小班	泥团育苗
	中班	有趣的静电
	大班	

（五）区域活动

1. 小班

表2-3 惊蛰节气小班区域活动

区域	可能引发的活动	材料准备	观察与指导要点
美工区	1. 绘画：小鸟飞呀飞 2. 手工：美丽的桃花	小鸟简笔画画纸、各色黏土	1. 学习从图案边沿开始涂，不涂出框 2. 尝试等分黏土后再搓压
表演区	1. 理发店 2. 演奏会"轰隆隆"	假发、理发工具、小乐器（摇铃、沙锤、鼓）、纱巾、音乐图谱	1. 按照洗剪吹梳的理发步骤进行游戏 2. 能根据图谱进行演奏

第二章　以幼儿园活动为主体的节气课程资源开发案例

续表

区域	可能引发的活动	材料准备	观察与指导要点
益智区	数数桃花有几瓣	多种桃花图片、彩笔	1. 手口一致点数5以内的数 2. 能用小点表示正确点数
建构区	1. 建构雨中小屋 2. 拼插树上的小鸟 3. 种树	树枝、闪电图片拼插玩具、小屋图片、小鸟图片、种植工具图片	1. 用围封、垒高的技能搭建雨中小屋,并在屋子周围种上树木 2. 观察图片,自由想象拼插
语言区	1. 故事分享"爱唱歌的小黄莺""虫虫睡醒了" 2. 绘本阅读"二月二龙抬头"	相关书籍	能够一页一页翻看书本,不跳页
科学认知区	1. 听雷声 2. 观察黄莺、布谷、斑鸠	提供图片	比较三种动物不一样的地方
自然角	1. 观察冬眠动物(乌龟) 2. 种植杨花萝卜、红薯等	种植工具、种子	1. 能够给自己的植物浇水 2. 定期观察动植物的变化

2. 中班

表2-4　惊蛰节气中班区域活动

区域	可能引发的活动	材料准备	观察与指导要点
建构区	1. 搭建鸟虫的居住场所 2. 搭建避雷的装置设备	各种积木块、布、各种避雷装置的图片等辅助材料	教师引导幼儿模拟鸟虫的生活场景进行搭建,采用围拢、覆盖、塔式、交叉连接的搭建技巧

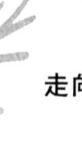

续表

区域	可能引发的活动	材料准备	观察与指导要点
美工区	1. 情景画(打雷怎么办) 2. 黏土造型(昆虫世界) 3. 仿铜浮雕画(闪电) 4. 线描画(昆虫、小鸟)	笔、纸、昆虫简笔画、黏土、颜料(黑)	1. 在绘画情景的同时关注到细节 2. 能够控制小肌肉的力度,发展精细动作 3. 在关注花纹的基础上产生独特的线条美
语言区	1. 进行绘本阅读并与同伴交流自己阅读后的想法 2. 自制图书	1. 绘本《蝴蝶,如此耐心》《昆虫运动会》《在我脚下》 2. 纸、笔、空白书、昆虫、小鸟图片	1. 培养幼儿良好的阅读习惯 2. 引导幼儿结合所看的绘本、儿歌等自制图书
科学认知区	1. 用放大镜观察昆虫标本,了解昆虫基本特征 2. 正确辨认各种鸟类	1. 放大镜、昆虫标本、昆虫收集器 2. 各种鸟类图片	1. 收集昆虫的方法 2. 引导幼儿观察各种鸟的区别
角色区	1. 幼儿扮演角色,表演、创编故事 2. 创设情景"打雷了怎么办"	1. 小舞台:提供蝴蝶头饰,绘本中涉及的小昆虫头饰,绘本中的场景背景 2. 娃娃家:提供雷声的音频,手提电话、手机等玩具	1. 指导幼儿选择自己喜欢的角色,鼓励幼儿大胆、自信地展现自己 2. 引导幼儿打雷时不做危险的事情,待在家中不乱跑
自然角	1. 观察乌龟、蚯蚓、蚂蚁等的苏醒时间 2. 测量气温 3. 在种植园地把地松土为春种做准备,种植杨花萝卜、向日葵	1. 放大镜、笔、日历 2. 温度计、记录表 3. 耙子、铲子、杨花萝卜、向日葵种子	1. 引导幼儿观察并记录 2. 引导幼儿看温度计的正确方法 3. 引导幼儿学习松土和播种的正确方法

3. 大班

表 2-5 惊蛰节气大班区域活动

区域	可能引发的活动	材料准备	观察与指导要点
语言区	1. 绘本阅读"认识昆虫""好安静的蟋蟀""两只坏蚂蚁""一寸虫""蚂蚁和西瓜""世界上最温馨的家""100层的房子""这就是二十四节气之惊蛰" 2. 自制惊蛰图书 3. 儿歌朗诵"惊蛰"	1. 相关类型的故事、农谚、诗歌等书籍 2. 固体胶、剪刀、白纸、透明胶、笔	1. 自主阅读图书 2. 制作相关的惊蛰图书，讲述故事内容 3. 愿意与同伴分享惊蛰有关的绘本故事内容
表演区	1. "昆虫大联欢"表演 2. "二月二龙抬头"理发角色扮演 3. 表演春耕时的场景	纱巾、报纸、塑料薄膜、镜子、梳子、玩具剪刀、假发、锄头、头巾、干活的服装	1. 选择自己喜欢的材料装扮，扮演昆虫，进行表演 2. 合作扮演理发师和顾客，熟悉操作过程 3. 与同伴合作表演春耕，乐于大胆表现
建构区	1. 春天的公园 2. 气象站 3. 昆虫之家	积木、自制花草、装饰物、胶粒、各式各样的清水积木、辅助物、气象站及观测仪器的图片、纸、笔、仿真的昆虫玩具	1. 学习用装饰的方法搭造小亭子的屋顶，并能用辅助物进行装饰，表现春天公园的景象 2. 幼儿欣赏气象站图片，了解气象站的布局与各个站楼的功能 3. 与同伴共同商量设计气象站的布局图，按照布局图共同搭建气象站 4. 用积木和仿真材料搭建昆虫的家
美工区	1. 桃花小制作 2. 制作鼓 3. 线描昆虫画	各色卡纸若干、毛根、绿色插花铁丝、剪刀、双面胶、水彩笔、废旧纸质或铁质饼干盒、月饼盒、丙烯颜料、竹筛、小竹子、勾线笔、白纸	1. 根据步骤图，制作立体桃花。注意花瓣的数量及花蕊的形态 2. 与同伴合作，做自己喜欢的鼓，大胆装饰鼓面，与同伴交流自己的想法 3. 仔细观察昆虫，用线描的形式勾画出昆虫细节部分

续表

区域	可能引发的活动	材料准备	观察与指导要点
生活区	1. 制作艾草保健品（如香囊、艾草枕头等） 2. 榨汁：蜂蜜梨汁 3. 制作养脾甜品：山药雪梨	艾草、香囊、空枕套（边缘穿洞）、编织绳、手摇榨汁机、雪梨、山药、红枣、碗、勺、杯子	1. 了解艾草的特殊功效，尝试制作艾草保健品，供自己、家庭和班级使用。尝试将枕套的口用绳子穿好打结 2. 知道吃梨可以止咳化痰，润肺清热。学习榨汁机的使用方法 3. 与同伴合作用大枣、山药等制作甜食以养脾。学习用勺捣碎熟山药
科学认知区	1. 关注和记录第一声雷 2. 观察、测量和记录：每日固定时间的气温和固定地点的地温 3. 观察冬眠苏醒的动物（青蛙、蟾蜍、蚯蚓、昆虫等） 4. 通过视频观察和了解黄莺、布谷鸟、斑鸠、鹰等鸟类 5. 观察种子的变化 6. 认知游戏之土壤里的昆虫 7. 蚂蚁乐园屋	记录表、温度计、地温计、放大镜、昆虫捕捉器、时钟、ipad、棉花、小盆子、昆虫图片（背后附有昆虫名称及生活习性的介绍）、记录单、蚂蚁乐园屋、笔、捅洞管棒1根、蚂蚁10只、蚁食	1. 记录惊蛰这天有没有打雷，圈出今年的第一声雷是在哪一天 2. 用柱状图表现本节气内气温和地温的变化趋势 3. 观察动物的变化，记录它们醒来的时间和当天的气温。小结每种冬眠动物苏醒的一般时间和温度条件 4. 聆听辨别不同鸟类的声音，了解不同鸟类的活动变化和生活习性 5. 收集植物的种子，做发芽实验，观察并记录种子的发芽过程 6. 两两玩游戏，其中一人抽取一张，说一说图片上的昆虫叫什么名字，然后判断是不是生活在土壤中，答对者加一分 7. 观察蚂蚁挖掘地下巢穴的工作过程，感受观察的乐趣

续表

区域	可能引发的活动	材料准备	观察与指导要点
自然角	1. 观赏类：桃花（种植、移栽、折枝子插花瓶） 2. 种植类 （1）种杨花萝卜 （2）种南瓜 （3）播种向日葵 （4）红薯育种 （5）移栽辣椒苗、西红柿苗 （6）移栽桂花树 （7）李子树育苗播种、移栽枣树、苹果树、桂花树、桑树（视幼儿园情况选择种植移栽的植物） 3. 饲养类 （1）黄莺 （2）昆虫	1. 花瓶、观察记录表、喷壶 2. 小容器、盆、酸奶盒、南瓜籽、杨花萝卜籽等、人工养殖过的黄莺鸟、鸟笼等 3. 饲料：瘦猪肉或牛肉、玉米面、豆饼面、熟鸡蛋、面粉虫、水果等	1. 观察桃花是先开花，还是先长叶 2. 仔细观察花瓣的颜色和数量 3. 记录和计算桃花从花开到花落所经历的时间（花期）。可以比较不同种类花的花期的长短 4. 把地松土，知道惊蛰时期是春耕的大好时节 5. 了解五种催芽方法，重点学习一到两种 方法一：浸泡催芽 方法二：纸巾催芽 方法三：保温杯催芽 方法四：低温催芽 方法五：层积催芽 6. 选择自己喜欢的植物进行种植，并且悉心照顾它 7. 聆听黄鹂鸟的叫声；观察了解黄鹂鸟的生活习性；知道黄鹂会吃掉许多害虫，也是庄稼的朋友，树立保护鸟类的意识

（六）日常渗透

1. 晨间谈话

最近天气的变化有哪些？环境的变化有哪些？惊蛰是什么？春天的雨水这么好，我们可以做什么事？惊蛰吃什么对我们好？了解惊蛰的习俗，二月二龙抬头风俗；惊蛰预防生病的方法；惊蛰节气吃什么；惊蛰节气的物候特征。

2. 体育锻炼

投掷沙包、走梅花桩、拍皮球、青蛙跳、灭害虫（投掷）、老鼠钻洞（钻爬）、跳跳绳、滚铁环、扔飞盘。

3. 体育游戏

（1）躲闪跑。

玩法：幼儿围圆坐，老师站在中间，幼儿听到老师口令"打雷啦！"就向着圆外四散跑，等到老师说"天气变好啦！"幼儿再跑回圆上。

（2）助跑跨跳。

玩法：小树苗快快长（幼儿作为太阳或者水珠，通过助跑跨跳到达小树苗处，并送给小树苗）。

（3）捉单不捉双。

玩法：全体幼儿四散站在场地上，由一名幼儿来捉人，当捉人的幼儿跑来时，其他幼儿就应与周围的同伴拉手或抱在一起。如拉手的同伴或抱在一起的同伴是双数，捉人的幼儿应立即去捉别的同伴；当在一起的同伴是单数时，就算被捉住，停玩一次游戏。

4. 过渡环节

（1）童谣《惊蛰》。

大地回暖雨翩翩，春雷炸响九霄连。舒展腰肢万物醒，已到惊蛰艳阳天。

（2）手指游戏：小虫虫。

大树底下有个洞（伸出中指、无名指、小指三个手指），大树下面有个洞（另二指成圆），住着可爱小虫虫（做轮指动作、先是大拇指往回收、四指分别回收做个波浪），大虫出洞探探头（大拇指伸进洞后向上抬一下），二虫出洞弯弯腰（食指伸进后弯曲一下），三虫出洞扭一扭（中指伸进后跳个舞转一转），四虫慢慢爬出洞（无名指慢慢伸进洞），小虫胆子真是小（小指在洞口绕一圈），就是不敢爬出洞（伸出小指在洞口探一探），小虫小虫你别害怕（伸出左右小指摇晃一下），我们一起爬出洞（把左手放在桌上五指张开变成五个小洞，右手变成小虫慢慢爬出洞口，不要爬错洞口），找到一群好朋友（左右手成空心手指相碰，然后从食指开始往下弯

曲），快快乐乐去郊游（大拇指碰碰晃动）。

5. 生活活动

春季多喝水，外出勤洗手，预防春季传染病；多吃梨，助益脾气。幼儿学习扣扣子、拉拉链的方法，尝试自己穿脱外套。在运动中能注意控制自己的运动量，觉得累了及时休息、擦汗。

6. 餐前准备

班级植物角种植杨花萝卜、红薯等，观察、照顾并记录下来进行分享。了解春季要多吃的食物及对身体的好处。提供绘本《昆虫森林》《昆虫运动会》《我的蜜蜂朋友》等，组织幼儿听小鸟、昆虫等关于动物的故事。

7. 散步主题

探寻春天的昆虫，观察种植园地里的小昆虫，观察幼儿园内惊蛰节气花卉植物的变化，在户外感受温度气候的变化。

8. 离园谈话

回家利用多种方式了解不同昆虫知识，幼儿每日都交流分享。提醒幼儿打雷闪电时不要到电线杆、树下等危险的地方。在草丛玩耍时注意喷防虫水，预防春季传染病。

9. 节气保健

惊蛰时节，如果没有遇上"倒春寒"的天气现象，气温便会逐渐升高，人们倾向于走到室外运动，锻炼身体。但由于刚刚度过漫长寒冷的冬季，身体状态还未苏醒恢复到极佳状态，特别是人体的关节部位和身体肌肉还未得到充分的舒展，所以不适合立即进行较为强烈的体育运动。

"健走"这种形式健身，不过于激烈，慢慢苏醒我们的身体，在春光明媚的季节里，健步快走，沉浸在春天的鸟语花香中，徜徉在自然里，让全身在健走中得到放松。

(七) 环境创设

（1）在班级主题墙展示幼儿收集到的不同种类的桃花图片以及布谷鸟、斑鸠、鹰等鸟类的图片。

（2）师幼共同创设惊蛰节气主题墙：收集惊蛰节气中相关图片（春雷、昆虫等）；收集惊蛰节气调查表；收集惊蛰节气活动过程性照片（观察蚂蚁、寻找苏醒昆虫等）；展示《好饿的小蛇》续编故事书。

（3）惊蛰习俗墙元素：调查表、图片、活动过程的照片、惊蛰相关的绘本简介、幼儿的相关作品。

（4）惊蛰美术作品墙元素：折纸、水墨画、彩笔画、昆虫油泥集体作品。

（5）惊蛰"科学小达人"元素：记录表、各种温度测量计、放大镜、昆虫捕捉观察器、传染病预防小知识。

(八) 时令美食

1. 春笋

春雷响，春笋出。惊蛰时节，正是大量春笋从土里冒出尖脑袋之时。没有春笋的春天是不完整的，一点点清香，一丝丝鲜甜，这餐桌上的"一口鲜"，春笋烧肉、腌笃鲜等，承包了南京整个春天的味道。

2. 梨

在中国传统文化中，一般节日忌讳吃梨。不过惊蛰吃梨，寓意着和害虫分离，远离疾病。此时乍寒乍暖，气温多变，气候较为干燥，容易口干舌燥，吃梨也能滋阴清热，润肺止咳，增强体质。

3. 炒盐豆

惊蛰这一天，南京人会炒上一盘盐豆，这也是与远离虫子有关。传说炒盐豆、玉米等东西时，会发出"噼啪、噼啪"的声响，这样就会把虫子赶跑。

4. 野菜

"南京一大怪,不爱荤菜爱野菜。"老南京迎春的特别方式那必须是"七头一脑":荠菜头、苜蓿头、马兰头、枸杞头、小蒜头、香椿头、豌豆头、菊花脑,南京人对它们的热爱只增不减。炒一炒,春日满汉全席就齐活了。

(九) 劳动建议

1. 小班篇:种黄瓜

活动建议:春雷惊百虫,万物始生长。惊蛰已至,天气越来越暖和,是个播种的时节,教师可以带领幼儿去小菜地种黄瓜,并定期浇水养护,"种瓜得瓜,种豆得豆,希望黄瓜大丰收!"

活动评价:(1) 知道适合春天播种的一些蔬菜,能和同伴一起进行种植活动。(2) 在成人和同伴的帮助下一起种植黄瓜。

2. 中班篇:养护花草

活动建议:惊蛰过后,万物复苏,气温回暖,惊蛰标志着春耕时节的到来,此时农民伯伯们也要开始忙于田间。春天是植物生长最重要的季节,让我们一起出去寻找春天吧!来到幼儿园的小菜园里,给植物浇浇水,懂得爱护花草,培养幼儿的责任感,亲近大自然,劳动最美!

活动评价:(1) 主动观察种植园地内的植物冒出的新芽,懂得爱护花草。(2) 能够定期给种植园地的植物浇水、施肥。

3. 大班篇:清理菜地

活动建议:经过了一个漫长的假期,菜地里已是杂草丛生,到处都是枯枝败叶,为了让幼儿更好地在小菜地里开展活动,大班的幼儿即将进行一场菜地大扫除!幼儿分工合作,一部分拿起铲子等工具清理杂草乱石,另一部分清理残枝,大家一起齐心协力换来一个干净整洁的小菜地吧!

活动评价:(1) 了解一些种植工具的使用方法,能齐心协力清理菜地。(2) 培养动手能力,愿意与同伴清理菜地。

（十）家园共育

（1）家长与幼儿共同了解关于惊蛰的习俗、来历等。

（2）家长根据惊蛰的养生知识为幼儿调整饮食，吃一些助益脾气的食物。

（3）雨水较多，乍寒乍暖，及时增减衣物。

（4）请家长带幼儿去探寻春天的牛首山。

二、活动内容

（一）小班活动内容

社会活动"我们去植树"

● **活动目标**

1. 知道3月12日是植树节，了解树木与人类的重要关系。

2. 能辨别一些常用的种植工具，掌握基本的种植步骤。

3. 感受大自然的美好，初步培养保护环境的责任感。

● **前期经验**

花草树木，是幼儿在日常生活中经常见到的，也是幼儿喜欢的自然物。通过幼儿园植树节的相关活动，幼儿了解了种植小树苗的步骤，同时也认识了一些常见的种植工具。但对于树木和人类的关系，幼儿了解得还不是很清楚，环保意识也不强。

● **活动准备**

视频、图片、小植物。

● **活动重点**

知道3月12日是植树节，了解树木与人类的重要关系。

第二章　以幼儿园活动为主体的节气课程资源开发案例

● **活动难点**

知道一些常用的种植工具,掌握基本的种植步骤。

● **活动过程**

1. 情境导入,引发幼儿兴趣。

(1) 介绍情境,引出植树节的话题。

师:小朋友们好!我是你们的好朋友小猴子,你们瞧,我要去干吗?(教师出示图片,小猴子准备去种树)没错,我要去植树啦!

师:你们知道最近有什么节日吗?

(2) 观看视频,了解植树节的由来。

2. 进一步了解植树节的相关小知识。

(1) 结合已有经验,交流自己知道的植树节。

师:你了解植树节吗?你知道这个节日有什么意义吗?

小结:植树节是每年的3月12日,植树造林不仅可以绿化和美化家园,同时还能扩大树林面积、防止水土流失、保护农田、调节气候。

(2) 教师播放视频,进一步了解植树节对我国三北地区的意义。

师:今天,老师也给大家带来了一段小视频,我们一起来看看,植树节对我国北方地区有什么重要意义。

师:北方地区受什么影响较大?

小结:三北防护林工程是我国规模最大的植树造林项目之一,植树造林可以防治北方干旱、土地沙化和风沙,有效改善生态环境。树木对于人类的生存,对于地球的生态环境都起着非常重要的作用,让我们一起来植树吧!

3. 欣赏图片,了解种植的基本步骤。

(1) 师幼谈话,回忆种植的基本步骤。

师:小朋友,那你知道我们种树有哪些基本的步骤吗?

（2）个别幼儿表述自己的种植经验。

师：你什么时候种过树？和谁一起？你知道种树有哪些步骤吗？

（3）教师出示图片，了解种树的基本步骤。

师：今天，老师也给大家带来了一些基本的种植树苗的方法图片，一起来看看吧！（出示图片）

4. 帮助幼儿巩固经验。

师：原来，我们在种树前，需要先准备好水桶、树苗、小铲子、肥料等。接着，我们要用小铲子挖坑，将我们的小树苗放进坑中，再用土将它埋好。之后，还要给它施肥、浇水，当然还需要小朋友们的爱心来照顾它们哦！

5. 结束活动。

师：今天，我们一起了解了植树节，并且知道应该怎样种树。你们学会了吗？回家后，还可以教爸爸妈妈哦！

● **活动延伸**

（1）区域游戏：生活区的墙上，教师可以张贴种树步骤的图片，帮助幼儿巩固经验。

（2）家园共育：引导家长与幼儿一起，交流自己知道的种树步骤。

语言活动"城南谣"（童谣）

● **活动目标**

1. 知道童谣中描述的是南京具有特色的城门和城墙。

2. 能尝试用南京方言念童谣，并做出相应的动作。

3. 体验用方言念童谣的趣味性，愿意根据童谣内容做游戏。

● **前期经验**

南京城门和城墙是幼儿生活中常见的，地处马群地区的幼儿常见的

第二章 以幼儿园活动为主体的节气课程资源开发案例

有中山门,在活动前的周末,邀请家长带幼儿去南京各处的城墙走一走、看一看,以便让幼儿对城门和城墙有一定的前期认识。

● **活动准备**

城门、城墙图片若干,与童谣内容相对应的图谱,童谣《城南谣》。

● **活动重点**

根据童谣玩游戏。

● **活动难点**

用方言念儿歌。

● **活动过程**

1. 出示南京城门和城墙的照片,引发讨论。

师:小朋友们,我们是南京人,这个地方你们认识吗?在哪里见过城墙?(中山门、西安门……)有一首童谣就和城墙有关,我们一起来听一听。

2. 教师完整朗诵童谣(用普通话),幼儿理解童谣内容。

(1)幼儿完整倾听童谣,教师就童谣内容提问。

师:这里面都说了什么?城门有几丈高?

(2)根据幼儿回答出示对应的图谱。

(3)师幼共同朗诵童谣。

3. 用方言朗诵童谣,体验南京方言的有趣。

(1)教师示范用方言朗诵童谣。

(2)师幼共同使用方言朗诵。

4. 童谣游戏。

(1)游戏玩法:两个小朋友一组,手拉手举高,扮演城门,根据人数设定城门的数量,其余小朋友边念童谣边从城门中穿过。童谣结束时,城门立刻关闭,被关住的小朋友则被抓住,并和扮演城门的小朋友交换角色,继续玩游戏。

（2）游戏2—3次，在游戏的过程中体验用南京方言念童谣的有趣。

● 活动延伸

在一日生活的过渡环节中幼儿自发进行"城南谣"游戏，巩固对童谣的掌握。

美术活动"美丽的桃花"（黏土）

● 活动目标

1. 通过欣赏图片，感知桃花的外形特征。

2. 能用搓、压、捏方式制作桃花花瓣。

3. 喜欢参加手工活动，通过制作黏土桃花，感受桃花的美好。

● 前期经验

鼓励家长利用周末时间带幼儿寻找、观察桃花，并用照片、视频做好记录。在本次活动中，幼儿已有观察桃花的前期经验，对桃花的颜色、形态有了一定的认识。

● 活动准备

粉红色黏土若干，树枝，小箩筐，桃花图片若干（做成PPT）。

● 活动过程

1. 播放PPT，以提问导入活动。

师：小朋友们，现在是春天啦，你们看，什么花开了？原来惊蛰节气到了，桃花也开了。你们在哪里见过桃花？我们来看看，桃花长在哪里呢？它是什么样子的？

小结：今天，我们要请小朋友也来让桃树开花，把春天的幼儿园打扮得更美丽。

第二章　以幼儿园活动为主体的节气课程资源开发案例

2. 引导幼儿学习用黏土制作桃花并粘贴到树枝上。

教师带领幼儿讨论:老师这里有很多桃树枝,上面都没有开桃花,小朋友们想一想,怎么样才能做成桃花贴在树枝上呢？小朋友们想出了很多办法,今天我们试试用黏土来制作桃花。

教师带领幼儿讨论:怎样用黏土制作桃花？

总结:首先揪一小块粉红色黏土,然后用手搓圆、按压,一个花瓣就完成了。一共制作5片花瓣,贴到树枝上,一朵桃花就做好了。

3. 幼儿操作,教师巡回观察。

要点:揪的黏土要小一点,不能太大,五个小圆球大小差不多。

4. 总结评价,展示作品。

总结:今天小朋友们都为桃树贴上了美丽的桃花,我们来看一看这些美丽的桃花吧！

科学活动"打雷和闪电"

● **活动目标**

1. 感知自然界中的打雷和闪电,知道先看到闪电,后听到雷声。
2. 能正确操作打雷和闪电时的注意事项图卡,并用语言讲述。
3. 体验恶劣天气对自己生活产生的影响,培养自我保护意识。

● **前期经验**

在雨水节气感受了不同的天气现象,知道生活中会出现打雷和闪电等自然现象。虽然幼儿听到打雷和看到闪电更多的是害怕,但是看到天上一道道亮的光线,听到震耳欲聋的打雷声,幼儿同时也会感觉很神秘。为什么会出现这样的现象呢？幼儿对此充满着好奇。也有些幼儿在出现这些恶劣天气时会站在户外,缺少自我保护的意识。

● **活动准备**

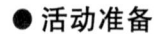

闪电图片,打雷的声音,打雷和闪电的视频。小朋友的生活情境图卡、操作图卡。完成打雷和闪电的观察记录表。

● **活动重点**

感知自然界中打雷和闪电现象。

● **活动难点**

操作时,会主动讲一些简单的话,如打雷了,我们不能出去玩。

● **活动过程**

1. 以打雷的声音导入,激发幼儿兴趣。

师:小朋友们听,这是什么声音?(打雷的声音)

2. 谈话讨论打雷和闪电,引入惊蛰节气。

师:现在进入了惊蛰节气,在惊蛰节气里,开始出现打雷和闪电。冬眠的小虫子也会被震醒,开始迎接春天的到来。

3. 通过观察记录表和视频,了解打雷和闪电的基本特征。

(1)分享观察记录表,讨论记录表结果。

(2)出示打雷和闪电视频,知道先看到闪电,后听到打雷的声音,了解打雷和闪电对人类的危害。

4. 师幼共同讨论。

师:打雷和闪电时,我们小朋友需要注意哪些事情?(幼儿自由讨论、总结)

5. 幼儿操作图卡,并用语言简单讲述。

师:刚刚我们说了打雷和有闪电时需要注意的事情,能做的,我们把图卡放在"√"的下面,不能做的,我们放在"×"的下面。

幼儿操作,教师可以提醒幼儿在操作时尝试用简单的语言讲述,如:出现闪电时,我们不能出去玩;打雷了,在家里不开电视机;如果在户外,

第二章 以幼儿园活动为主体的节气课程资源开发案例

不能站在树下等。

6. 验证操作情况,教师总结。

总结:打雷会有声音,闪电会出现白光,这都是自然现象。打雷和闪电会对我们的生活产生影响,我们一定要注意,有些事情打雷和出现闪电的时候不能做,我们要学会保护自己。

● **活动延伸**

师:惊蛰节气后,雨水开始增多,小虫子也会变多,我们可以到户外去找一找。

数学活动"桃花朵朵开"(点物匹配)

● **活动目标**

1. 感知 5 以内的数量与点卡一一对应的关系。

2. 学习手口一致地点数 5 以内的桃花,并能用语言表达点数的结果。

3. 愿意参加点数活动。

● **前期经验**

小班幼儿初步接触数字,能手口一致有序点数,不漏数,说出总数,这存在一定的困难。但是通过游戏情境能让幼儿懂得数的实际意义。让幼儿乐于参与游戏,在游戏中体验数学活动的乐趣也极为重要。幼儿对基数意义的理解是从数数中逐步发展起来的,数数的动作以及对动作的反思起到了桥梁的作用,能帮助幼儿在具体的实物与抽象的数概念之间建立起了联系。从点数实物过渡到点数卡片,提高了难度,这需要幼儿认真观察和正确点数。

有 5 以内点数的数学经验以及点数的概念。

● **活动准备**

小狗、小猫、小兔、小鸟家图片,桃花若干,1—5数字点卡,操作卡。

● **活动重点**

感知5以内的数量与点卡一一对应的关系。

● **活动难点**

学习手口一致地点数5以内的桃花,并能用语言表达点数的结果。

● **活动过程**

1. 通过手指游戏,初步感知点数节律。

师:小朋友们,你们还记得我们学过的"手指变变变"游戏吗?

2. 出示图片,复习4以内的点数。

师:小朋友们,今天森林国王告诉森林里的小动物们,每家都要种桃花,谁的桃花种得多,就请谁当森林里的环保天使,小狗家、小猫家、小兔家、小鸟家,都开始种桃花啦,每家的桃花数量一样吗?

师:每一个小动物的家里有几朵桃花呢?那我们拿出手指来一起数一数。

小结:小狗家有1朵桃花,小猫家有2朵桃花,小兔家有3朵桃花,小鸟家有4朵桃花。

3. 学习5的点数。

师:刚才小朋友们都数对了,真棒!小鸟家又多了1朵桃花,现在小鸟家有几朵桃花呢?是吗?我们一起来数一数。

总结:刚才小鸟家又多了1朵桃花,变成了5朵桃花,那我们一起看看还有谁家的桃花也变了。

师:现在我有一个小要求,请听好了。刚刚我是怎么数小鸟家桃花的?一朵一朵数的,就是点一个数一个。现在我要请一个小朋友上来数一数,其他小朋友帮他检查。

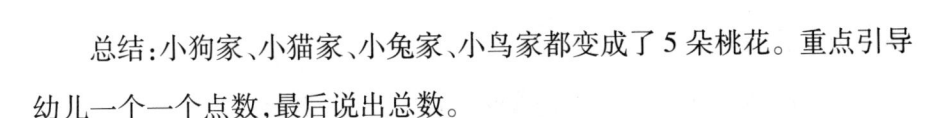

第二章　以幼儿园活动为主体的节气课程资源开发案例

总结:小狗家、小猫家、小兔家、小鸟家都变成了5朵桃花。重点引导幼儿一个一个点数,最后说出总数。

4. 出示操作卡,幼儿尝试点数。

师:现在每个小动物家都在种桃花,所以森林国王又说:"我会给每个小动物桃花,有几朵桃花就要找到相应的点卡。按要求种对了的小动物,我就请他做环保天使"。这下很多小动物都急坏了,他们不会种,小朋友们,你们能不能帮助小动物们,按照国王的要求把小动物家的桃花种好?

（1）了解操作卡。

要求:国王给每个小动物都准备了操作卡,每个小动物家里有几朵桃花就要找到几个点。

先请个别幼儿进行操作示范。

师:请你们不搬小椅子,上去帮助小动物们吧!

（2）验证幼儿操作结果。

师:帮助完小动物的小朋友,请把操作卡带到位置上,跟其他小朋友一起数一数你种的对不对。

师:哪个小朋友上来和我们说一说,你有几朵桃花,需要找到几个点?

总结:今天我们的小朋友真棒,都学会了怎样数数,而且也能按森林国王的要求把桃花种好,帮助小动物们成为环保天使,给自己鼓鼓掌。

音乐活动"大雨小雨"（打击乐）

● 活动目标

1. 进一步熟悉歌曲,能用不同力度的歌声表现大雨、小雨,并学习边唱边演奏乐器。

2. 创编不同的形体动作来表现大雨、小雨,根据大雨、小雨不同的动作和力度,选择合适的乐器演奏。

3. 初步感受打击乐活动的趣味,体验轮流演奏的快乐。

● **前期经验**

在雨水节气时,幼儿观察过下大雨和下小雨的情景,对雨有基本的认识,同时幼儿会唱歌曲《大雨小雨》;小班幼儿打击乐器演奏的经验较少;认识铃鼓、沙锤等简单的乐器。

● **活动准备**

下大雨、小雨的音频,打击乐器:铃鼓、碰铃。

● **活动重点**

能边唱边演奏乐器。

● **活动难点**

根据大雨、小雨不同的动作和力度,选择合适的乐器进行演奏。

● **活动过程**

1. 复习歌曲《大雨小雨》,讨论用什么样的歌声来表现大雨和小雨,并练习。

师:你听过下雨的声音吗?大雨和小雨发出的声音有什么不一样?

播放下大雨和小雨的声音,引导幼儿大胆表达。

2. 在教师的鼓励和引导下,幼儿用幅度、力度合适的动作分别表现大雨和小雨,并学会边唱边有节奏地表演。

(1) 教师带领幼儿讨论:大雨能用什么动作来表示?小雨呢?

(2) 鼓励幼儿单独示范,集体表演。

3. 幼儿探索用合适的乐器演奏大雨、小雨,在教师轻轻敲击碰铃和用力摇动铃鼓的动作提示下,幼儿选择用铃鼓演奏大雨,用碰铃演奏小雨。

第二章　以幼儿园活动为主体的节气课程资源开发案例

（1）出示铃鼓和碰铃，引导幼儿尝试体验，感受乐器发出的声音。

（2）教师带领幼儿讨论：铃鼓可以代表大雨还是小雨？碰铃呢？

4. 幼儿根据自己的选择在教师指挥动作及语言提示下边唱边演奏，在演奏中体验轮流演奏的快乐。

师：我们在演奏时你发现了什么问题？

可进行多次演奏，幼儿可以交换乐器。

体育活动"躲春雷"（四散跑）

● **活动目标**

1. 知道在分散跑时要躲避他人的碰撞，以免受伤。
2. 能够听教师的口令在指定范围内分散跑。
3. 积极参与体育活动，在运动中萌发保护自己的意识。

● **前期经验**

春雷是小班幼儿在惊蛰节气能够亲身体验到的一种自然现象，也是惊蛰节气比较具有代表性的气候特征。对于在有雷电时如何防护，幼儿以前学习过。跑跑跳跳是小班幼儿最常进行的动作之一，幼儿特别喜欢跑。对于小班幼儿来说，奔跑起来就可能控制不住，听不到指令和范围，还会发生碰撞。

● **活动准备**

欢快的游戏音乐，打雷、下雨音频。

● **活动重点**

能听教师的口令在指定范围内分散跑。

● **活动难点**

知道在分散跑时要躲避他人的碰撞，以免受伤。

表2-6 体育活动"躲春雷"流程

活动过程		场地布置图	负荷	时间/分钟
开始部分（热身）	热身活动 教师带领幼儿在操场上绕圈玩开火车游戏，活动身体 师：小朋友们，火车要启动了，我们一起去外面玩吧！注意和火车保持一样的速度前进 开火车游戏：教师为火车头，小朋友们排队跟上，绕着地上圆圈行走。教师行进速度由慢变快，再由快变慢，幼儿则是根据教师速度变化而变化	（圆圈中有★）	中	3
基本部分	一、引出主题，开始游戏 1.教师设置情景，引出主题 师：我们到站了，现在我们在圆圈里自由玩一会吧，小朋友们可以跑出这个地上的大圆圈吗？ 师：咦？你们听到了什么声音？打雷了我们还能在这里玩吗？哪个小朋友有好的建议：如果我们玩的时候打雷了，要怎么做？ 2.点出四散跑的注意事项，提醒幼儿注意 师：打雷的时候我们要迅速选择一个方向逃跑。但是我们能跑到老师看不见的地方吗？我们都往一个方向跑吗？为什么？跑的时候看到其他小朋友快要撞到你，该怎么办？	（圆圈向外发散箭头）	中	3

续表

活动过程	场地布置图	负荷	时间/分钟
基本部分 二、播放音乐,听口令游戏 1. 幼儿第一次自由玩游戏,教师根据幼儿游戏状况提出建议 师:等下老师会放好听的音乐,大家就在圆圈里自由游戏,当听到老师说"打雷了"的时候,小朋友们要赶紧四散跑开,懂了吗? 讨论:刚才跑的时候你们有遇到什么困难吗?有没有小朋友撞到人?你们都分开跑了吗?我们应该怎么跑? 总结:跑的时候注意其他小朋友的方向,找空地跑 2. 幼儿第二次玩游戏,教师根据幼儿游戏状态及活动量,选择再次游戏或是及时休息		大	7
结束部分（放松） 放松身体 幼儿坐在操场圆圈上,轻声交流,稍作休息后回班上	散点	小中	2

（二）中班活动内容

美术活动"好饿的小蛇"（线描画）

● **活动目标**

1. 理解故事内容,能够根据故事情节的推进想象作画,大胆表达自己的想法。

2. 用线描画大胆表现吃了食物之后小蛇的形象,并尝试添画故事情境。

3. 体验创造想象画带来的乐趣。

● **前期经验**

在班级语言区中投放绘本《好饿的小蛇》,幼儿在区域中自行阅读绘

本内容,对小蛇吃了各种食物有基本认识。在谈话活动、餐前准备等环节,教师与幼儿一起阅读绘本。

● **活动准备**

纸、水彩笔、勾线笔。

● **活动重点**

用线描画表现吃了食物之后小蛇的形象。

● **活动难点**

根据绘本内容延伸添画。

● **活动过程**

1. 谈话讨论,回顾绘本。

师:惊蛰节气到了,很多小动物都出来了,小蛇也苏醒了,他觉得肚子好饿好饿,他吃了什么呢?我们看看绘本《好饿的小蛇》中他发生了哪些事情。

2. 挖掘绘本,启发幼儿。

(1)师幼讨论:这些作品和你们以前画的装饰画是不是很不同?你们发现哪里不一样?

(2)回忆绘本。

师:小蛇吃了很多东西,自己的肚子也发生了变化,我们一起再来看一看吧!

第一天,他发现了一个圆圆的苹果。

第二天,他发现了一根黄色的香蕉。

第三天,他发现了一个三角形的饭团。

第四天,他发现了一串紫色的葡萄。

第五天,好饿的小蛇惊喜地找到了一个带刺的菠萝。

第六天,他发现了一棵结满红苹果的树。

第二章　以幼儿园活动为主体的节气课程资源开发案例

总结:原来,好饿的小蛇吃了什么,肚子就会变成吃的物体的形象。

3. 借形想象,自由添画。

(1)师幼讨论:如果你是小蛇,你可能还会去哪里,遇见什么?肚子会变成什么样呢?(两两讨论)

(2)集体交流:根据幼儿回答,就场景、人物关系等提问,丰富画面内容。

(3)幼儿开始添画。

4. 展示作品,欣赏评价。

(1)师幼讨论:你最喜欢哪幅画?为什么?

(2)活动延伸:今天我们根据《好饿的小蛇》这本有趣的绘本,自己添画出这么多幅有趣的图画,在语言区还可以续编成更多好玩的故事哦!

音乐活动"昆虫音乐会"(打击乐)

● **活动目标**

1. 学习看图谱,熟悉××|××节奏型。
2. 在图谱的提示下,尝试进行徒手演奏,并用乐器进行演奏。
3. 对打击乐活动感兴趣,有较好的乐器使用习惯。

● **前期经验**

幼儿有过使用乐器演奏的经验,能在教师的提示下看懂图谱,知道不同乐器的徒手演奏方法,对不同乐段应使用的乐器有初步的认识,能进行简单的搭配。

● **活动准备**

图谱、音乐、沙锤、双响筒、碰铃。

● **活动重点**

学习看图谱,熟悉××|××节奏型。

● **活动难点**

较好地用乐器进行演奏。

● **活动过程**

1. 播放音乐,感受乐曲的旋律及节奏特点。

(1) 播放音乐,感受音乐的旋律。

师:你听了这首音乐有什么感受呀?

(2) 请幼儿随音乐做动作,感受音乐的节奏特点。

小结:听音乐做自己喜欢的动作,拍手、拍腿都可以。

(3) 介绍音乐名称,请幼儿猜猜都有什么昆虫来参加音乐会了。

师:其实这首音乐的名字叫《昆虫音乐会》,从音乐中你听出有哪些昆虫了吗?它们是怎样演唱或演奏的?

(4) 鼓励幼儿说一说有哪种昆虫,尝试按节奏表演昆虫一下一下地飞呀飞。

2. 出示完整的节奏图谱,引导幼儿尝试徒手演奏。

师:现在不拿乐器,我们如何演奏?一起徒手试一试。

3. 出示乐器,幼儿自由选择乐器,尝试随乐合奏最后两小节。

(1) 鼓励幼儿听声音来决定选择哪种乐器(碰铃、沙锤、双响筒)进行演奏。

(2) 请幼儿选择自己喜欢的乐器并分成三组来演奏。

小结:请小朋友们选择自己喜欢的乐器,分别坐在不同区域来演奏。

4. 请幼儿一起听音乐共同演奏。

(1) 教师指挥,师幼随乐合奏。

(2) 幼儿互换乐器进行演奏。

第二章　以幼儿园活动为主体的节气课程资源开发案例

语言活动"惊蛰"(儿歌)

● **活动目标**

1. 欣赏儿歌内容,了解惊蛰时春雷响、虫儿醒的场景。

2. 能够借助动作或口头语言表现儿歌的节奏和韵律,并尝试根据惊蛰时出现的现象进行儿歌续编。

3. 感受儿歌语言的节奏韵律,体验创编儿歌的乐趣。

● **前期经验**

在惊蛰节气的主题活动中,幼儿通过音乐活动"昆虫音乐会"、科学活动"有趣的蚂蚁"等,已经对一些昆虫有所了解,能理解儿歌中描述的惊蛰节气昆虫听到雷声苏醒的常识。

● **活动准备**

雷声音频,儿歌《惊蛰》。

● **活动重点**

感受儿歌的节奏韵律。

● **活动难点**

根据儿歌的节奏韵律进行续编。

● **活动过程**

1. 播放音频,激发幼儿兴趣。

教师创设情境,播放雷声,幼儿感知打雷的声音,并乐于参与到活动中。

师:你听到了什么?惊蛰到了,春雷响起,老师这里有一首关于惊蛰和雷声的儿歌,我们一起来听一听。

2. 欣赏、理解儿歌内容。

(1) 第一遍欣赏。

师:儿歌的名字叫什么?儿歌里面都有谁?它们在干什么?

（2）第二遍欣赏。

师：你觉得这首儿歌有趣吗？什么地方最有趣呢？最喜欢里面的哪一句？

3. 学习儿歌内容，表现儿歌的韵律。

（1）采用你问我答的方式学习，教师和幼儿互换角色。

（2）幼儿一起边拍手边诵读儿歌。

（3）幼儿用两两诵读的方式或者相互击掌的方法诵读，增加朗诵儿歌的乐趣。

4. 续编儿歌内容。

师：小朋友们，你们知道惊蛰时节会出现哪些现象吗？打雷除了会惊醒小虫虫，还会惊醒谁呢？它们又会干什么？

（1）根据幼儿的回答，教师适当地引导帮助幼儿整理内容，然后请幼儿自主续编儿歌内容。

（2）在熟悉创编的基础上，请几个幼儿自主上台朗诵自己续编的儿歌。

社会活动"惊蛰之美"

● 活动目标

1. 知道惊蛰是万物复苏的时节。
2. 能与同伴分享自己收集的关于惊蛰的趣闻。
3. 乐意参加集体讨论活动，与同伴分享自己在惊蛰节气里的发现。

● 前期经验

幼儿在幼儿园中已经与老师、同伴一起观察过惊蛰节气到来后，幼儿园内自然物发生的变化，感受到春天的气息越来越浓。通过亲子调查表的完成，幼儿对惊蛰节气了解得更加深入了。但单一的调查问卷仅仅局限于一个家庭,幼儿对惊蛰的经验并不丰富,通过大家的分享与交流,可以丰富幼儿对惊蛰节气的认识,同时也能提高幼儿的语言表达能力。

● **活动准备**

调查表《我知道的惊蛰》。

● **活动重点**

知道在惊蛰节气哪些动物苏醒了。

● **活动难点**

在集体面前能大胆讲述惊蛰趣闻。

● **活动过程**

1. 讨论什么是惊蛰。

师:周末我们在家里和爸爸妈妈一起讨论了惊蛰的话题,你们知道什么叫惊蛰吗?(个别幼儿讲述)

总结:在惊蛰这个节气里,天气慢慢变得暖和起来,会有雷声把冬眠的小动物们叫醒,植物会开始逐渐生长。

2. 动物苏醒。

(1)小组讨论:哪些小动物会从冬眠中醒来呢?

交流调查表中哪些小动物会从冬眠中苏醒。

(2)游戏:一名幼儿模仿小动物醒来的样子,其余幼儿猜测模仿的是哪种动物。(如熊、蛇、乌龟、土拨鼠等)

3. 植物的变化。

讨论:从惊蛰节气开始,天气回暖,植物会发生什么变化。

(1)幼儿猜测。

(2)教师总结:惊蛰节气天气回暖,万物复苏,田野上到处都冒出了新芽。

4. 惊蛰节气的趣闻。

（1）在惊蛰节气中有许多小动物苏醒，大自然发生着变化，也发生了许多有趣的故事。

（2）故事：春雷滚滚，惊醒了蚂蚁们，蚁头说：既然老天把我们闹醒了，我们也该出去做点事了，我们虫多势众，虫多力量大，天不怕地不怕，只是中原大地已被蛇鼠占领，我们只能去西南，那里是山区、丘陵地带，有广袤的地盘，有充足的食物，特别适合我们生存。

蚂蚁们以排山倒海之势，在蚁头的带领下，顺小溪，走灌木，翻山越岭地来到了广西，潜入了一个农庄，听到一个农家小院里传出了"炒虫子"的和声，蚂蚁们悄悄地靠近，顺着门缝朝里一看，不看不知道，一看吓一跳，只见这一家人围着一口铁锅，手里拿着铲子，不时地敲着锅沿，把锅里的虫子翻得稀里哗啦，嘴里不停地吃着虫子，并不时发出"炒虫子"的声音，蚂蚁们一看大惊失色，蚁头说：都愣着干什么，等着让人炒吗？还不快跑。

蚁群瞬间无影无踪，从此待在深山里，再不敢踏出半步。从此，老百姓在惊蛰就有了"炒虫子"的风俗，最后动物保护协会以保护野生动物为由不让炒了，人们只好用炒豆子或玉米来代替一下。

（3）集体讨论：我知道的惊蛰趣闻。

科学活动"有趣的蚂蚁"

● **活动目标**

1. 借助放大镜了解蚂蚁的外形特征。

2. 通过观察发现蚂蚁的生活习性，并发现其团结协作的精神。

3. 体验亲近自然，动手动脑观察蚂蚁的乐趣。

第二章 以幼儿园活动为主体的节气课程资源开发案例

● 前期经验

惊蛰到,万物复苏。虫子藏在土里,春雷惊醒了它们。春天的大自然藏在惊蛰里,惊起的不仅仅是虫子,而且是一首生命的交响曲。最近幼儿发现幼儿园菜地里出现了很多蚂蚁,它们像是约定好了一样,听到召集令全出来觅食。它们的眼睛在哪里,怎么去寻找食物的?为什么蚂蚁们会一起搬运食物呢?幼儿已经有观察意识了,那就去探索这些有趣的现象吧!

幼儿在生活中见过蚂蚁。

● 活动准备

蚂蚁、放大镜、PPT、图片、观察记录单、视频、笔。

● 活动重点

知道蚂蚁的外形特征。

● 活动难点

了解蚂蚁的生活习性。

● 活动过程

1. 带领幼儿在幼儿园里寻找蚂蚁,并观察记录。

(1)师幼讨论:今天我们去幼儿园里找一找蚂蚁吧,请你们仔细看看蚂蚁长什么样,它在干什么。然后把它画在记录单上,等会我们一起回去讨论一下。

(2)师:你刚刚找到蚂蚁了吗?在哪里找到的?它长什么样子?它在干什么?

(3)幼儿分享自己的观察和记录的内容。

2. 出示幼儿关于蚂蚁的问题,根据幼儿的兴趣认识蚂蚁、了解蚂蚁。

师:前几天收集了小朋友们想知道的关于蚂蚁的问题,我们一起来看看吧!

(1) 出示 PPT,了解蚂蚁的外形特征。

师:蚂蚁的身体有哪些部位?这是蚂蚁的什么?(触角、头、胸、腿、腹)蚂蚁的身体是一节一节的。

(2) 播放视频,了解蚂蚁的不同分工。

师:蚂蚁有不同分工,蚂蚁的大家庭里都有谁?

总结:原来蚂蚁的大家庭里有蚁后、雄蚁、兵蚁和工蚁,它们有不同的分工。

(3) 结合视频和户外观察的经验,发现蚂蚁的团结协作精神。

师:蚂蚁这么小,是怎么搬大食物的呢?我们一起看看蚂蚁是怎么把大食物运回家的。

总结:蚂蚁虽然很小,但是它们团结起来,就能搬起比它们身体大很多的食物。蚂蚁们真是生活在一个有爱的大家庭啊。我们小朋友平时玩游戏的时候也要像蚂蚁们一样团结友爱。

3. 通过图片和视频,师幼共同总结。

总结:今天我们知道了蚂蚁有两个触角、头、胸、6 条腿、腹。它们分工明确,蚂蚁大家庭里有蚁后、雄蚁、兵蚁和工蚁,它们会团结合作共同搬运食物,那我们一起再出去找找更多的蚂蚁吧。

数学活动"变得一样多"(数量关系)

● 活动目标

1. 理解数的实际意义,能比较数量的多少。

2. 能用加 1 或减 1 的方法将数量变得一样多,能根据数字的要求补画实物,使数字与实物数量相符。

3. 体验成功解决"变成一样多"问题的乐趣。

第二章 以幼儿园活动为主体的节气课程资源开发案例

● **前期经验**

中班幼儿的数量关系概念,是通过在游戏情境中反复操作而建构起来的。他们从生活和游戏中感受事物的数量关系并体验到数学的重要和有趣。在幼儿熟悉的过生日情境,选择既简便又符合幼儿兴趣的操作材料,学习数量多少的比较,让幼儿在游戏中既自然地形成数概念,又使数学活动更具有趣味性。幼儿对变成一样多的概念不清晰,不能主动用加1或减1的方法把不一样多的数量变成一样多,需要多加练习。

● **活动准备**

任意鸟类图片(较清晰的动物脚趾)、动物生日会PPT、刺猬操作卡、勾线笔。

● **活动重点**

能用加1或减1的方法将数量变得一样多。

● **活动难点**

理解数的实际意义,能比较数量的多少。

● **活动过程**

1. 图片导入并玩手指游戏,引起幼儿兴趣。

师:小朋友们,今天老师请来了几位小客人,观察一下,它们有几只脚趾呢?

师:我们来玩一个关于数字的手指游戏。我们先看看自己一只手上有几个手指?

游戏规则:老师一边念儿歌,说到"伸出你的手指来"的时候,幼儿就伸出手指,随便伸几个都可以。当幼儿都伸出手指后,教师挑选比自己伸得多的幼儿上来,并提问"请小朋友想一想,要想使两个人的手指变得一样多,老师该怎么办?"(用"加1"的方法解决"变成一样多"的问题)

2. PPT展示小猫、小狗、小猪过生日的情景。

（1）根据小动物身上的点数,确定小动物几岁了。(复习点和数的对应)

（2）小动物过生日要插蜡烛,看看小动物自己准备的蜡烛对不对,如果不对怎么办？（添画,使蜡烛数量和小动物年龄相符）

难点解决:怎样添画,从1开始数,手指帮忙点。少了没关系,继续数下去,数一个,画一个,一个一个添上去。

（3）在生日情景中,练习"加1"或"减1"的方法。

① 小动物来祝贺。动物妈妈身上有数字,数字是几就代表后面跟着几个宝宝。幼儿观察动物宝宝数量对不对,不正确的,用"加1"或"减1"的方式改过来。

② 小动物给三个小寿星送礼物。小寿星几岁,就送几个礼物。幼儿观察礼物数量对不对,不正确的,用"加1"或"减1"的方式改过来。

3. 幼儿操作练习。

师:有小客人还没来,是谁呢？（小刺猬）他们去准备果子了。刺猬身上有数字几,就是背上背了几个果子。刺猬妈妈背对了,刺猬宝宝呢？老师想请小朋友来帮帮忙,帮刺猬宝宝将果子添上或者拿掉。

4. 活动结束。

总结:现在我们送背好果子的小刺猬去参加生日聚会吧。

体育活动"小猴子看桃花"（侧身钻）

● 活动目标

1. 学习用侧身钻的方法钻过60厘米高的障碍物,发展身体协调性、灵活性。

2. 能用侧身钻的动作钻过高矮不同的障碍物,探索出侧身钻的动作要领:先伸脚—再过肩—腿跟上。

3. 在游戏情景中体验侧身钻的乐趣和打败白蚁精的成就感。

第二章 以幼儿园活动为主体的节气课程资源开发案例

● **前期经验**

惊蛰时节,幼儿观察到幼儿园里桃花盛开,欣赏到了桃花的美丽。《西游记》是每个幼儿都知道的中国优秀文学作品,对于孙悟空这一形象,幼儿更是耳熟能详,本活动就借此人物形象来展开。中班幼儿已经有正面钻的经验,至于更矮的障碍物,他们不能使用正面钻,需要侧身钻,而且会出现不知道身体哪部分先过障碍、动作不协调的情况。

● **活动准备**

《西游记》音乐、打雷声、橡皮筋拉成的"水帘洞"、3组不同大小的呼啦圈制成的"山洞"、桃树、桃花图片、"白蚁精"图片、沙袋若干。

● **活动重点**

能动作协调地侧身钻过障碍物,先让一只脚踏过障碍,其次移动肩膀和身体重心,再让另一只脚钻过障碍物。

● **活动难点**

侧身钻时身体不能碰到障碍物。

表2-7 体育活动"小猴子看桃花"流程

	活动过程	场地布置图	负荷	时间/分钟
开始部分（热身）	一、以"小猴子来操练"导入,进行热身活动,激发幼儿兴趣 1.听雷声,教师扮"齐天大圣",拔一根猴毛,把幼儿变成"小猴子",进入游戏情境,引出活动 师：今天我是齐天大圣,你们是我的孩儿,大圣今天带你们花果山一日游,好不好？你们看,天空中飘起了乌云,刚才是什么声音？到了惊蛰节气,花果山的花都开了,孩儿们跟着大圣一起出发吧 2.随《西游记》音乐做热身活	▶ ●●● ●●● ●●● ●●●	中大	3

续表

活动过程		场地布置图	负荷	时间/分钟
开始部分（热身）	动,主要活动头颈部、上肢、胸部、腰部和腿部,并重点专项练习伸腿,为侧身钻做铺垫 二、调整呼吸,提醒幼儿及时脱衣服			
基本部分	一、通过"小猴子学本领",引导幼儿学习侧身钻的动作,掌握侧身钻的要领 1. 难点前置——练习"缩身术",为学习侧身钻做准备 师:看谁的身体能缩到最小（幼儿自主探究、尝试） 小结:低头—弯腰—缩身,身体变小 2. 自主探究过"水帘洞",幼儿个别练习侧身钻 要求:从水帘洞下钻过,身体不碰到水帘子,手不能扶地 3. 幼儿分享钻的经验,并请个别能力强的幼儿示范 总结侧身钻动作要领:先伸脚—再过肩—腿跟上 4. 巩固练习侧身钻,进一步掌握动作要领 二、游戏"小猴子观赏桃花树",欣赏花果山里的桃花林 教师讲解玩法及规则:用新本领侧身钻过不同高矮的水帘洞,拿起一片桃花粘贴在桃树上,然后从侧面跑回来 三、游戏"小猴子打白蚁精",幼儿综合练习平衡、投掷、侧身钻等动作,体验打白蚁精的成功感 师:桃林有危险了,需要小猴子们帮助桃林打败白蚁精,你们愿意吗? 教师讲解玩法及规则:走过独木桥,用新本领侧身钻过不同高矮的山洞,在安全区域内拿起一块石头砸向白蚁精,然后从侧面跑回来	60厘米（高度） 60厘米（高度） 55厘米（高度） 65厘米（高度）	中 大 大	7 5 7

第二章　以幼儿园活动为主体的节气课程资源开发案例

续表

活动过程		场地布置图	负荷	时间/分钟
结束部分	一、教师创设"小猴子去嬉水"情境,引导幼儿创造性地放松身体,感受游戏乐趣 二、幼儿随音乐做胳膊、腰、腿等部位的放松动作。随音乐模仿小猴子的动作离场	▶ ●● ●● ●● ●● ●●	小	3

（三）大班活动内容

美术活动"桃花三两枝"（水粉画）

● **活动目标**

1. 了解桃树树枝的形态以及桃花花瓣的形状特点。

2. 学习用排笔表现大小不同的桃花,尝试用点彩的方式表现出桃花林的整体美感。

3. 保持画面整洁干净,感受桃花水粉画的美。

● **前期经验**

幼儿在生活中见过桃花,鼓励家长周末带幼儿去户外寻找桃花,让幼儿体验置身在桃花林中的感觉,知道桃花林中的桃花很多,远远看起来是一片粉红色。

● **活动准备**

桃花、树枝图片、排笔、水粉纸、水粉颜料、洗笔桶。

● **活动重点**

用排笔表现大小不同的桃花。

● **活动难点**

用点彩的方式表现深浅不同的粉红色的桃花。

● **活动过程**

1. 幼儿观察图片，了解桃花的花瓣形状和树枝的形态。

师：惊蛰节气到了，幼儿园里的桃花开了，桃花是什么样的？（出示图片）

总结：桃花的花瓣呈水滴状、椭圆形。大部分是粉红色，有的深、有的浅，花瓣一般为五瓣，也有六瓣、七瓣的。花枝多为棕灰色，上面还有点点花芽。

2. 幼儿学习用点彩的方法画桃花瓣。

（1）讨论点彩的方法。

先将排笔蘸一些颜料后与纸面呈45度轻轻按下，再往上提笔。若要画出桃花花瓣的水滴形，排笔按下去之后，笔尖往下轻轻拖一点再提起。

（2）邀请个别幼儿在纸上尝试用点彩的方法，画一些桃花花瓣。

（3）讨论怎样表现桃花林里的桃花。

讨论：你们觉得桃花林中的桃花多不多？远远看桃花林就像一片粉红色的海洋，前面的桃花画得大一些，后面的桃花小小的画多一些，用深浅不同的粉红色。

3. 幼儿绘画，教师巡回观察。

指导个别有困难的幼儿绘画桃花枝条，观察幼儿握笔姿势是否正确，提醒幼儿保持画面整洁干净。

4. 交流展示幼儿作品。

师：哪一朵桃花画得最像？为什么？还可以怎么画？

社会活动"有趣的鼓"

● **活动目标**

1. 认识各种鼓，知道鼓是我国民族乐器的一种。

2. 仔细观看视频，能主动与同伴交流自己感受到的鼓乐所表现的情绪与内容。

3. 对中国鼓文化感兴趣,产生热爱祖国、热爱民族文化的情感。

● **前期经验**

经过近三年的节气课程学习,大班幼儿已经对惊蛰节气了解得比较深入了,知道惊蛰响雷与雷公敲鼓的传说,也了解了一些关于惊蛰鼓的相关知识。但是对于鼓,幼儿在平时只接触到比较小型的幼儿乐器类型,并不太了解其他种类的鼓,对于鼓参与的音乐表演也知之甚少。教师在进行此活动前可让幼儿了解关于鼓的一些知识。

● **活动准备**

收集战鼓、手鼓、扁鼓、腰鼓、拨浪鼓、铃鼓等图片、视频及内容介绍制成PPT,视频《中华鼓舞》。

● **活动重点**

了解惊蛰时期民间有打鼓习俗。

● **活动难点**

认识不同形状的鼓,感受鼓的文化。

● **活动过程**

1. 故事导入。

惊蛰是由雷声引起的。古人想象雷神是位长了翅膀、鸟嘴人身的大神,一手持锤,一手连击环绕周身的多面天鼓,发出隆隆的雷声。惊蛰这天,天庭有雷神敲天鼓,人间也把握这个时机来蒙鼓皮。如今,我们发明创造了许多不同类型的鼓,我们一起来看看吧!

2. 了解鼓的相关知识。

(1) 播放视频,幼儿观赏。

师:他们使用的是什么乐器?你们见过吗?

(2) 幼儿集体讨论交流。

总结:鼓声与雷声相似,所以在惊蛰这一天,人间也把握这个时机来蒙鼓皮。民间的鼓南北有所不同,"南有铜鼓","北有皮鼓"。中国的鼓常常因为材料和地区有别而具有相对不同的特色。

（3）出示战鼓图片,向幼儿介绍其名称、形状及制作材料。

师:视频中小朋友敲打的鼓叫战鼓,战鼓是什么样的？是用什么材料制成的？

（4）幼儿集体讨论交流。

总结:战鼓在我们国家古代打仗时常用到。鼓基本上是扁圆形的,鼓身向外凸出,用木头制作的,表面刷了红色的油漆;鼓面是牛皮制成的,用铆钉固定在鼓身上,鼓正面是圆形的。

3. 向幼儿介绍打击方法及演奏特点。

师:怎样才能在鼓上敲打出好听的声音？谁来试试？发出的声音是怎样的？有什么感觉？

（1）请幼儿尝试敲打。

师:怎样打出好听的节奏？

（2）幼儿探索学习几种简单的打击节奏。

（3）幼儿自由讨论听到咚咚的鼓声有什么感觉。

总结:敲打鼓要用手腕力量,敲打鼓皮的声音沉、雄壮有力,让人感到有力量,有勇往前进的气势,能鼓舞士气。

4. 介绍不同鼓的特征。

师:除了战鼓,你们还见过哪些鼓？它们分别叫什么名字,是怎样演奏的？

依次根据幼儿所说,出示手鼓、腰鼓、5寸扁鼓、铃鼓图片,说名称,播放用该鼓演奏的视频,幼儿观看不同的演奏方法。

总结:鼓有多种多样的,它是我们国家常用的民族乐器,汉族人民喜爱它,少数民族的人民也喜欢敲鼓。

5. 观看《中华鼓舞》。

师：你在录像中看到了哪几种鼓？是什么形状的，怎样敲的？

幼儿集体讨论交流。

总结：我们国家的鼓很多，刚才小朋友们都看了视频，也说出了一些鼓，有威风锣鼓、朝鲜族的长鼓、藏族热巴佤族的木鼓、土族的太平鼓，它们都是我国人民在长期的劳动、娱乐中创造的，有着悠久的历史和文化。鼓声使人感到振奋、有力量、有干劲，我国人民都喜欢在过年、过节、丰收的时候打鼓、唱歌、跳舞，表达喜庆、欢乐之情。

● 延伸活动

收集废旧材料投放到美工区，幼儿尝试制作鼓。

科学活动"冬眠的动物苏醒了"

● 活动目标

1. 了解熟悉的几种冬眠动物即将苏醒，知道它们与季节温度变化的关系。

2. 通过观察，记录乌龟苏醒时的形态以及当时的温度，并能尝试照顾苏醒的乌龟。

3. 对小动物感到好奇，乐于探索动物苏醒的秘密。

● 前期经验

在小雪节气，幼儿已了解过冬眠的动物，并观察过乌龟冬眠。当时就有幼儿问，什么时候乌龟会苏醒。为了能持续观察，自然角冬眠的乌龟也一直伴随着我们，在惊蛰节气，乌龟会不会苏醒呢？它苏醒以后又该如何照顾呢？幼儿自主萌发了关心保护动物的情感，并有尝试照顾身边小动物的愿望。通过实践、观察，幼儿愿意探索更多的科学秘密。

● 活动准备

完成《乌龟苏醒》调查表，已了解乌龟苏醒时需要注意的事项；冬眠动物的图片,如熊、乌龟、蜗牛、蛇等;乌龟苏醒视频、乌龟、温度计。

● 活动重点

知道动物苏醒与季节温度变化的关系,记录并照顾苏醒的乌龟。

● 活动难点

记录乌龟苏醒时的形态以及当时的温度,照顾苏醒的乌龟。

● 活动过程

1. 谈话导入,引起幼儿兴趣。

师:春天来了,小燕子飞回来了,还有哪些小动物也出来了?

播放图片,回顾冬眠的动物。

2. 观看视频,了解常见动物苏醒方式。

总结:在惊蛰这个节气里,气温逐渐升高,冬眠的动物们开始苏醒活动了。比如,小蜗牛冬眠的时候会用自己的黏液把壳密封起来,只有天气升温时它们才慢慢苏醒。它们会将自己的小脑袋探出来,然后伸出足,缓慢地行动。冬眠的动物都是因为气温适宜才出来,有的动物在惊蛰时仍在冬眠。

3. 观看乌龟苏醒视频,了解乌龟苏醒时需要注意的事项。

(1) 观看视频,了解乌龟苏醒时的样态。

师:乌龟苏醒时是怎样的?

总结:乌龟冬眠的时候钻进椰土里,把自己缩进龟壳,只有气温升高时才慢慢苏醒。它们会将自己的小脑袋探出来,然后伸出足,缓慢地行动。冬眠的动物都是因为温度适宜才出来,有的动物在惊蛰也会继续冬眠。

(2) 出示幼儿调查表。

请幼儿介绍自己的调查表,讲解乌龟苏醒时需要注意的事项。

(3) 观察自然角的乌龟,并进行记录。

师:我们的乌龟苏醒了吗?当时的气温为多少?请你们记录下来。

第二章　以幼儿园活动为主体的节气课程资源开发案例

师：如果没有苏醒，当时的气温是多少？怎样才能醒来？

总结：乌龟需要温暖，如果我们将乌龟放在向阳的地方，会不会温暖些？这就需要我们试试看了，然后我们记录下当时的气温。

数学活动"二等分和四等分"（图形的分解与组合）

● **活动目标**

1. 知道许多物体可以进行二等分、四等分。

2. 能够用折剪的方法将平面图形二等分、四等分，感知整体与部分的关系。

3. 体验折剪平分过程中的乐趣。

● **前期经验**

幼儿对"二等分""四等分"这些词是陌生的，但是对分面包的游戏情境是熟悉的。游戏能够让幼儿更好地理解和认识到生活中许多场景充满着数学知识，数学知识能解决现实问题，幼儿愿意从数学角度来思考现实生活中的问题，进而去解决问题。幼儿通过探索多种等分方法，感知整体与部分的关系，从而培养自己的观察能力、比较能力。

已有折纸经验。

● **活动准备**

圆形、正方形、长方形，剪刀人手一把，小刺猬、小老鼠图片各一张，圆面包图片2张。

● **活动重点**

能用折剪的方法将平面图形二等分、四等分。

● **活动难点**

理解二等分和四等分在生活中的运用。

● 活动过程

1. 情景导入，激发兴趣。

师：睡了一整个冬天的小动物们醒来了。小刺猬和小老鼠同时找到了一块圆圆的面包，他们决定分享，可是他们怎么也分不好，不是这边多了一点，就是那边多了一点。小朋友们，你们有什么好方法可以帮他们分一下面包，让分好的两块一样大？

2. 初步学习二等分，感知整体与部分的关系。

（1）请个别幼儿上前尝试将圆面包二等分并说说自己的想法，为什么要这样分。

（2）集体验证分出的两份是否一样大，如果将两份合起来会怎么样？

总结：用对折的方式可以平均地将圆形面包分成两份，这样把一个图形分成一样大小的两部分，叫作二等分。把分开来的图形合起来又会变成原来的形状。

（3）尝试将正方形、长方形二等分。

师：如果是别的形状，你们还会二等分吗？

3. 尝试挑战四等分。

师：当小刺猬和小老鼠正准备吃的时候，小松鼠和小兔子也来了，现在该怎么分呢？

（1）幼儿操作。

引导幼儿说一说如何在二等分的基础上进行四等分。

（2）幼儿展示自己的操作结果。

师：请你说一说，你是怎样操作的？

（3）幼儿尝试对正方形和长方形进行四等分并交流折剪的方式。

师：分好的小朋友可以跟自己的好朋友说一说，自己是怎样将正方形和长方形四等分的。

第二章　以幼儿园活动为主体的节气课程资源开发案例

音乐活动"蜗牛与黄鹂鸟"(歌唱)

● **活动目标**

1. 熟悉歌词内容,初步学唱歌曲。

2. 能在会唱歌曲的基础上,尝试分角色表演歌曲。

3. 感受歌曲中活泼、诙谐的情趣。

● **前期经验**

幼儿有分角色演唱的经验,能唱出歌曲中的不同角色的情绪。幼儿听过《蜗牛与黄鹂鸟》的故事,知道两个角色具有的不同品质。

● **活动准备**

视频、音乐《蜗牛与黄鹂鸟》,小蜗牛、黄鹂鸟、小狗、小鸭、小青蛙图片,背景图。

● **活动重点**

熟练地演唱歌曲。

● **活动难点**

扮演不同的角色进行歌曲表演。

● **活动过程**

1. 学唱歌曲,理解歌词的基本含义。

感知蜗牛与黄鹂鸟的不同特点。

(1) 出示蜗牛图片。

师:今天,老师带来了一位朋友,看看,它是谁?(蜗牛)

师:小蜗牛走路有什么特点?(很慢)

师:它走路那么慢,那它说话会是什么样的呢?谁来模仿一下蜗牛向小朋友问好?

(2) 出示黄鹂鸟图片。

师:还有黄鹂鸟来到了我们班。黄鹂鸟有什么本领?(会飞、会唱歌),它说话的声音会是什么样的?(清脆)如果黄鹂鸟看到蜗牛爬得那么慢会怎么样呢?

2. 教师范唱歌曲。

观看背景图,教师用不同的语气和音色将歌词编成故事讲述。

小结:今天,老师给大家带来一首好听的歌曲,讲的就是蜗牛与黄鹂鸟之间的故事,我们一起来听一听吧!

师:歌里哪一句是黄鹂鸟说的话?蜗牛又是怎样回答的?

师:你们知道歌曲中的"阿门阿前"的"阿"是什么意思吗?

总结:原来这个"阿"是我国台湾地区方言。

3. 幼儿试着完整演唱歌曲。

(1)幼儿演唱,自主发现在演唱时的问题,并讨论解决方法。

师:你们在歌唱时,遇到了什么困难?怎么解决的呢?

(2)反复歌唱。

4. 幼儿尝试创编舞蹈动作。

师:你们喜欢这首歌吗?听了这首歌,有什么样的感觉?

师:蜗牛和黄鹂鸟可真好玩。我们一起来根据歌词把它编成一个舞蹈跳起来吧!这个舞蹈需要分角色表演哦,谁愿意扮演蜗牛,谁愿意扮演黄鹂鸟,要把它们的特色表演出来哦!

(1)男生、女生分角色表演。

(2)师幼分角色表演。

语言活动"昆虫运动会"(故事)

● **活动目标**

1. 理解故事内容,了解故事中讲述的昆虫外形特点。

2. 熟悉故事中的对话,尝试分角色进行表演。

3. 通过故事的学习,对昆虫有一定的了解,喜欢聆听故事。

第二章 以幼儿园活动为主体的节气课程资源开发案例

● **前期经验**

在幼儿园里,幼儿已经历了三次惊蛰节气,对于昆虫有了较深入的认识,知道了各种昆虫。运动会是幼儿在幼儿园里熟悉的一个活动,幼儿能借助自己参加过运动会的经历,理解昆虫运动会的含义。

● **活动准备**

运动会照片,故事《昆虫运动会》,角色挂牌若干。

● **活动重点**

了解故事中讲述的昆虫外形特点。

● **活动难点**

分角色进行故事表演。

● **活动过程**

1. 出示班级幼儿参加运动会的照片,引发幼儿兴趣。

师:照片上的小朋友们在做什么?你们喜欢参加运动会吗?

总结:惊蛰节气到了,小昆虫们也要开展运动会,我们看看谁来报名了!

2. 分段讲述故事,了解昆虫的特征。

(1) 教师讲述第一段故事。

师:谁来报名了?成功了吗?

(2) 教师讲述第二段故事。

师:蜗牛和蚯蚓报名成功了吗?为什么?

(3) 教师讲述第三段故事。

师:蜈蚣和蜘蛛来了,它们报名成功了吗?为什么?

(4) 教师讲述第四段故事。

师:最后谁来了?它报名成功了吗?报名了哪些项目?

总结:从故事中我们知道,蜗牛、蚯蚓、蜈蚣、蜘蛛都不是昆虫,蜜蜂、蜻蜓、蝴蝶、瓢虫、螳螂、毛毛虫等是昆虫。

3. 教师完整讲述故事，总结故事中昆虫的外形特点。

师：昆虫有哪些特点？（有头、胸、腹和六条腿的虫子叫昆虫）

师：毛毛虫为什么能参加两个项目呢？（毛毛虫长大后会变成蝴蝶）

4. 幼儿分组进行故事表演。

（1）请7名幼儿分别扮演蜗牛、蚯蚓、蜈蚣、蜘蛛、毛毛虫、蝴蝶、蜜蜂，挂上角色挂牌，尝试进行一次故事表演。

（2）幼儿自由分组进行故事表演。

（3）请1—2组幼儿在集体面前进行故事表演。

● 活动延伸

将角色挂牌投放在班级语言区，幼儿可以再次进行故事表演。

体育活动"大青虫赛跑"（合作走）

● 活动目标

1. 练习一个接一个地向前蹲走，发展腿部力量和协调性。

2. 通过自主探索以及同伴模仿，能在口令帮助下与同伴合作向前蹲走一定距离。

3. 体验与同伴合作蹲走的乐趣，努力与同伴共同完成游戏。

● 前期经验

通过观察，幼儿发现惊蛰节气到来之后，各种虫子开始活跃起来。幼儿对昆虫的兴趣很浓，经常观察生活中出现的虫子。由于幼儿之前有蹲走的经验，我们便在此开展合作蹲走的活动。对于即将步入小学生活的幼儿来说，有合作意识和基本的合作能力，是幼小衔接的重要准备之一，但通过平时的观察，幼儿这方面的能力还需要培养。

第二章 以幼儿园活动为主体的节气课程资源开发案例

● **活动准备**

长绳两条。

● **活动重点**

了解并掌握合作向前蹲走的办法。

● **活动难点**

能在口令的帮助下与同伴合作向前蹲走一定距离。

表 2-8 体育活动"大青虫赛跑"流程

活动过程		场地布置图	负荷	时间/分钟
开始部分（热身）	一、热身活动 师：我们一起按指令来进行队列练习吧 幼儿跟随教师口令进行大圆走、开花走、螺旋走、反螺旋走、分队走、并对走 二、专项热身：高人、矮人走 师：现在我们一起来进行高人、矮人走		中	5
基本部分	一、导入情境，激发兴趣 师：现在天气越来越暖和，大青虫都出来活动了，你们还记得大青虫怎么行走的吗？请你们找个地方来试一试 幼儿在场地内进行自由蹲走 二、幼儿尝试两人合作蹲走 师：我们的大青虫要变长一点了，现在请你找一个好朋友一起进行合作蹲走 1. 幼儿两两进行尝试，教师巡回指导 2. 交流游戏中遇到的问题和解决办法 师：你们在合作蹲走的时候遇到了什么问题吗？		中	3
			中大	4

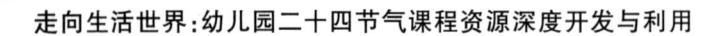

续表

活动过程	场地布置图	负荷	时间/分钟
基本部分 小结:原来后面一个小朋友要看着前面的小朋友,手放在前一个小朋友的肩上,配合他的速度 三、幼儿尝试3—4人合作向前蹲走 师:现在大青虫又要变长一点了,请你们3—4人一组试一试 1. 幼儿分组尝试 2. 交流游戏中遇到的问题和解决办法 师:你们在合作蹲走的时候遇到了什么问题吗? 3. 请1—2组幼儿示范 小结:我们可以通过口令来使大家的步调一致 4. 幼儿再次分组尝试 师:你们用口令再去试一试吧		中大	6
四、游戏:大青虫找食物 1. 介绍游戏规则 师:现在我们的大青虫又长长了,请一组的小朋友合作做一只大青虫,我们进行比赛,看看哪组大青虫最先到达对面的食物处(8—10米左右) 2. 幼儿分组进行游戏 3. 根据幼儿身体状况,玩游戏2—3次		大	8
结束部分(放松) 一、放松部分:播放放松音乐,教师带领幼儿做手臂、腿的揉捏按摩 师:你们今天都很厉害,学会了一种合作游戏的方法,现在让我们一起放松一下,按摩一下今天用到的手臂和腿 二、腿部拉伸 师:现在我们一起拉伸一下我们的腿		小中	4

（四）节气特色体验活动

1. 活动目的

春雷乍动,蛰伏的动物们从泥土中被惊醒,大地开始热闹起来……在这样寒意渐退、生机勃勃的时节,我们迎来了二十四节气之中的第三个节气——惊蛰。一声春雷,是春天的信号,也是幼儿与春天相遇的时刻。

2. 活动对象

全园幼儿、教职工。

3. 材料准备

户外观察包(放大镜、纸、笔、昆虫观察盒)、梨子、安全刀。

4. 活动过程

（1）前期讨论:惊蛰节气有什么习俗?吃什么美食?雷声代表了什么?

总结:惊蛰节气有吃梨子的习俗,梨子有润肺的功能。雷声唤醒了冬眠的小动物,小蚂蚁们都出来活动了。

（2）寻找苏醒的昆虫。

准备:户外观察包(放大镜、纸、笔、昆虫观察盒)。

流程:幼儿佩戴户外观察包来到户外,自由在幼儿园的角落内寻找昆虫、观察昆虫,并记录昆虫的外形。

（3）吃梨子。

① 观察梨的外部。

准备:梨子、纸、笔。

流程:幼儿观察梨子的外形特征,摸一摸梨子皮的质感,闻一闻梨子的味道,在纸上画一画自己观察到的梨子。

② 观察梨子的内部。

准备:梨子、安全刀。

流程：将梨子清洗干净，用安全刀削掉皮，切开梨子，观察梨子的内部，取出梨核。

③ 品尝梨子。

准备：梨子、杯子、热水。

流程：将梨子切开，尝一尝梨子的味道，还可以用热水煮一煮梨子，尝尝直接吃和煮水喝的不同。

（4）活动总结。

惊蛰节气还有哪些有趣的活动呢？幼儿和同伴讨论节气活动，如制作小鼓、赏桃花、观察各种各样的昆虫。

图 2-1

图 2-2

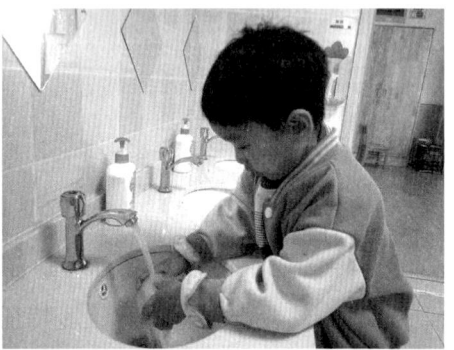

图 2-3

图 2-4

图 2-5　　　　　　　　　　　　图 2-6

（五）科学小实验

1. 活动目的

惊蛰又名"启蛰"，是二十四节气中的第三个节气，时至惊蛰，阳气上升，气温回暖，春雷乍动，万物生机盎然。在惊蛰节气里，我们和幼儿一起做泥团育苗、感受静电现象，感受惊蛰独有的气候特点。

2. 小班篇：泥团育苗

（1）材料准备：杯子、笔、记录表（见表 2-9）。

（2）活动过程：用泥土、草木灰、水搅拌成团，选择自己想培育的种子，将种子内置入泥团。在惊蛰天气里，静待发芽。

表 2-9　泥团育苗观察记录表

日期	我的发现
＿＿年＿＿月＿＿日	

3. 中大班篇：有趣的静电

（1）材料准备：碎纸屑、梳子、木棍、吸管、金属筷子、笔、记录表（见表

2-10)。

(2) 活动过程:先猜测哪些物体可以通过摩擦将碎纸屑吸起来,可以的打"√",不可以的打"×"。然后依次进行实验,将梳子、木棍、吸管、金属筷子放在头发上摩擦,观察哪些物体能把碎纸屑吸起来并打"√",不能吸起来的打"×"。

表 2-10　有趣的静电实验记录表

实验材料	猜想	验证
(梳子)		
(木棍)		
(吸管)		
(金属筷子)		

三、惊蛰节气课程资源开发与反思

嗨！黑黑的小不点

(一) 案例背景

科学教育活动是幼儿在教师的指导下,通过自身的活动,对周围的自然界(包括人造自然)进行感知、观察、操作、发现,以及提出问题、寻找答案的探索过程。

基于园本课程,我班围绕二十四节气展开了一系列的主题活动,恰逢惊蛰节气,自然生物受节律变化影响而出现萌发生长的现象。《指南》中科学领域的目标指出：4—5岁的幼儿喜欢接触新事物，经常问一些与新事物有关的问题。我班幼儿对科学教育活动特别感兴趣，经常提出相关的问题，让教师进行解答或展开探索活动。

最近，和幼儿共同了解惊蛰节气中，许多昆虫会逐渐苏醒，班级中的图书区也相对应地添置了一些关于昆虫的绘本，幼儿很喜欢围绕昆虫展开讨论、绘画、提问等，为了让他们自主地、直接地去了解昆虫，也为了让教师能有机会观察幼儿，满足幼儿的需要，在一句"老师，我们去找蚂蚁吧！"的提议下，这一场寻蚁之路便开始了……通过这些活动，我感受到从幼儿的需求出发、尊重幼儿兴趣的重要性。在学习活动中，幼儿变被动为主动，让这条"探索之路"变得生动而顺利。

（二）案例描述

1. 实录一：（了解）蚂蚁的家族

在决定开始"寻蚁之路"后，我和孩子们围坐在一起，我问："小朋友们，咱们先来聊聊蚂蚁吧，你们知道的蚂蚁是什么样的？或者你们知道哪些关于蚂蚁的小知识？"

"蚂蚁是黑色的，非常非常小，简直是个小不点，最好用放大镜看。"

"有一次，我看到好多蚂蚁排队走路，往路边上那个石头缝里去。"

"我爸说，好多蚂蚁住在一起，它们中间有一个是老大。"

"上次我吃冰激凌滴在身上了，外婆说蚂蚁会过来把我抬走。老师，你说蚂蚁真的有这么大的劲吗？"

孩子们七嘴八舌地展开了讨论，跟随着一个简单的科普小动画，他们开始了对蚂蚁最初步的认识：蚂蚁分为蚁后、雄蚁、工蚁、兵蚁；蚂蚁由头胸腹三个部分组成，有六条腿。原来，爸爸所说的那个"老大"，就是蚁后，也就是蚂蚁的妈妈，雄蚁就是蚂蚁的爸爸，工蚁嗅觉灵敏，兵蚁对抗敌人。而外婆说蚂蚁会过来抬走小朋友，是因为蚂蚁选择的是群居生活，它们总是互帮互助、团结在一起。那么，石头缝是蚂蚁的家吗？它们爱吃冰激凌吗?

2. 实录二:(猜想)蚂蚁的爱好

"我猜蚂蚁最喜欢吃甜甜的草莓。"

"我知道蚂蚁最喜欢住在泥土的洞里。"

"我觉得蚂蚁喜欢在树枝上散步。"

蚂蚁喜欢吃什么、喜欢住在哪里,孩子们并没有得到答案,于是又开始了天马行空的想象,为了能将自己的猜想和探索后的结果进行对比,孩子们选择将自己的猜想通过画画的形式记录下来。刀刀把蚂蚁画在树枝上,因为他认为蚂蚁的家在树上的洞里,蚂蚁平常会在树枝上散步;小宝在蚂蚁旁画了草莓,她觉得草莓是甜甜的水果,蚂蚁会喜欢的;骐骐画了一罐蜂蜜,他说蜂蜜又甜又黏,蚂蚁过来吃了肯定走不动路;俊俊画了两只蚂蚁和一颗饭粒,他告诉大家,他以前看到过蚂蚁搬米粒……

3. 实录三:(探索)蚂蚁的世界

第二天,孩子们"如约"带来了吸引蚂蚁出现的美食,有昨天讨论得出的饼干、肉松、蜂蜜、米粒、果酱、棒棒糖等,也有出乎意料的牛肉干、鱿鱼丝,在老师们意外的目光中,孩子们说:"我们自己很喜欢吃,所以想试试看蚂蚁爱不爱吃。""老师,我们去哪里找蚂蚁呀?"听到这样的声音,我把问题又抛回给孩子们:"小朋友们,你们来想想,幼儿园里有哪些地方可能会看到蚂蚁呢?"我得到了异口同声的答案——小花园!当大家准备出发时,经过科学区的牛牛大喊了一句:"哎!你们放大镜拿了吗?"恍然大悟的孩子们纷纷回头,由于孩子们需要放大镜和昆虫捕捉器这两样器材,以便于观察,于是他们两人一组,一人拿放大镜,另一人拿昆虫捕捉器。

来到小花园里,正如昨天猜想的一样,有的孩子把食物放在泥土洞里,有的孩子把果酱滴在树枝上的缝隙旁,有的孩子把米粒围着石头缝绕了一圈……然而等了一会儿并没有蚂蚁的身影出现,孩子们有些不耐烦了,开始叽叽喳喳地讨论。

"为什么蚂蚁没有出现呢?"当我问出这个问题的时候,小骏立马说:"肯定是我们太吵了,蚂蚁在里面害怕,躲着不敢出来了,我们悄悄地等一会儿吧!"于是,接下来如同默片电影一般,所有的孩子静悄悄地走路,慢慢地拿起放大镜在石缝、树洞周围观察着。

10分钟过去了……

赫赫大喊了一句:"快来啊,我这里发现啦!看看看!在这个树缝中间,你们轻一点啊,别把它吓回去了!"这时,和赫赫合作的小宝,撕了一点点面包屑放在树缝周围,蚂蚁果然闻香而来。用冰棒棍将蚂蚁轻轻地移进了昆虫捕捉器,我和孩子们一起回到了班级里。"嗨!这可是我们班的新朋友呀!"随后,带着对新朋友的热情,我们展开了对蚂蚁的"实际观察",这一次,仿佛是在检验科普小动画的真实性。

"嗯,蚂蚁是六条腿的呀,和动画里说的一样呀。"

"蚂蚁真的太小了,我好不容易才看出来它的肚子在哪里呢!"

"黑乎乎的。"

"可是,蚂蚁怎么会只有一只呢?"

本以为孩子们会很开心,但也听到了似乎有些"落寞"的声音:"一只蚂蚁也太孤单了,老师,我们明天再去找一找它的好朋友吧!"

(三)案例反思

《幼儿园教育指导纲要(试行)》(以下简称《纲要》)阐明了科学领域的教师指导要点:利用幼儿身边的事物与现象作为科学探索的对象;激发幼儿的兴趣和探究欲望;鼓励幼儿用手、用脑发现和解决问题;帮助幼儿运用观察、比较、分析、推论等方法进行探索活动。这个来自生活、和幼儿共同探索的科学教育活动,激发了幼儿的探索兴趣,鼓励幼儿亲身体验。幼儿的主体地位、教师的引导观念以及师幼的互动在活动中都起着至关重要的作用。

1. 丰富多元的教育目标

幼儿园科学教育的认知、技能、情感三个层次目标要紧紧围绕幼儿的实际生活和需求进行,作为教师,不能只注重科学认知,而忽视方法技能的养成和情感的培养,幼儿生活中所需要的科学认知、技能和情感,这三个层次的目标是相辅相成、相互依托的。

在一个科学教育活动中,多元化的目标不仅仅局限于科学领域,我们可以在活动中看到幼儿侃侃而谈的交流、天马行空的想象、栩栩如生的绘画以及团结互助的合作,这是幼儿语言、艺术、社会领域经验自主发展的机会,在这一过程中,幼儿科学教育的多元化目标得以体现。

2. 来自生活的活动内容

开展科学教育活动十分重要的一个方面,就是选择合适的活动内容。《指南》中科学领域的教育建议指出:和幼儿一起发现并分享周围新奇、有趣的事物或现象,一起寻找问题的答案。因此,在活动内容的设置上应贴近他们的生活经验,只有来自幼儿生活经验的内容才能引发幼儿的探究兴趣,符合他们的认知水平,唤起他们探究、表达的欲望,进而让幼儿获得可能的发展,实现预期的科学教育目标。

3. 更加自主的学习方式

幼儿不是被动的学习者,教师应调动幼儿的主观能动性,鼓励幼儿积极参与科学教育活动。在活动中,教师应展开指导性的提问,引导幼儿主动发现问题、思考问题。探究学习更适合于认知还未成熟的幼儿,通过探究,让幼儿自己去发现、探索以及总结概括,而不是单纯地教给幼儿。活动是幼儿获取经验的直接来源,让幼儿成为活动的探索者,自主地根据自然的环境、反馈,形成自己的认知。

4. 源于自然的课程资源

陈鹤琴先生曾说:"大自然、大社会都是活教材。"幼儿在幼儿园生活中,往往对自然界的动植物有着独特的敏感性。种植园地、树丛、小花园、

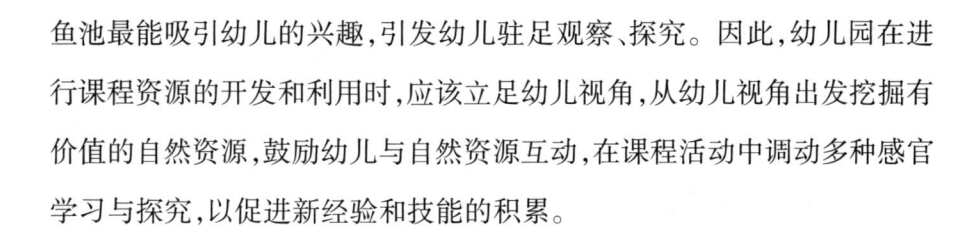

鱼池最能吸引幼儿的兴趣,引发幼儿驻足观察、探究。因此,幼儿园在进行课程资源的开发和利用时,应该立足幼儿视角,从幼儿视角出发挖掘有价值的自然资源,鼓励幼儿与自然资源互动,在课程活动中调动多种感官学习与探究,以促进新经验和技能的积累。

第二节　夏——以小满节气为例

一、小满节气课程资源开发设计方案

(一) 设计意图

小满,是收获的前奏,炎热夏季的开始,青黄不接的时节。大麦、冬小麦等夏熟作物浆液刚刚充满,籽粒变得饱满,但并未成熟,幼儿通过故事感知麦子的生长,通过动手制作麦子,体会麦粒渐满、麦穗初熟的惊喜。南京人爱吃野菜,幼儿也不例外,小满时节苦菜"走"上了饭桌,我们不仅要知其美味,更要了解其营养价值。小满时太阳暖烘烘,南北温差逐渐缩小,降水增多,气温趋于舒适,大量爽口的果子出现在了人们的视野里。幼儿通过多种艺术形式,体验果实成熟的欣喜,期盼不久后的丰收。

在本主题中,幼儿将通过观察冬小麦的颜色变化、麦穗形态来感知小满是收获的前奏;通过感受天气情况了解小满是炎热夏季的开始;通过多种感官了解小满时节吃苦菜、收油菜等风俗和祈蚕节。在雨水充沛的小满节气里,幼儿讨论冬小麦的变化、用石臼捣碎油菜籽制油等,一起畅玩"小满"。在小满节气,幼儿体验农作物生长茂盛渐至成熟,了解蚕宝宝一生的蜕变过程与价值,尝试种植水稻,通过对小满节气的来源以及习俗特征来感知并体验这独属于夏天的节气和生命的力量。

(二) 活动目标

1. 小班

(1) 能从 50 厘米左右的高处跳下,提高下肢力量及深度知觉,落地动作有缓冲;知道小满节气是炎热夏季的开始,能在较热的户外环境中愉快地活动;知道夏季要适当多喝水。

(2) 能安静地倾听音乐,并能用动作表现乐曲的不同速度与力度;知道蚕宝宝的身体特征和结构,能用纸黏土制作、棉签点画出可爱的蚕宝宝形态;学习团圆、压扁的纸黏土制作方法,萌发对艺术活动的兴趣。

(3) 感知水是无色、无味、透明、会流动的,能尝试运用多种物品运水;能用比较的方法区别五个物体的长短,并能按照一定规律排序;通过动手动脑,实际操作,激发探究兴趣,体验数学的有用和有趣;认识芝麻苗的外形特征,了解简单的芝麻苗的种植方法。

(4) 喜欢与同伴交流,愿意倾听同伴说话;能用简单的语言复述儿歌《蚕宝宝》的内容;体验语言故事的语言美,感受儿歌充满童趣的意境。

(5) 根据照片回顾生活场景,讲述生活事件,感受家庭生活的温暖,懂得关心家人;亲近自然,感受夏天到来的清爽,培养热爱大自然的情感。

2. 中班

(1) 初步学习立定跳远的动作要领;能对准目标物跳,双脚立定跳过 40—65 厘米宽的障碍物;能主动学习跳远,通过挑战不同宽度的河流,逐步提高立定跳远的动作技能,增强腿部力量;在"不湿鞋"游戏中遵守规则,敢于展示自己,体验与同伴共同游戏的快乐。

(2) 理解故事内容,知道种麦子的方法;大胆讲述故事,学说小兔子与动物们之间的对话;感受种麦子的不易,初步萌发坚持不懈的良好精神品质。

(3) 知道小满节气中冬小麦由青变黄的农事特征;能与同伴大胆讨论冬小麦的变化,知道小满的时令水果;期待冬小麦的成熟,感受农作物

第二章 以幼儿园活动为主体的节气课程资源开发案例

生长的喜悦。

（4）知道油菜花和籽的外形特征，知道油菜籽可以制油；能用石臼捣碎油菜籽制油；认识大于号和小于号，理解不等式的含义；尝试用大于号和小于号表示10以内两组水果数量的大小，对数量之间的关系有进一步探究的兴趣。

（5）通过观察图片了解麦穗的基本部分和主要特征，学习用搓长、搓圆、捏尖等泥工技法制作麦穗；感知音乐中采青梅、送青梅的不同旋律特点，能根据采摘青梅的情境创编动作，并配合音乐进行表演。

3. 大班

（1）能俯身匍匐爬过高度不低于40厘米、长度约为1.5米的障碍物，体验挑战自己、完成任务的成功和喜悦。

（2）知道小满节气的习俗，运用手偶进行情境表演讲述，愿意用丰富的语言讲述自己的想法。

（3）理解小得盈满的具体意思，知道人要懂得满足，愿意完善自己的性格品质。

（4）了解水车为人们带来的便利，知道水车的组成部分，理解其转动的原理；正确使用直尺测量，并用表格做记录。

（5）理解歌词内容，能用欢快与优美的声音演唱歌曲，通过小满节气养蚕的习俗，体会大自然的奇妙；了解使用毛笔绘画荷花的基本步骤，感受荷花的色彩美。

（三）资源开发

表 2-11 小满节气课程资源开发

资源	类别	现实生活世界	传统节气要素
自然资源	动物	蚕	布谷鸟、蚕
	植物	靡草、荷花、芝麻、冬小麦、油菜花	茶叶、浮萍、大麦、冬小麦、苦菜、靡草

续表

资源	类别	现实生活世界	传统节气要素
自然资源	气候	气温上升,降水增多	降水增多,炎热夏季的开始
社会资源	美食	芝麻糖、炒野菜、枇杷	炒野菜、麦糕饼、枇杷、樱桃、杨梅、李子、浆果
社会资源	文学	绘本:《泡泡猪的油菜花田》《花婆婆》 故事:《二十四节气之小满的故事——蚕神的由来》《田野的油菜花》《荷花开了》《小兔子种麦子》《蚕,诞生了》《小满》《蚕的一生》 儿歌:《小满》	
社会资源	社区或家长	寻找蘑草和苦菜,品尝苦菜	
已生成的活动资源		水:游戏"抢水"、认识并制作水车、记录降水量 冬小麦:观察和制作麦穗、测量麦秆的高度 油菜:收割油菜籽、春油菜籽、绘画油菜花	

(四) 活动设计

表2-12 小满节气活动设计

活动类型	年龄班	活动名称
集体活动	小班	社会活动"我爱我家"
		语言活动"蚕宝宝"(儿歌)
		美术活动"桑叶上的蚕宝宝"(泥工)
		科学活动"玩水"
		数学活动"给小麦排排队"(正逆排序)
		音乐活动"虫儿飞"(韵律)
		体育活动"麦田保卫战"(从高处跳)
	中班	美术活动"麦粒渐满"(泥工)
		社会活动"小满里的麦与果"
		音乐活动"摘青梅"(韵律)
		科学活动"春菜籽油"

第二章 以幼儿园活动为主体的节气课程资源开发案例

续表

活动类型	年龄班	活动名称
集体活动	中班	语言活动"小兔子种麦子"（故事）
		数学活动"认识大于号、小于号"（数量关系）
		体育活动"不湿鞋"（立定跳远）
	大班	社会活动"小得盈满"
		科学活动"做水车"
		数学活动"麦穗有多长"（空间测量）
		美术活动"小荷才露尖尖角"（水墨画）
		语言活动"小满"（情境表演讲述）
		音乐活动"蚕宝宝"（歌唱）
		体育活动"靡草野战军"（匍匐爬）
节气特色体验活动	全园	夏意芬芳，小满翩至
科学小实验	小班	观察蚕宝宝
	中班	水的表面张力
	大班	

（五）区域活动

1. 小班

表 2-13 小满节气小班区域活动

区域	可能引发的活动	材料准备	观察与指导要点
美工区	1. 棉签画：桑叶上的蚕宝宝 2. 美工：芝麻糖 3. 水粉画：油菜花	棉签、水粉颜料、画笔、白纸、皱纹纸	1. 能用棉签在叶子上点画 2. 学习捻纸团粘贴芝麻糖，发展小肌肉动作 3. 学习用团圆、压扁的方法制作饼干
表演区	"虫儿飞"音乐表演	音乐图谱、头饰、《虫儿飞》音乐	大胆地在集体面前进行歌表演

续表

区域	可能引发的活动	材料准备	观察与指导要点
科学认知区	1. 有趣的车轮 2. 玩水实验 3. 观察幼儿园的花草树木在小满节气里的变化，感受夏天到来的气息 4. 可爱的蚕宝宝	1. 各种各样的小汽车、积木 2. 提供各种材料（海绵、鸡蛋、盐、积木等），让幼儿感知水的特征 3. 夏天里各种有代表性的植物照片（荷花、洋槐花、柳树） 4. 蚕宝宝	1. 能将积木摆放成不同斜坡进行"看谁跑得快"游戏 2. 能用多种材料感知水的特征 3. 大胆在集体面前发表自己的想法和发现 4. 愿意和同伴一起玩游戏，积极参加探索活动
建构区	建构各种各样的车子	积木、奶粉罐、瓶盖、轮胎、各种车子的图片	能用积木和各种废旧材料和同伴搭建车子
语言区	1. 绘本阅读："泡泡猪的油菜花田""花婆婆" 2. 故事小主播："田野的油菜花""荷花开"	故事播放器	1. 用简单的语言表述绘本内容 2. 爱护图书，不乱撕书
自然角	养蚕、种植芝麻	蚕宝宝、芝麻苗、铲子、浇水壶	1. 认识芝麻苗，了解简单的种植方法 2. 学会用"挖""插"的方法种植芝麻

2. 中班

表2-14 小满节气中班区域活动

区域	可能引发的活动	材料准备	观察与指导要点
语言区	1. 绘本阅读"这就是二十四节气之小满" 2. 故事分享"小兔子种麦子" 3. 儿歌朗诵"小满"	绘本、故事相关图片、小兔子头饰、儿歌图标	1. 自主阅读绘本 2. 结合相关图片讲述《小兔子种麦子》的故事，并尝试表演故事 3. 愿意与同伴一起说一说儿歌《小满》

第二章　以幼儿园活动为主体的节气课程资源开发案例

续表

区域	可能引发的活动	材料准备	观察与指导要点
建构区	搭建油菜地、栅栏	积木、雪花插片、塑料玩具、油菜花图片、雪糕棒	1. 熟悉油菜花的形状特点,使用雪花插片、塑料玩具进行拼插,并用积木建构油菜地茂密的景象 2. 使用雪糕棒拼搭栅栏
美工区	1. 制作麦穗 2. 黏土制作:枇杷、青梅、樱桃、杨梅、李子 3. 芝麻粘贴画	1. 各色卡纸、手揉纸若干;剪刀、双面胶、水彩笔、勾线笔 2. 水果实物图片若干、各色黏土、安全刀、纸盘 3. 卡纸、芝麻、白乳胶、棉签	1. 使用不同的方法制作麦穗,如绘画、黏土制作、搓纸、剪贴等 2. 仔细观察图片中的水果,能用搓、捏、团、揉等泥工技能制作黏土作品,正确使用辅助工具 3. 巩固并加强粘贴画的基本方法,构图大胆
生活区	1. 舂油菜籽 2. 清理苦菜	1. 石臼、油菜籽 2. 苦菜若干、安全刀、盘子	1. 尝试使用石臼榨取菜籽油 2. 清理苦菜,使用安全刀将根部切除,清洗菜叶部分
科学认知区	1. 测量温度 2. 观测降水量,并记录 3. 水果比多少	1. 温度计 2. 量杯、记录表 3. 枇杷、青梅、樱桃、杨梅、李子的实物卡若干,大于号、小于号、等于号图卡若干	1. 在老师的帮助下记录温度,并感知气温的变化 2. 通过观测降水量的变化,发现小满时节的降水量增多 3. 通过比较水果实物卡片的多少,认识大于号、小于号、等于号
角色区	1. 小吃店 2. 小舞台"摘果子"	1. 制作好的黏土作品 2.《摘果子》音乐、小篮子	1. 能将制作好的水果进行贩卖,热情接待顾客 2. 在音乐伴奏下自由创编动作,进行表演

续表

区域	可能引发的活动	材料准备	观察与指导要点
自然角	观赏类：浮萍、石榴、四季海棠（幼儿园内观察） 种植类：豇豆、半夏、黄瓜、芝麻 饲养类：蚯蚓	观察记录表、芝麻若干、营养土、种植箱、铲子、喷壶、蚯蚓、养殖器皿、放大镜	1. 观察并用绘画的形式记录浮萍的形态 2. 观察石榴、四季海棠花朵开放的形态 3. 持续观察豇豆、半夏、黄瓜的生长情况，并进行维护 4. 将芝麻均匀铺洒在种植箱内，覆上一层浅土，三天后浇水 5. 尝试喂食，并用绘画的方式记录蚯蚓吃的食物 6. 观察蚯蚓的运动形态

3. 大班

表 2-15　小满节气大班区域活动

区域	可能引发的活动	材料准备	观察与指导要点
语言区	1. 绘本阅读："蚕，诞生了""小满" 2. 自制小满时节的图书 3. 儿歌朗诵："小满" 4. 绘本阅读："奇妙的蚕"	1. 相关故事、农谚、诗歌等书籍 2. 固体胶、剪刀、白纸、透明胶、笔	1. 阅读图书并仔细观察画面的内容和细节图 2. 自主动手制作相关的小满的图书，愿意与同伴讲述 3. 尝试续编或者仿编儿歌 4. 愿意与同伴分享与小满有关的故事内容
表演区	1. 表演蚕宝宝 2. 小医院体检 3. 举办"夏忙会"	头饰、音乐、医疗工具、小吃店等	1. 能跟随音乐的旋律和节奏进行表演，敢于大胆表现自己 2. 大胆表现蚕宝宝蠕动、可爱的动作 3. 医生护士为"病人"设计好体检项目，并画好体检表格

第二章 以幼儿园活动为主体的节气课程资源开发案例

续表

区域	可能引发的活动	材料准备	观察与指导要点
建构区	1. 建构蚕宝宝的家 2. 建构防护林带 3. 搭建三车：水车、油车、丝车	积木、装饰物、胶粒、各式各样的清水积木、辅助物	1. 与同伴共同商量设计蚕宝宝的家，学会绘画设计图纸 2. 合理布局防护林带，知道搭建防护林带的作用 3. 能完整地搭建出水车、油车、丝车的外形
美工区	1. 线描画：水车、油车、丝车 2. 绘画：荷花、油菜花、靡草 3. 手工：麦穗 4. 泥工：苦菜拼盘	画纸、水粉颜料、宣纸、黏土、皱纹纸	1. 用多种画法进行线描绘画，能生动地画出三车的特点 2. 使用毛笔在宣纸上作画，表现荷花和油菜花，对比油菜花在春分节气与小满节气的不同 3. 掌握搓、团、捏、卷等技能
生活区	1. 苦菜沙拉 2. 榨菜籽油	苦菜若干，榨菜籽油所需工具	1. 看制作沙拉的步骤图，学习做苦菜沙拉的技能 2. 了解榨菜籽油的过程，尝试榨菜籽油
科学认知区	1. 记录温度、降水量 2. 做水车 3. 制作靡草标本 4. 测量麦穗	1. 温度计、记录表 2. 一次性勺子、油泥、雪糕棒 3. 标本制作步骤图 4. 30厘米长的直尺、记录单、麦穗、笔	1. 记录和测量每日气温和降水量，并以柱状图表现本节气内气温和降水量的变化趋势 2. 了解大暴雨、冰雹、雷暴等灾害性天气，知道大暴雨会引发泥石流和山体滑坡等灾害（如果有冰雹，观察冰雹的形状和大小） 3. 了解水车的功能及原理，了解制作水车的具体流程和工具，在老师的引导和帮助下制作水车 4. 发现靡草的生长变化周期，看懂标本制作步骤图，制作靡草标本 5. 正确使用直尺测量麦穗，能正确读尺，并用表格做记录

续表

区域	可能引发的活动	材料准备	观察与指导要点
自然角	观赏类：荷花、野菜、月季、石榴、玫瑰、白兰、茼蒿 种植类：芝麻、麦子 饲养类：蚕	1. 水池、观察记录表、喷壶、各种类型的花、种植工具 2. 容器、种子、土壤、种植工具、记录表 3. 观察记录表、蚕宝宝、纸箱、桑叶	1. 观察记录荷花花苞什么时候开花等 2. 比较不同野菜的颜色、形状、气味等 3. 选择自己喜欢的花进行持续观察与记录 4. 制定一份详细的管理计划安排表，比如：什么时间观察、每次要怎样记录 5. 选择自己喜欢的种子进行种植，并做好记录 6. 正确移栽、种植、培土、灌溉，师幼商量如何进行管理，定期松土培土、浇水 7. 观察记录麦子一天天成熟变化的过程，比较麦粒不同成熟阶段的大小、软硬和颜色变化 8. 观察前期种植植物是否成熟，知道收割（比如收割油菜籽）的方法 9. 观察了解蚕的外形特征以及生活习性，并记录它们的生活习惯 10. 观察记录蚕从"蚁蚕—熟蚕—蛹—蚕蛾"的生态变化过程

（六）日常渗透

1. 晨间谈话

小满节气的气候特点；春油菜籽的方法。你知道小满节气有哪些习俗吗？小满节气要吃哪些食物呢？小满节气的物候特征有哪些呢？你发现小满节气里动植物有哪些变化？怎样在小满节气中预防疾病？

2. 体育锻炼

跳圈、跳荷花、坐摇摇马、模仿蚕宝宝爬行、纵跳摸高（摘果子）、四散

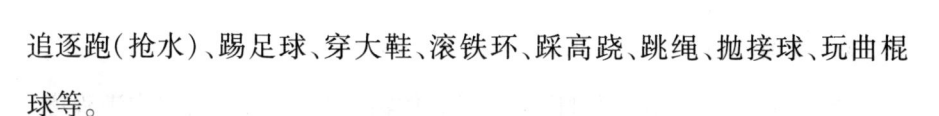

第二章　以幼儿园活动为主体的节气课程资源开发案例

追逐跑(抢水)、踢足球、穿大鞋、滚铁环、踩高跷、跳绳、抛接球、玩曲棍球等。

3. 体育游戏

(1) 猫追老鼠。

玩法:幼儿扮演小猫。小猫分四队,每队排头放一把椅子。排头小猫从椅子上跳下后,爬过草地、钻过山洞、捉一只老鼠回队伍,将老鼠放进队前的老鼠笼里后,到队尾排队,此时下一个幼儿便可向前移一位,站在椅子上跳下,同前一个幼儿那样玩游戏。

(2) 抢水。

玩法:准备一大桶或一池水,以及一些盛水工具。幼儿分成人数相等的两队,从起点处选择盛水工具出发,将水运至终点处,看哪一队用时最短且抢到的水最多。最后幼儿一同去浇灌菜地。

4. 过渡环节

(1) 给自己种下的芝麻苗及其他植物浇水,记录植物的生长过程。

(2) 手指游戏:种豆。

种下一颗豆(十指交叉握拳,将大拇指藏于拳中),

发了一个芽(将藏着的大拇指伸出),

顺着黄瓜架(两个大拇指相互绕),

使劲往上爬(边绕边向上),

长高了长高了(两手分开,在头顶上上下下摆动),

可惜没浇水(在头顶双手变换方向),

蔫了塌了架(双手无力垂下)。

5. 生活活动

如厕时不推不挤,安静如厕;口渴时主动喝水,喝水时不打闹、不喧哗。幼儿午睡时,盖好被子,避免受风着凉而感冒,保证睡眠时间,以保持精力充沛。

6. 餐前准备

通过观看图片和视频讨论小满时农作物的颜色变化、果实饱满程度。小组讨论蚯蚓的运动形态。

7. 散步主题

观察幼儿园夏天四季海棠和石榴的变化；观察芝麻苗的存活情况、生长情况。观察幼儿园内小满节气种植的植物的变化；在室外感受温度气候的变化，感受降水给幼儿园带来的变化；寻找幼儿园中的苦菜、靡草和麦穗。

8. 离园谈话

交流自己在小满节气中发现的温度变化；与同伴交流小满节气的物候特征。最近的气温和气候有什么变化？关注天气预报，观察并记录降雨天气在一周内的次数；预防细菌性食源性疾病、麻疹、水痘、手足口病等。

9. 节气保健

小满时节之后气温显著升高，天气变得更加炎热，降雨量也逐渐增多，但是早晚依旧较凉，气温日差也较大，尤其是下雨后气温下降更明显，所以一定要注意适时加衣，尤其是晚上睡觉时，要注意保暖，不贪凉。同时也应当顺应夏季阳长阴消的规律，早起晚睡，但要保证睡眠时间，以保持充沛的精力。

小满时节炎热，大人孩子在饮食上难免要贪一下凉。适量吃些、喝些冷饮虽然能起到消暑降温的效果，但吃过量也容易导致腹痛腹泻。小满时节的天气，雨水较多，出汗量也比较多，饮食方面以清淡为主，最好能多吃一些有清热功效的食物。

（七）环境创设

（1）小满习俗墙元素：图片、活动过程的照片、小满相关的绘本简介，幼儿的相关作品。

（2）小满植物墙：小麦、芝麻、苦菜、油菜花、枇杷、青梅、樱桃、杨梅、李子。

（3）蚯蚓的观察记录墙：关于蚯蚓吃的食物、运动形态的观察记录表。以"蚕宝宝的变化""芝麻苗的生长""夏天的雷雨"为主题创设班级表征墙，将照片或者幼儿的平面作品展示在墙上。

（4）小满美术作品墙元素：折纸、水粉画、彩笔画、线描画、黏土集体作品。

（5）小满"科学小达人"元素：了解蚕的习性；小满天气记录表；放大镜；昆虫观看器。

（八）时令美食

1. 苦菜

很多老南京人时至今日仍然保留着小满吃苦菜的习俗。据了解，苦菜营养丰富，含有人体所需要的多种维生素，可以给孩子们准备些苦菜品尝。

2. 绿豆汤

小满是夏季的第二个节气也是夏季节气中升温速度最快的一个，饮食宜"清补"，绿豆有清热解毒、消暑利水等功用，自古以来就以能入药而备受人重视，放点冰糖煮一煮，适用于中暑烦渴。

3. 丝瓜

丝瓜翠绿鲜嫩，是夏秋季节人们爱吃的蔬菜。丝瓜营养丰富，丝瓜炒蛋，清脆爽口，适宜孩子与老人食用。老丝瓜的瓤，具有再利用价值，是厨房清洁的好物。

（九）劳动建议

1. 小班篇：凉拌苦菜

活动建议：在《周书》中提到"小满之日苦菜秀"，久而久之食野菜、苦菜就成为一种小满的传统习俗。小朋友们在小满节气也可以动手制作一

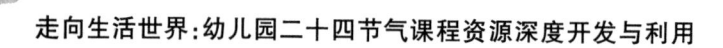

盘凉拌苦菜,将苦菜清洗干净,放入沸水中煮一会儿,捞出用凉水浸泡冷却之后切碎,放入盆中,将盐、酱油、醋等小料在小碗中搅匀,将调料浇在苦菜上,拌匀即可。

活动评价:能动手将苦菜清洗干净,去除黄叶备用;能在成人的帮助下,尝试为苦菜进行调味并品尝。

2. 中班篇:收割小麦

活动建议:风吹麦田千层浪,又是一年麦收时。小满节气过后,小麦陆续成熟,一起去看一看幼儿园内的小麦长得怎么样了吧。小朋友们可以讨论一下用什么样的收割工具,带上工具去收割小麦、收获喜悦吧!

活动评价:能选择合适的收割工具,尝试自主收割;与同伴合作完成小麦的收割,并讨论收割后小麦的利用。

3. 大班篇:小小面点师

活动建议:小满节气也是收获小麦的时机,收割后的小麦原来可以做这么多美味的面点,小朋友们也可以试着将小麦放进破壁机,将面粉倒出加入适量水,开始和面吧,看看谁做的面点最好吃!

活动评价:能与同伴合作完成面粉加水的步骤,尝试和面和擀面;能在成人的帮助下完成烘焙的过程,品尝自制面点。

(十) 家园共育

(1) 家长与孩子共同了解关于小满的习俗、来历等。

(2) 家长根据小满的养生知识为孩子调整饮食,与孩子尝试制作小满时节的美食。

(3) 鼓励家长带孩子去户外观察小满前后气温、降水给动植物带来的变化,寻找靡草和苦菜。

(4) 家长带孩子外出时,注意避开拥挤人群,做好手足口等传染疾病的预防。

二、活动内容

（一）小班活动内容

社会活动"我爱我家"

● **活动目标**

1. 回顾家庭生活场景，讲述生活事件，感受家庭生活的温暖。

2. 根据照片大胆表达自己的想法，通过制作、口头表述等方式表达自己的感谢。

3. 懂得关心家人，萌发爱家人的情感。

● **前期经验**

小班幼儿基本都能说出自己家庭的成员构成，也能举例讲出父母长辈照顾自己的情境或者是家人一起愉快生活的场景。但是对家人付出的感激普遍不足，不少幼儿认为家人对自己的付出是理所应当的。因此，需要帮助他们了解家人照顾自己的不易，面对家人的付出要心怀感恩。

● **活动准备**

幼儿全家福照片，家人照顾幼儿的照片。

● **活动重点**

回顾家庭生活场景，感受家庭生活的温暖。

● **活动难点**

喜爱自己的家人，通过制作、口头表述等方式表达自己的感谢。

● **活动过程**

1. 出示全家福，介绍家人。

师：这是谁？旁边都有哪些人？

请幼儿互相介绍自己的家人。

总结：我们的家人有爸爸、妈妈、爷爷、奶奶、外公、外婆等。从照片中可以看到大家都非常开心快乐，看得出来家人都很爱你。

2. 观看照片（照顾、游戏、接送时的照片），萌发爱家人的情感。

师：在家里，家人是怎么爱我们的呢？

总结：当我们生病时，家人陪伴在我们身边，带我们看医生，喂我们吃药。在我们遇到困难时帮助我们，给我们做饭洗衣服。在我们无聊的时候，带我们出去玩耍……家人真的好爱我们！

3. 表达爱意。

讨论：你们爱不爱自己的家人？我们应该怎么爱自己的家人呢？

总结：我们可以告诉爸爸妈妈自己对他们的爱，可以为爸爸妈妈分担家务，也可以制作小礼物表达对爸爸妈妈的爱。

制作感谢卡，教师进行备注。（可根据幼儿的意愿调整本环节）

总结：今天的活动我们看到每个小朋友都有一个快乐、幸福的家，也了解了家人为我们的成长付出了辛苦，希望小朋友们今后更爱自己的家人，更爱自己的家！

语言活动"蚕宝宝"（儿歌）

● **活动目标**

1. 欣赏儿歌，知道儿歌中描述的蚕宝宝的生长变化及蚕丝的作用。

2. 学会朗诵儿歌并能大胆地在集体面前展示。

3. 通过学习儿歌，感受蚕宝宝的神奇。

● **前期经验**

在班级的自然角养殖蚕宝宝，幼儿在一日活动中可以自由观察蚕宝宝。在班级科学区投放"蚕的一生"图片，让幼儿了解蚕的变化过程，积累关于蚕的经验。

第二章 以幼儿园活动为主体的节气课程资源开发案例

● **活动准备**

儿歌《蚕宝宝》，与儿歌内容相关的图片。

● **活动重点**

理解儿歌内容。

● **活动难点**

能说出蚕宝宝的变化和蚕丝的作用。

● **活动过程**

1. 图片导入，激发幼儿兴趣。

师：小满节气到了，在这个节气里有一种可爱的小动物，小朋友们知道是什么吗？

师：蚕宝宝是什么样的呢？现在跟着儿歌《蚕宝宝》一起来了解一下吧！

2. 欣赏理解儿歌。

（1）教师完整朗诵儿歌。

（2）根据幼儿回答出示图片。

师：你听到了什么？

（3）师幼根据图片完整朗诵儿歌。

师：图片的顺序对吗？谁来重新摆放一下？

（4）师幼共同完整朗诵儿歌。

（5）幼儿理解儿歌内容。

师：蚕宝宝小时候是什么样的？像什么？长大后是什么样的？它有什么本领？吐出来的丝能做什么？

3. 朗诵儿歌。

（1）分组朗诵儿歌。（1—2组）

师：我们已经学会并理解了儿歌，哪一组小朋友想展示一下自己呢？

(2) 单独朗诵。(2—3名)

师:有哪位小朋友敢单独上来表演一下呢?

● 活动延伸

师:小朋友们真厉害,说得都非常好,活动后,我们利用餐前活动再请想说的小朋友来说一说吧!

美术活动"桑叶上的蚕宝宝"(泥工)

● 活动目标

1. 认识蚕,了解蚕的外形特征,知道用黏土制作蚕的方法。
2. 能尝试用添画的方式表现出蚕宝宝的不同造型。
3. 感受不同形式的艺术美,体验泥工的乐趣。

● 前期经验

在班级自然角里养了许多蚕宝宝,幼儿每天都去观察蚕宝宝的变化,喂蚕宝宝吃桑叶,打扫养蚕的容器,对蚕的外形特征和生活习性有了初步的认识。

● 活动准备

蚕的图片、简笔画桑叶底板、油画棒、白色和黑色黏土、湿巾、勾线笔。

● 活动重点

用棉签点画出蚕宝宝的外形。

● 活动难点

添画出不同造型的蚕宝宝。

● 活动过程

1. 猜测导入,激发幼儿兴趣。

师:这一个个的点点里面会钻出来什么呢?谁来猜一猜?(蚕宝宝)

2. 观察图片,了解蚕宝宝的外形特征。

师:你看到蚕宝宝是什么样子的?是什么颜色?身上都长了什么呢?

总结:白白的、长长的、圆形身体,身体有环节,身体两侧有黑色气孔,有一小尖尾巴,有许多脚,头部有黑灰纹路等。

3. 出示图片,引导幼儿观察蚕宝宝的头部位置及身体的形状。

师:小朋友们,你们看,蚕宝宝的头在哪里?身体是什么样的?它要去吃下边的树叶,那蚕宝宝的头应该在哪里呀?

4. 幼儿动手操作。

师:这里有一些黏土,你们觉得可以怎么变出蚕宝宝呢?

师:谁愿意上来试一试呢?

总结:先把桑叶底板涂成漂亮的绿色,接着用黏土搓出一个个小小的圆,将搓出的圆组合在一起,组合好后用黑色的黏土制作蚕宝宝的眼睛。(引导幼儿尝试多创作几条不同造型的蚕宝宝)

幼儿自由操作,教师巡回观察。

5. 相互欣赏作品,大胆介绍自己的作品。

师:你的蚕宝宝在干什么?是什么样子的?

科学活动"玩水"

● 活动目标

1. 感知水的特性是无色、无味、透明、会流动的。

2. 尝试运用多种材料进行运水操作。

3. 在游戏中体验玩水的乐趣。

● 前期经验

任何年龄段的幼儿都爱玩水,小班幼儿喜欢用手将水抓起来,但是他

们发现抓不住,这是为什么呢？水是什么颜色、什么味道的？简单的游戏,只能让幼儿初步了解水的特性,且幼儿还不能用语言表达出来,也不理解其意思,需要更深入地进行探索,更全面了解水的特性。

● 活动准备

大小不同的水盆、水、桶、各种运水工具(杯子、塑料袋、罐子、海绵、毛巾等)。

● 活动重点

感知水的特性是无色、无味、透明、会流动的。

● 活动难点

积极寻找各种工具运水,且发现海绵、毛巾也能够运水。

● 活动过程

1. 玩水,感知水的特性。

(1) 幼儿围坐在大水盆前,观察水的形态。

师:这是什么？它是什么样的？

(2) 幼儿看一看、闻一闻、捞一捞、玩一玩水。

师:水是什么颜色的？什么味道？玩一玩水,你发现了什么？

总结:水是没有颜色、没有味道的,水会从手指缝里漏出来,它会流动。

2. 运水游戏,进一步了解水的特性。

(1) 设置情境:这里有一个很重的桶,想运走里面的水,怎么办呢？(鼓励幼儿大胆想办法)

(2) 教师出示塑料袋,激发幼儿运水的兴趣。

师:如果用这个塑料袋运水的话,我们可以怎么运？

(3) 幼儿尝试。

总结:桶里的水太重,我们搬不动的时候,可以借助一些工具来运水。

第二章 以幼儿园活动为主体的节气课程资源开发案例

（4）幼儿在班级寻找可以运水的工具，教师鼓励幼儿寻找与同伴不一样的工具。（海绵、毛巾等）

（5）鼓励幼儿尝试用自己的方法运水，感知水的流动性。

① 杯子、塑料袋：自己选择器具舀水，把水运往远处的大容器中。

② 有个洞的塑料袋：用有洞的塑料袋盛水，形成"小喷泉"的袋子，也可以运水。

③ 海绵、毛巾：将海绵、毛巾放入桶里，吸上满满的水，再挤到另一个桶里。

● **活动延伸**

寻找生活中其他可以运水的物品。

师：在幼儿园里，我们找到了很多工具来运水，回家后，继续找一些可以运水的工具，来和大家一起分享。

数学活动"给小麦排排队"（正逆排序）

● **活动目标**

1. 学会用比较的方法区别五个物体的长短。
2. 能将五个物体按长短进行正逆排序。
3. 愿意向同伴讲述自己的排序方法和结果。

● **前期经验**

小班幼儿排序活动建立在直观的感知、比较的基础上，带有较多尝试错误的性质。教师需明确排序要求，按照什么方向进行排序，同时增加幼儿对量的比较经验，掌握目测判断、两两比较等基本方法。小麦是幼儿种植园地的产物，通过实物观察操作等多种方式让幼儿理解排序概念，迁移排序经验，学习比较运用各种经验进行排列，初步发现、辨认生活中简单的排序模式。

● **活动准备**

长短不同的小麦实物若干,5 根长短不同小麦的图片,排序板。

● **活动重点**

学会用比较的方法区别 5 根小麦的长短。

● **活动难点**

能将 5 根小麦按长短进行正逆排序。

● **活动过程**

1. 谈话导入,激发幼儿兴趣。

师:在小满节气时,我们收了许多小麦,今天我们要看一看,比一比哪一根小麦的个子长得最高。

2. 出示小麦图片,学习比较的方法。

(1) 比较 2 根小麦的长短。

师:仔细观察一下这 2 根小麦哪一根长,哪一根短?我们该怎么比长短呢?

总结:小朋友们说得很对,我们在比长短的时候,要将一根小麦和另一根小麦的一头对齐,才能比得准确。

师:如果我们按从短到长的顺序排队,这 2 根小麦谁应该在前面,谁应该在后面呢?谁想来试一试?如果我们按从长到短的顺序排队呢?

总结:我们在给小麦排队的时候,要看清楚排队的要求,如果是从短到长排就要将短的小麦放在前面,长的小麦放在后面。如果是从长到短排就要将长的小麦放在前面,短的小麦放在后面。

(2) 比较 3—4 根小麦的长短。

师:刚刚 2 根小麦在进行比长短的时候,一下子就能看出谁长谁短,很快就将它们的队伍排好了,现在难度加大了,一共有 3 根小麦,我们按从短到长的顺序怎么排呢?

第二章　以幼儿园活动为主体的节气课程资源开发案例

总结:3根小麦在比长短的时候,也要将3根小麦的一头对齐,先找到最短的那一根,放在最前面,再把剩下的2根当中短的放在第二个,最后一根直接放在最后。

师:用这种方法试一试从长到短排一排,谁来试一试? 注意,现在有4根小麦了哦!

总结:我们在给小麦按顺序排队的时候,小麦的数量越多,我们就更要细心观察哦!

3. 幼儿自主完成操作。

师:如果有5根小麦你们还能挑战成功吗? 老师为你们每个人准备了排序板,上面一排是从短到长的顺序排,下面是按从长到短的顺序排。

师:谁来说一说你是怎么排的? 哪一根小麦最长? 哪一根小麦最短?

总结:今天我们给小麦按从长到短和从短到长的顺序排队,我们回去后也可以用这种方法比一比身高和其他东西,好不好?

音乐活动"虫儿飞"(韵律)

● 活动目标

1. 初步熟悉音乐ABC结构,在三段音乐中做出不同的动作和反应。

2. 通过教师的语言提示和互动,在音乐中感受从坐在座位上到散点站立到原地蹲下的空间变换。

3. 锻炼克制能力——知道在C段音乐中要保持"躲雨"造型不动。

● 活动准备

剪辑过的《虫儿飞》音乐,草丛场景。

● 活动重点

初步熟悉音乐ABC结构,在三段音乐中做出不同的动作和反应。

● 活动难点

通过语言提示和互动,在音乐中感受从坐在座位上到散点站立到原地蹲下的空间变换。

● 活动过程

1. 故事加动作导入,营造游戏氛围。

故事内容:在一个静悄悄的夜晚,虫虫们从梦中醒来,它们揉揉眼睛,洗洗脸,准备飞到山上和虫妈妈玩"虫儿飞"的游戏!它们飞来飞去,好开心呀!忽然,发生了一件事,会怎么样呢?(配动作)

2. 倾听音乐,感受音乐节奏与旋律,初步尝试随乐做动作。

(1)整体感知音乐,故事、动作与音乐匹配,创编躲雨动作。

师:发生什么事了?怎么躲雨?用什么动作?(教师和幼儿共同提取创编的动作)

(2)随乐做动作,C段下雨时,使用提取的躲雨动作。

小结:当听到雷声的时候,我们就到××下躲起来。

3. 探索虫儿飞的游戏情节。

(1)初步感知游戏规则。

师:刚刚虫虫们和妈妈做了什么游戏?是怎么玩的呢?

小结:虫虫们和妈妈玩捉迷藏的游戏,当听到最后一个"飞"字的时候就藏起来。

(2)增加虫妈妈抓虫虫游戏规则,坐在座位上完整玩游戏。"我来做虫妈妈跟虫虫们玩游戏,听到最后一个'飞'字的时候,我就要来抓你们,你们可要藏好哦。"(变换动作、空间等,并随乐游戏)

(3)提取新的躲雨动作,师幼在座位前完整玩游戏。(A段坐在座位上,B段站在位子前,C段在位子前原地蹲下躲雨)

师:下雨的时候,虫虫们除了躲在××下,还可以躲在哪里呢?(树、

第二章 以幼儿园活动为主体的节气课程资源开发案例

花、伞、山洞……)这一次我们一起站在门前和虫妈妈玩游戏,当听到打雷的声音我们就快快躲到××下面。

(4) 增加空间变化,B 段中间散点站立游戏。(C 段音乐后增加虫妈妈找虫宝宝情节,巩固幼儿对躲雨不能动的规则的遵守)

(5) 幼儿尝试自主选择空位,完整玩游戏。

附动作建议:

第 1—2 小节:前奏,做睡觉的动作。

第 3—10 小节:做伸懒腰、揉眼睛、洗脸、两手指相对的准备动作。

第 11—12 小节:两手在胸前,两手食指随节奏做对对碰动作。(一小节中一拍点一下手指,第三拍两手指分开)

第 13—14 小节:两手食指伸出,随乐做虫虫拍动翅膀的动作(手指扇动),在最后一拍手藏于背后。

第 15—16 小节同第 11—12 小节;第 17—18 小节同第 13—14 小节。

第 19—20 小节:两手在身体两边做翅膀飞动的动作。

第 21—22 小节:做两手环抱拍拍自己的动作。

体育活动"麦田保卫战"(从高处跳)

● **活动目标**

1. 从 50 厘米左右的高处跳下,提高下肢力度及深度知觉,改善落地动作。

2. 通过扮演小猫角色,感知真实情境下向下跳的身体动作。

3. 体验游戏活动的乐趣。

● **前期经验**

幼儿园里,幼儿去年冬天种下的小麦已经逐渐成熟,大家都十分高兴,体会着收获的喜悦。猫和老鼠也是小班幼儿十分熟悉的动物。从高处往下跳是幼儿最喜欢的运动之一,但平时在幼儿园得到这样运动的机会不多,而且通过观察,教师发现一些幼儿存在落地姿势不正确可能引起运动损伤以及部分幼儿不敢挑战的现象,需要进一步培养幼儿这方面的能力。

● **活动准备**

椅子人手1把,小麦地,地标线,自制小老鼠若干,小筐,海绵垫,圈,音乐。

● **活动重点**

了解游戏规则,能够双脚从50厘米左右的高处跳下。

● **活动难点**

在跳下后,能判断落地时间、做好落地准备。

表2-16 体育活动"麦田保卫战"流程

	活动过程	场地布置图	负荷	时间/分钟
开始部分（热身）	一、教师带领幼儿学小花猫走进场 师:小猫们,小麦快熟了,小老鼠打算去麦田偷吃小麦,猫妈妈今天要带你们捉小老鼠,我们出发吧 二、小猫模仿操(教师自编) 幼儿站成散点做操,为向下跳进行重点部位(下肢)的专项热身活动		中大	3—4
基本部分	一、练习从低矮路牙上向下跳 师:小猫们,小老鼠去麦田时经常会从这个路牙(平衡木)前路过,我们在路牙上等小老鼠从这儿路过时跳下来捉住它,好不好? 二、幼儿自主尝试从路牙上往下跳 师:小猫们先去练一练怎样从路牙上跳下来才能轻轻地落地,且不被小老鼠发现		中	4

第二章　以幼儿园活动为主体的节气课程资源开发案例

续表

	活动过程	场地布置图	负荷	时间/分钟
基本部分	三、师幼集中小结动作要领 请一名幼儿示范,并小结动作 师:哪只小猫来演示一下你是怎样从路牙上轻轻跳下来的? 四、师幼听口令集体练习两次左右 师:小猫们,我们一起来跳一跳,比比哪只小猫落地最轻! 其间可由一名教师扮演大老鼠,在适当的时候出现,激发幼儿活动的兴趣和积极性			
基本部分	五、尝试从椅子上向下跳 师:这儿的小老鼠被吓得不敢出来了,我们一起到麦田里去捉小老鼠吧!瞧!前面有一棵棵的大树(椅子),我们爬到树上,等小老鼠一来就捉住它。试试看,从高高的树上怎样才能轻轻地跳下来且不被小老鼠发现? 在幼儿练习的过程中,教师扮演的大老鼠要看时机出现	麦田		
基本部分	六、玩游戏"捉老鼠" 教师介绍游戏场地及要求,幼儿游戏 师:小猫分成三队,每队排头放一把椅子。排头小猫从椅子上跳下后,爬过草地、钻过山洞,捉一只老鼠回队伍,将老鼠放进队前的"老鼠笼"里后,到队尾排队,此时下一只小猫便可向前移一位,站在椅子上跳下,同前游戏	麦田	中大	4
结束部分	庆祝成功,感受喜悦 幼儿散点站,随轻音乐拉伸放松,调整呼吸、调节情绪,重点进行腿部的拉伸和拍打放松。 师:小老鼠都被我们能干的小猫们捉光啦,我们一起放松放松,跳个舞庆祝一下吧		小	3

（二）中班活动内容

美术活动"麦粒渐满"（泥工）

● 活动目标

1. 通过观察图片了解麦穗的基本部分和主要特征。

2. 学习用搓长、搓圆、捏尖等泥工技法制作麦穗。

3. 欣赏同伴作品，大胆说出自己对作品的见解。

● 前期经验

在幼儿园的种植园地里种植了小麦，幼儿每天都会在种植园地里观察、劳动，在前期幼儿已经观察过麦子的生长。小满节气，小麦已经成熟，幼儿发现麦穗逐渐饱满了起来。

● 活动准备

金黄色黏土，勾线笔，纸，麦种、麦苗、麦穗、麦田的图片。

● 活动重点

用搓长、搓圆、捏尖等泥工技法制作麦穗。

● 活动难点

对画面的内容合理布局并添画上背景。

● 活动过程

1. 谈话导入。

讨论：小满节气到了，幼儿园小菜地的小麦都已经长大成熟了，长出了很多麦穗，谁还记得麦子的生长过程吗？

总结：麦子由一颗小小的麦种，在雨水和阳光的滋润下，变成了一棵绿油油的麦苗，慢慢地，麦苗上端长出了麦穗，麦穗越长越大，直到变成了一片金黄。

2. 欣赏麦穗，重点了解麦穗的基本部分和主要特征。

师：这是一棵已经成熟的麦穗，它是什么形状、什么颜色的，由哪几部分组成呢？

总结：成熟了的麦穗是金黄色的，它有细细长长的麦茎，麦茎的上端结满了麦粒，麦粒小小的圆圆的，顶端是尖尖的。

3. 欣赏麦田图片，感知画面布局。

师：麦田里的麦子都是一样高吗？

总结：麦田里的麦子有的高，有的低，有的抬头挺胸，有的害羞低下头。

4. 展示材料，制作麦穗。

师：可以用什么材料制作麦穗？什么材料最合适？麦茎怎么做？麦粒怎么做？

总结：先搓出细细长长的麦茎，粘在纸上，有的麦茎骄傲地抬着头，有的麦茎害羞地低下头，弯下腰，再搓圆圆的小麦粒并捏尖顶端。

5. 幼儿制作，教师巡回观察。

鼓励幼儿多做麦穗，变成麦田，并提供勾线笔，供幼儿添画背景。

6. 作品展示，欣赏评价。

师：你最喜欢谁的麦田？麦穗是什么样子的？

● 活动延伸

幼儿将制作好的麦田装饰在美工区。

社会活动"小满里的麦与果"

● 活动目标

1. 知道小满节气中小麦由青变黄的农事特征。

2. 能与同伴大胆讨论小麦的变化，知道小满的时令水果。（枇杷、青梅、樱桃、杨梅、李子）

3. 期待小麦的成熟，感受农作物生长的喜悦。

● **前期经验**

在幼儿园里,幼儿观察到不少果树上的水果成熟了,大家一起采摘、分享了樱桃、枇杷等,同时也一直在观察种植地里小麦的变化。小满时节农作物的转变给大家带来了不少惊喜。中班幼儿有着表达的欲望,但在集体讨论时会过多地关注自己,不能很好地倾听,所以还需要给他们多多提供集体讨论的机会,让幼儿了解倾听的重要性。

● **活动准备**

小麦图片(青色、黄色各一张),枇杷、青梅、樱桃、杨梅、李子图片。

● **活动重点**

知道小满的标志性农作物——小麦。

● **活动难点**

能与同伴大胆讨论小麦的变化,知道小满节气的时令水果。

● **活动过程**

1. 小满的小麦。

(1)出示青色的小麦图片与黄色的小麦图片。

师:小朋友们,你们知道这两张图片上的是什么作物吗?

(2)比较青色小麦与黄色小麦的不同。

师:它们都是小麦,那有什么不一样的地方呢?

(3)与同伴讨论小麦的变化。

师:请你和旁边的小朋友讨论一下,猜猜小麦在什么时候是青色的,什么时候是黄色的。

(4)师幼共同总结。

总结:小麦一开始是青色的,在小满节气里小麦就会由青色变成黄色,开始接近成熟。

2. 小满的时令水果。

（1）与同伴讨论小满的时令水果。

师：在小满这个节气里除了小麦会由青变黄外，还有一些水果也成熟了，你知道有哪些吗？

（2）猜谜。

黄铜铃，紫铜柄，铜铃里面藏铁心，摇摇一点没声音。（枇杷）

像球样的圆，像血样的红，像珠样的亮，像蜜样的甜。（樱桃）

（3）教师出示小满节气时令水果的图片，幼儿了解认识。

师：除了枇杷、樱桃还有青梅、杨梅和李子。你们吃过这些水果吗？

3. 游戏：小满蹲蹲乐。

（1）教师介绍游戏规则。

师：6名幼儿站成一排，选择一张小满农作物图片拿在手里并面朝观众，一个幼儿说"××蹲，××蹲，××蹲完，YY蹲"，手里拿有被点到图片的幼儿接着继续游戏。

（2）幼儿游戏。

师：我们来比一比谁最厉害吧！

4. 参观种植园地，共同期待小麦成熟。

师：我们的种植园地里也有小朋友们之前种的小麦，现在小满时节到了，我们一起去看看它们变黄了没有，看看它们长成什么样了。

音乐活动"摘青梅"（韵律）

● 活动目标

1. 感知音乐中采青梅、送青梅的不同旋律特点。

2. 能根据采摘青梅的情境创编动作，并配合音乐进行表演。

3. 享受律动活动，体验采摘青梅的乐趣。

● **前期经验**

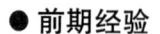

幼儿在小满节气主题活动里制作过青梅酱,对青梅比较熟悉,鼓励家长在周末带幼儿去寻找青梅树,亲身体验摘青梅的过程。

● **活动准备**

果农摘青梅视频,青梅树图片,音乐《摘青梅》。

● **活动重点**

感知不同段落的音乐旋律特点,合拍地做动作。

● **活动难点**

根据采摘青梅的情境创编动作。

● **活动过程**

1. 出示青梅树图片,谈话导入。

师:这是什么树？现在树上的青梅都成熟了,果农伯伯肯定忙坏了,我们一起去帮果农伯伯摘青梅吧！

讨论:你会摘青梅吗？怎么摘？

2. 观看果农伯伯摘青梅视频,激发幼儿"摘青梅"的兴趣,学习摘青梅的动作。

讨论:果农伯伯怎么摘青梅？转动手腕,为什么要转一下手腕？这样会很容易摘下青梅,不会破坏果枝,我们一起试一下。

3. 幼儿随乐自由摘青梅,多方位练习摘青梅动作,初步感知音乐。

讨论:我们随着音乐一起来转转手腕摘青梅吧！摘了这么多青梅,放在哪里呢？（篮子里）现在拿好你的篮子准备摘青梅了。

（1）引导幼儿要怀着一种欢乐、喜悦的心情去摘青梅,并且请用不同方法的幼儿做示范。

讨论:想一想,去果园的时候心情怎么样？是怎样去的？（如跑着去的,跳着去的,走着去的等）

(2) 摘不同位置的青梅。

讨论:我们摘了上面的青梅,我们还可以摘哪个位置的青梅呢?(摘下面的;老师蹲下来摘下面的)还可以摘哪个位置的青梅?(摘前面的;演示摘前面的)还可以摘哪里的?我们一起来摘不同位置的青梅吧!

(3) 练习跑去送青梅的动作。

讨论:我们摘了这么多青梅,要把它送给果农伯伯,那怎么去呢?

4. 创编动作,丰富表现。

讨论:摘青梅时除了这些动作,还有哪些动作?

播放乐曲,鼓励幼儿随乐曲节奏表演创编动作。

5. 师幼谈话,知道帮助别人很快乐,体验劳动后的喜悦。

总结:小朋友们,今天我们摘了这么多青梅,你们开心吗?我们还帮助果农伯伯摘青梅,我们以后要做爱帮助别人的好孩子。果农伯伯为了感谢小朋友们,给我们送来了好吃的青梅,现在让我们一起回去分享吧!

科学活动"春菜籽油"

● **活动目标**

1. 知道油菜花和籽的外形特征,了解油菜籽可以制油。
2. 能够通过石臼捣碎油菜籽制油。
3. 感受生活中植物的价值。

● **前期经验**

外出踏青时,很多幼儿都会看到成片的油菜花,油菜花的美吸引着幼儿去观察,去闻一闻,更吸引他们想去了解油菜花身上的秘密,尤其是对油菜花菜籽,它究竟有什么特殊之处呢?幼儿对菜籽油的来源以及制作方法有很大的兴趣。他们之前用过石臼,对其用法不陌生,但是对油菜籽变成油的过程有着浓厚兴趣。

● **活动准备**

用油菜籽制油的视频、油菜花实物、油菜籽、石臼若干。

● **活动重点**

知道油菜花和油菜籽的外形特征和作用。

● **活动难点**

用石臼舂菜籽油。

● **活动过程**

1. 实物导入,引导幼儿感受油菜花的美,引起幼儿对油菜花的兴趣。

幼儿分组观看油菜花,自由讨论自己看到的油菜花。

2. 幼儿观察油菜花,发现油菜花的特征。

(1) 幼儿根据要求自由观察。

师:油菜花是什么颜色的？数一数,它有几个花瓣？花瓣是什么形状的？长得像什么？

(2) 了解油菜花的结构。

师:除了花瓣,油菜花还有什么部分？它是什么样子的？

总结:油菜花由 4 个萼片、4 个花瓣、4 个雄蕊、1 个雌蕊共 4 部分组成。

3. 出示油菜籽,观察油菜籽的外形特征。

师:油菜籽是什么样子的？什么颜色的？闻起来是什么味道的？它和油菜花是什么关系呢？

总结:油菜花掉落之后,油菜籽就渐渐地成熟了,成熟之后它的枝干变枯,油菜籽是灰色的,褐色的,小小的一个。

4. 教师播放视频,介绍油菜籽,知道油菜籽是可以制油的。

5. 出示石臼并介绍菜籽油是可以用石臼制出来的。

师:这是石臼,我们可以用它来制油。你们猜一猜,应该怎么使用呢?幼儿操作,教师指导。

6. 师幼共同讨论自己的感受。

师:你们舂出油了吗?我们生活中还有很多植物的种子可以制油,小朋友们可以在生活中找一找,看一看,了解一下!

语言活动"小兔子种麦子"(故事)

● 活动目标

1. 理解故事内容,知道种麦子的方法。

2. 大胆讲述故事,学说小兔子与动物们之间的对话。

3. 感受种麦子的不易,初步萌发坚持不懈的良好精神品质。

● 前期经验

幼儿参与过种植麦子的过程,在班级的种植区观察过麦子生长的变化,能用语言进行基本的描述。幼儿有过故事表演的经验。

● 活动准备

麦子成长阶段图片、故事中出现的小动物(小兔子、牛伯伯、猪阿姨、母鸡大婶、小马)头饰,故事《小兔子种麦子》。

● 活动重点

知道并能说出种麦子的方法。

● 活动难点

学说小兔子与动物们之间的对话,表演故事内容。

● 活动过程

1. 活动导入,出示麦子图片。

讨论:你们认识图片上的植物吗?它是怎么种植出来的呢?

师:小满节气麦子逐渐成熟,小兔子种的麦子也快要成熟啦！我们来听听故事《小兔子种麦子》,看小兔子种麦子时都发生了什么事吧！

2. 倾听故事,理解故事内容。

(1)教师完整讲述故事。

讨论:刚刚你们听到的故事里小兔子是怎么种麦子的?

(2)引导幼儿回忆讲述小兔子没有请教小动物前种植的方式,根据幼儿回答出示图片。

3. 再次倾听故事,讲述正确的种植方法。

教师再次讲述故事,引导幼儿重点倾听如何正确种麦子。

讨论:小兔子可能还不明白怎么种麦子,哪位小朋友可以完整地告诉小兔子怎么种麦子呢?

4. 分角色表演故事。

(1)教师戴头饰扮演小兔子角色。(教师扮演小兔子,幼儿根据遇到的动物回答小兔子)

(2)教师讲述故事独白内容,幼儿戴头饰扮演故事情节。

(3)自由分组进行故事表演。

(4)请1—2组幼儿进行故事表演。

5. 感受种麦子的不易和小兔子坚持不懈的精神。

总结:你们觉得小兔子种麦子会成功吗?为什么?小兔子有坚持不懈的精神,遇到困难不退缩,虚心学习,坚持把麦子种好,非常值得我们学习。

● **活动延伸**

将头饰投放在班级语言区,幼儿可以多次进行故事表演。

第二章 以幼儿园活动为主体的节气课程资源开发案例

数学活动"认识大于号、小于号"(数量关系)

● 活动目标

1. 认识大于号和小于号,理解不等式的含义。
2. 尝试用大于号和小于号表示10以内两组水果数量的大小。
3. 对数量之间的关系有进一步探究的兴趣。

● 前期经验

中班幼儿能说出数量的多少(总数),但是在分辨大小方面,只理解数的大小,不理解不等式含义。形成关于大小的意识,有利于理解数字关系,有助于理解一个数与另一个数之间是如何关联的。当中班幼儿生活经验相对丰富,数概念有一定发展以后,能接受符号的表征,能用语言和符号描述数的大小。通过幼儿熟悉的分水果情境,运用各种感官感知、比较物体的量,这样联系生活情境进行比较,能更好地体验量的差异。

● 活动准备

苹果和橘子图片,1—10数字卡,紫色和黄色袋子,带有1—10数字的小猪佩奇和弟弟乔治的头饰,">、<"操作单,紫色和黄色袋子图片。

● 活动重点

尝试用大于号和小于号表示10以内两组水果数量的大小。

● 活动难点

理解不等式的含义。

● 活动过程

1. 出示水果图片,激发兴趣。

师:小朋友们,今天老师请了几位小客人来和小朋友们一起玩游戏,你们想认识它们吗?我们一起来看看吧!瞧瞧,是谁来啦?(苹果和橘子)大家看一下,有几个苹果?几个橘子?

2. 认识">"和"<"。

师：苹果和橘子比，谁多？谁少？哪个数字大？哪个数字小？我们可以在 7 和 5 之间放一个符号，让大家一看就知道哪边的数字大，哪边的数字小。

总结：小朋友们可以看一下，无论是大于号还是小于号，它们开口方向都对着哪一个数？（大数）尖尖的小屁股对着哪一个数？（小数）

（1）可借用儿歌：大于号，开口朝着大数笑；小于号，屁股撅给小数瞧。

（2）填写">、<"操作单，教师巡回指导。

师：老师也将苹果和橘子带到了班级中，小朋友们回到位置上试试看，你们会给苹果和橘子之间写上大于号还是小于号呢？

3. 表演游戏：学做">""<"。

玩法：找出 4 名幼儿分别做小猪佩奇和弟弟乔治，戴上数字头饰，找两名幼儿分别站在两个数字中间，用身体姿势表演">""<"，可循环玩几次游戏。

总结：今天我们与朋友">"和"<"一同玩了游戏，老师希望你们回到家可以和爸爸妈妈一起玩一玩。

体育活动"不湿鞋"（立定跳远）

● 活动目标

1. 初步学习立定跳远的动作要领，能对准目标物跳，双脚立定跳过 40—65 厘米的障碍。

2. 能主动学习跳远，通过挑战不同宽度的河流，逐步提高立定跳远的运动技能，增强腿部力量。

3. 在"不湿鞋"游戏中遵守规则，敢于展示自己，体验与同伴共同游戏的快乐。

第二章 以幼儿园活动为主体的节气课程资源开发案例

● **前期经验**

幼儿一直有双脚跳的相关经验,也很喜欢进行此项活动。步入中班下学期后,对于双脚跳有了距离上的要求,大概40—65厘米,这就要求幼儿的跳跃动作更加规范,逐步掌握立定跳远的动作要领。但部分幼儿还不太能掌握,需要进一步提炼动作要领,帮助其学习。

● **活动准备**

音乐、标记垫若干、标记贴3色、方向标记3个、标志线5根。

● **活动重点**

初步学习立定跳远的动作要领;能对准目标物跳,双脚立定跳过40—65厘米的障碍。

● **活动难点**

能主动学习跳远,通过挑战不同宽度的河流,逐步提高立定跳远的运动技能,增强腿部力量。

表2-17 体育活动"不湿鞋"流程

	活动过程	场地布置图	负荷	时间/分钟
开始部分	一、热身准备 跑步进场,听哨声走跑交替 二、常规准备活动 热身操(头—肩—躯干—四肢—腿—手腕脚腕) 三、专项准备 跳跃游戏:听信号做各种跳跃动作 要求:跳跃落地动作轻、稳		中	3
基本部分	一、集体游戏,学习"立定跳远"动作 1.任务情境导入"不湿鞋"游戏,明确游戏规则 　　任务情境:小满节气雨水充沛,探险队在队长的带领下,即将进入魔法森林			

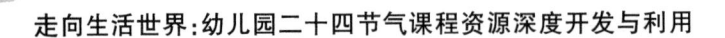

续表

活动过程	场地布置图	负荷	时间/分钟
基本部分	探险。魔法森林由于几场大雨,河流变宽阔了,根据森林法则,只有双脚跳跃的方式才能跳过河。据悉森林里有多条河流,所以需要探险队员牢牢掌握立定跳远的技能 　　2.幼儿自由探索双脚跳过"河流"不湿鞋 　　幼儿探索跳跃式,进一步引出魔法森林的情景,只有在双脚同时起跳的情况下,才不会掉入河里做到不湿鞋 　　3.集中反馈,幼儿示范,教师讲解过"河流"的方法 　　小结:双脚自然分开,两脚同时起跳 　　4.幼儿自由探索双脚跳更远的距离 　　集中反馈,并练习。明确"立定跳远"动作 　　小结:依次分脚、摆臂、弯腿,对准目标向前跳 　　5.幼儿根据自己的跳跃能力,调整"标记垫"的距离进行立定跳远练习 　　强调:距离的适宜性。用力摆臂,落地缓冲		中	5
	二、结伴游戏,自主创设情景,练习"立定跳远"动作 　　1.教师邀请幼儿共同示范结伴玩"不湿鞋"游戏的方法(鼓励自由探索) 　　强调游戏规则:能安全跳过"河流"的人可以获得朋友的点赞 　　2.幼儿两两结伴游戏,教师进行个别指导 　　前摆提踵,后摆屈膝,蹬地摆臂向前跳 　　3.针对幼儿活动中的问题反馈 　　重点指导幼儿掌握动作要领		中大	6

续表

	活动过程	场地布置图	负荷	时间/分钟
基本部分	动作要领：两脚自然左右开立，上身稍前倾，两臂前后摆动各一次，两腿配合做自然弹性屈伸，然后两臂用力向前上方摆，同时两脚用力蹬地，迅速向前上方跳出，落地时以脚跟先着地 三、自选游戏，自由选择跳过适宜的距离 1. 认识不同宽度的"河流"，了解游戏的玩法和规则 情境设定：根据前方探险队传来的调查情况，有四条进入森林的路线，现在请队员们进行模拟路线尝试（起跳设置脚印） （河流宽度设置为40厘米、50厘米、60厘米、70厘米） 2. 幼儿自由选择，尝试跳跃不同宽度的"河流" 3. 集中反馈：强调做好准备再起跳。每条路线难度都不一样，每挑战一次，都可以获得一种"徽章" 四、鼓励勇于挑战不同宽度的河流，挑战不同难度 1. 幼儿自由选择，再次游戏 2. 队长对收集了四种徽章的队员，再次提出挑战		大	5—8
结束部分	一、游戏放松 放松游戏：集结 要求：在听到指令时迅速做出相应的动作 二、小结本次活动 1. 放松运动，放松髋关节、膝关节、大腿 2. 收放材料，结束活动		小	3—4

135

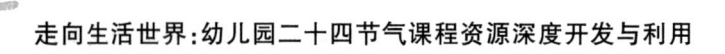

(三) 大班活动内容

社会活动"小得盈满"

● **活动目标**

1. 理解小得盈满的具体意思,知道人要懂得满足。

2. 通过故事内容感知满足的意义,能讲述让自己感到满足的事情有哪些。

3. 懂得满足,愿意完善自己的性格品质。

● **前期经验**

经过幼儿园三年节气的学习,大班幼儿对小满节气的物候特征已经了解得比较清楚了,但对小满所蕴含的深层含义还不太了解。大班幼儿即将步入小学,要具备良好的心理素质,"小得盈满"便是其中比较重要的一条,但一些幼儿不知道自我调节,会感到不满足,以致造成一些不好的结果,因而还需进一步完善性格品质。

● **活动准备**

小满动画,《小猴摘桃》视频。

● **活动重点**

了解小满的含义和习俗。

● **活动难点**

幼儿结合自身谈谈做得比较满意、满足的事。

● **活动过程**

1. 谈话导入,幼儿猜测讨论。

师:在初夏的风中,我们迎来了夏天的第二个节气,也是二十四节气的第八个节气——小满,什么是小满?

2. 了解小满的含义。

师:今天我们就来了解一下,小满到底是什么意思? 为什么没有

第二章 以幼儿园活动为主体的节气课程资源开发案例

大满?

(1)播放小满节气视频动画,了解小满的含义。

师:视频中小满指的是什么?

(2)幼儿集体讨论交流。

总结:"满"形容雨水的盈缺,也形容麦穗的状态。

3. 了解小满的寓意。

师:为什么要叫小满呢?

幼儿讨论分享交流。

总结:一指北方地区麦类等夏熟作物籽粒已开始饱满,但还没有成熟,约相当乳熟后期,所以叫小满。二指南方雨水的盈缺,指小满时田里应该蓄满水,不然可能造成田坎干裂,甚至芒种时也无法栽插水稻,影响农作物的收成。

4. 感受小得盈满的含义,学会不骄傲。

师:既然我们知道了小满的含义,那你们知道,为什么没有大满吗?

(1)老师讲述小猴摘桃的故事。

师:为什么小猴最后两手空空?

(2)幼儿集体交流讲述。

总结:其实小满就是告诉我们这样一个意思,小满是刚刚好的状态,当我们拥有一样东西时,不要自大,要学会满足,虚心求教。如果一味地追求更好,说不定到最后会落得两手空空。小朋友们也一样,心里要有理想,要踏实努力地向理想前进,不要想着不努力就获得成功。

● **延伸活动**

幼儿互相交流,说说自己感到满足的事情和自己的努力方向。

科学活动"做水车"

● **活动目标**

1. 知道水车的组成部分,了解水车为人们带来的便利。
2. 能使用生活中废旧材料制作简易小水车,理解其转动的原理。
3. 感受水车的转动,在操作过程中体验制作水车的乐趣。

● **前期经验**

水是幼儿最喜欢玩的,简单的水枪、喷水等游戏已经不能满足大班幼儿对水特性的探索,大班幼儿能开动脑筋,探索更多与水相关的游戏。小池塘的水车,幼儿每天乐此不疲地玩,它是中国发明的灌溉工具,为什么要发明?为什么浇水能省力?幼儿有着极大的兴趣去探索,重要的是如何将这种省力的方法运用到班级自然角中,这对幼儿来说是一个很大的挑战。

● **活动准备**

幼儿玩过幼儿园的水车,纸板圆片,塑料瓶(已裁好),木棍,压膜纸若干,一次性纸杯,叶片,KT板,水车示意图,汽车、过山车、大巴车、水车等图片,田野水车灌溉视频。

● **活动重点**

了解水车的作用及为人们带来的便利,通过制作知道其转动原理。

● **活动难点**

尝试制作水车,理解转动原理。

● **活动过程**

1. 出示图片,认识不同的车。

师:你们见过这些车吗?除了这些车你还见过什么车?

2. 观看视频，了解水车的组成。

（1）观看田野里水车灌溉视频。

师：小朋友们，你们知道这是什么吗？它是用来做什么的？

总结：这是水车，水车是我们中国发明的灌溉工具。它作用可大了，可以为庄稼浇水省不少力气！

（2）观察水车，了解水车的外形结构。

师：水车是由什么组成的呢？靠什么来转动轮轴呢？

总结：水车是由小轮轴、大轮轴、支撑架、辐条、刮板和水斗组成的，是靠刮板承受水的冲力，获得能量转动起来。

（3）幼儿讨论水车转动的原理，感受重力的作用。

师：水车为什么转动后能为庄稼浇水省力呢？

总结：水流向前推力，推动叶片循环转动，转化为水的重力势能。水的重力代替人工转动，所以能帮助人们浇水。

3. 交流如何制作水车。

（1）出示成品。

师：这么厉害的灌溉工具，你们想做一个试试吗？做水车需要用什么材料？这里有一个自制的水车，你们瞧，这个水车是用什么做的？

（2）介绍材料。

纸板圆片、塑料瓶、木棍、压膜纸若干、一次性纸杯、叶片、KT板。

（3）第一次尝试制作叶轮。

总结：制作叶轮时需要划出均匀的开口，并将叶片均匀插在纸板圆片上。

（4）探讨整体的制作方法，幼儿分组制作。

① 将木棍粘贴在塑料瓶上。

② 组装支架。

③ 将压膜纸插进KT板中，KT板可以用泡沫代替。

④ 先将叶片组合放进纸杯中间,然后插入木棍作为轴。

4. 使用水车。

将水倒进瓶子内,观察水车旋转情况。与同伴讨论如何能够让它转得更快。

数学活动"麦穗有多长"(空间测量)

● **活动目标**

1. 认识麦穗,知道麦穗由穗轴、小穗和麦芒组成。

2. 正确使用直尺测量麦穗,能正确读尺,并用表格做记录。

3. 在测量过程中感受数学的有用和有趣。

● **前期经验**

幼儿前期自然测量是用自然物(虎口、臂长、小棒)而非标准测量物(尺子)作为量具来测量物体的长短、高矮、粗细等。直尺的使用让幼儿明白比较必须是"均等的",之前的测量中,幼儿会出现测量的过程是间断的或有重叠的,导致测量结果出现偏差。麦穗是幼儿实际生活中经常见到的物品,结合日常生活开展测量活动,可以解决真实生活背景中的测量问题。

● **活动准备**

30厘米直尺人手一把,麦穗,记录单,麦穗图片,测量麦穗的图片,笔,测量步骤图片。

● **活动重点**

正确使用直尺测量麦穗,能正确读尺,并用表格做记录。

● **活动难点**

掌握直尺测量的方法,保证测量结果的准确性。

第二章 以幼儿园活动为主体的节气课程资源开发案例

● **活动过程**

1. 回忆实物测量并知道实物测量的不准确性。

（1）回忆实物测量。

师：你还记得你是怎样测量小麦的吗？用了什么工具？

（2）引出直尺。

师：但是这些结果都不够准确。那说到更准确的数值，我给你们准备了一个工具，请在你的工具袋里找一找并把它拿出来。

师：直尺是专门用来测量的工具，那你们会用这个工具吗？我们测量的时候应该注意什么呢？

2. 学会使用直尺测量。

（1）边讲边出示步骤图片。

总结：第一步，找到你要测量的这个物体的起始点和终点；第二步，把直尺上面0这个刻度对准被测量物的起始点；第三步，看结果，终点对准数字几就是几厘米，如果没有正好对准这个数字，终点靠近数字几就取几厘米。

（2）练习用直尺测量地砖。

要求：拿出工具袋里的记录单和笔。找到记录单空白的那一面。我们坐的这个地上铺了一个一个的小方块，我们就来测量这个小方块的一条边有多长，测量完把结果写在空白的这一面。

① 师幼共同出示测量结果。

师：你是怎样测量的？

② 教师再次总结测量方法。

3. 开始测量麦穗。

（1）认识麦穗并确定测量麦穗的起始点。

师：麦穗由哪几部分组成？

① 出示麦穗图片（穗轴、小穗、麦芒）。那我们想测量麦穗的长度，应

该怎样测量,从哪里开始测量?

② 出示图片(直尺测量麦穗)。

总结:第一,先确定麦穗的起点和终点(起点是第一颗麦粒,终点是最后一颗麦粒);第二,把刻度0对准麦穗上的第一颗麦粒,终点落在数字几就是几厘米。

(2) 幼儿自由测量并记录。

(3) 幼儿自主上前讲述自己的测量结果。

(4) 第二次交换测量验证测量结果。

4. 分组测量,比一比哪个组找到的麦穗最长。

(1) 幼儿每组确定一个最长的麦穗,系上不同颜色的绳子并进行测量。

(2) 师幼共同做验证,三组数值进行对比,选出最长的麦穗。

● **活动延伸**

教师总结:今天我们最长的这根麦穗是哪一组找到的?但是,我们的麦穗现在还没有完全成熟,它和小朋友们一样,现在正在吸取营养长身体呢,说不定过几天短的那根麦穗能超过长的那根,你们觉得到时候最长的会是哪根麦穗呢?我们下次再来验证一下!

美术活动"小荷才露尖尖角"(水墨画)

● **活动目标**

1. 观察不同时期的花苞形态,了解荷花的基本绘画步骤。

2. 能够控制毛笔的水分,学习"一笔分两色"的作画方法。

3. 感受荷花的色彩美,有热爱大自然的情感。

● **前期经验**

鼓励家长利用周末带幼儿去欣赏荷花,仔细观察荷花的外形特征,并拍摄照片、视频等。将家长拍摄的照片布置在班级美工区,幼儿可以在区域活动时间自由作画。

● **活动准备**

荷花图片、视频,毛笔,生宣,国画颜料,毛毡,水桶,抹布,护衣。

● **活动重点**

绘画不同形态的荷花,掌握基本的绘画方法。

● **活动难点**

运用"一笔分两色"的基本技法。

● **活动过程**

1. 回忆见过的荷花,激发兴趣。

师幼讨论:你们见过荷花吗?你们见过的荷花是什么样子的?荷叶呢?

总结:小满节气到,池塘里的荷花都盛开了,摆着各种各样的姿态。(播放池塘里荷花的视频)

2. 欣赏荷花的图片,感受荷花的美。

(1)出示水墨画荷花,含苞欲放的和盛开的荷花。

师:这些荷花图片有什么不同?

3. 示范水墨画荷花的绘画步骤和技法。

师:你们知道这是用什么方法画出来的吗?

总结:一笔分两色,就是先蘸一种颜色再蘸另一种颜色,画出来就能一笔画出两种颜色的效果。

(1)毛笔先蘸淡墨,笔尖再蘸浓墨,侧锋揉笔画出荷花的叶子。毛笔蘸浓墨笔尖勾画荷叶的叶脉。

(2)毛笔蘸曙红色笔尖蘸柠檬黄,点画荷花的花瓣。

(3)毛笔蘸淡墨勾画荷花的花茎并在花茎上点上小刺。

4. 幼儿操作,教师巡回观察。

讨论:一笔分两色,画的时候注意第二笔蘸颜料时只用笔尖蘸少许,不用蘸很多。

5. 展示作品,互相欣赏。

师:说说你最喜欢自己画的哪朵?为什么?你画的荷花都有哪些造型?

● **活动延伸**

在美工区用一笔分两色的方法绘画小满节气的其他植物。

语言活动"小满"(情境表演讲述)

● **活动目标**

1. 理解故事内容,知道小满节气养蚕的习俗。

2. 运用手偶进行情境表演讲述,描述故事的情节、对话。

3. 喜欢参与讲述活动,愿意用丰富的语言讲述自己的想法。

● **前期经验**

幼儿有故事表演的经验,知道故事中通常有不同的角色、有一定的情节、角色间会发生一些对话。在知道这些基本要素的基础上,对小满节气的习俗、物候有所了解。

● **活动准备**

手偶:小老鼠一家、不同生长阶段的蚕,与绘本内容相关的图片。

● **活动重点**

利用手偶进行表演。

● **活动难点**

讲述出每个场景中的人物对话。

第二章 以幼儿园活动为主体的节气课程资源开发案例

● 活动过程

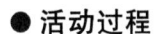

1. 讨论小满节气习俗,导入活动。

师幼讨论:现在是小满节气,有哪些习俗呢?小朋友们都很喜欢养蚕,今天我们一起来看一个和养蚕有关的故事。

2. 观看绘本内容图片,完整阅读故事。

(1) 教师出示绘本内容图片并完整讲述故事内容。

(2) 讨论故事情节。

师:这个故事里都有谁?讲了哪些事情?

(3) 根据幼儿回答出示相应手偶。

师:鼠宝宝说了什么?看到蚕宝宝时它们是什么表情?说话是什么语气?

(4) 出示所有的手偶。

师:这个故事里讲述了鼠宝宝们在小满节气养蚕的故事,你们想表演一下这个故事吗?

3. 借助手偶进行情境表演讲述。

(1) 请个别幼儿持手偶进行示范讲述,其余幼儿观看。(教师及时提供帮助或扮演旁白角色)

(2) 幼儿自由分组进行表演讲述。

(3) 在集体面前分组进行情境表演讲述。

● 活动延伸

将手偶投放在语言区,在区域活动时间继续进行讲述。

音乐活动"蚕宝宝"(歌唱)

● 活动目标

1. 理解歌词内容,知道蚕宝宝的生长过程,感知歌曲优美舒缓的旋律。

2. 学唱歌曲,能够用欢快与优美的声音有表情地演唱歌曲。

3. 了解小满节气养蚕的节气习俗,体会大自然的奇妙。

● **前期经验**

幼儿在班级自然角养殖过蚕,对蚕宝宝比较了解,幼儿见过蚕变成蛾的样子,知道蚕宝宝的生长过程。

● **活动准备**

蚕宝宝图片,图谱,音频《蚕宝宝》。

● **活动重点**

通过学唱歌曲了解小满节气养蚕的习俗。

● **活动难点**

用欢快与优美的声音演唱歌曲。

● **活动过程**

1. 蚕宝宝图片导入,激发幼儿兴趣。

师:现在是什么节气?(小满)

师:你们知道这是什么吗?是可爱的蚕宝宝。那你们知道蚕宝宝们是怎样长大的吗?

总结:蚕宝宝是从卵、幼虫、蛹、成虫一步步长大的,而在小满节气时,蚕宝宝已经长成了蛹,甚至变成了飞蛾,真神奇呀!

2. 欣赏歌曲,理解歌词内容,学唱歌曲。

师:今天老师给小朋友们带来了一首关于蚕宝宝的歌曲,我们一起来听一听吧!

师:在歌曲里你们听到了什么?

结合幼儿回答出示相应的图谱,再次欣赏歌曲,理解歌词内容。

第二章 以幼儿园活动为主体的节气课程资源开发案例

师幼:这样摆放对吗?我们一起听一听,用歌曲来验证一下。

师:为什么说蚕宝宝是天才呢?它又变了什么魔术?歌曲中是怎么说的?

总结:原来歌曲中唱的就是蚕宝宝的一生,从蚕宝宝到吐丝剥茧,最后变成了蛾子飞了出来,蚕宝宝的一生可真神奇啊!

3. 出示图谱,记忆歌词内容。

师:你们帮助老师把图谱里的内容都填充完整了,我们先将歌词念一念吧!

总结:让我们再跟着音乐来唱一唱这首歌吧!

4. 感受歌曲的欢快与优美,体会大自然的奇妙。

师:刚刚演唱歌曲的蚕宝宝真是非常可爱的小动物,那你们在演唱歌曲的时候应该用怎样的声音去歌唱呢?

总结:蚕宝宝在幼虫时期动来动去,很活泼,但最后变成成虫飞出去又是十分优美、优雅的,所以我们在歌唱《蚕宝宝》时也应该把欢快和优美都演绎出来。

体育活动"靡草野战军"(匍匐爬)

● **活动目标**

1. 了解游戏规则,知道俯身匍匐爬过高度不低于40厘米、长度约为150厘米的障碍物的方法。

2. 通过自主探索、同伴模仿,掌握身体重心下移、调节身体高度匍匐爬行并顺利通过障碍的方法。

3. 在"靡草野战军"的游戏情境中挑战自己、体验完成任务的成功和喜悦。

● 前期经验

爬行是幼儿经常进行的运动之一,大班幼儿已经掌握了手膝爬、手脚爬的动作技能。对于匍匐前进,幼儿在特定的情境中也有过类似动作,但是通过观察发现幼儿都做得不够协调,动作容易变形。解放军一直是幼儿尊敬与崇拜的对象,不少幼儿的理想就是成为解放军。时值小满,靡草长高,利用这一情境,让幼儿模仿解放军学习匍匐爬的动作要领。

● 活动准备

50厘米高的丛林带(上面拴铃铛),铁丝网一组,关卡,小红旗人手一面,泡沫垫7组(有起点和转弯标志),游戏音乐。

● 活动重点

积极参与每一次闯关,努力完成任务。

● 活动难点

能重心下移、调节身体高度匍匐爬行通过障碍。

表2-18 体育活动"靡草野战军"流程

活动过程		场地布置图	负荷	时间/分钟
开始部分(热身)	一、幼儿一路纵队进场,跟着教师做走、跑练习 二、师幼模仿解放军,进行热身操:头部—上肢—下肢—腹背 三、专项热身:腹部和颈部		中	5
基本部分	一、幼儿自由爬行 幼儿分散进行爬的动作练习 师:路上有一片敌人的监视区,为了不让敌人发现,我们要又轻又快地爬过去。下面我们来练习一下,请注意每条路的起点和转弯方向		中	4

第二章 以幼儿园活动为主体的节气课程资源开发案例

续表

活动过程		场地布置图	负荷	时间/分钟
基本部分	二、幼儿探索匍匐爬 1.幼儿自由探索俯身匍匐的动作 （1）教师介绍场地并提问：你们觉得在爬的时候要注意哪些问题？（身体的所有部位都不能碰到掩护物） （2）幼儿自由尝试 2.交流并总结俯身动作 （1）个别幼儿示范 （2）总结动作要领：胸、腹、腿紧贴地面，手肘和膝盖内侧轮流用力向前爬 3.幼儿再次练习俯身匍匐爬 幼儿练习，教师重点指导幼儿手肘和膝盖内侧轮流用力向前爬		大	8
	三、循环游戏"穿越监视区" 1.师幼共同布置场地 师：这儿是敌人的监视区，我们要用俯身匍匐爬的动作小心地爬，要小心地绕过敌人设置的关卡。下面让我们按照行军作战图，一起来布置一下这条去战区的路吧 2.教师交代活动要求 （1）游戏规则：首先要俯身匍匐爬过敌人的监视区，小心地绕过敌人的关卡，然后再次爬过一片监视区，向敌人的碉堡投掷一枚手榴弹，每个士兵每次只能投一枚，再接着战斗。等我们向敌人的碉堡投了一定数量的手榴弹，敌人的碉堡被炸掉后，就会出现胜利的小红旗，每个士兵取一面 （2）请个别幼儿示范 （3）幼儿循环玩游戏，教师注意观察幼儿俯身匍匐爬的动作 （4）幼儿玩游戏2—3次		大	10

活动过程		场地布置图	负荷	时间/分钟
结束部分（放松）	一、放松部分：播放放松音乐，教师带领幼儿揉捏按摩手臂、大腿 二、活动评价：教师对活动中积极思考、大胆尝试的幼儿进行表扬	●●●●● ●●●●● ●●●●● ●●●●●	小中	3

（四）节气特色体验活动

1. 活动目的

小满，标志着炎夏登场。"物至于此，小得盈满"，麦类等夏熟作物籽粒饱满但未成熟，故称小满。"果实初长成，万物渐盈满。"小满带着明媚的阳光和麦子的香气悄然而至，在小满节气里，幼儿初尝果实丰收的喜悦，也体会劳动的不易。

2. 活动对象

全园幼儿、教职工。

3. 材料准备

（1）种子、水、塑料布、土、水田、胶鞋、铲子。

（2）雨衣、水桶、水枪。

（3）面粉、酵母、水、塑料膜。

4. 活动过程

（1）种植水稻。

① 催芽。

准备：种子、水、塑料布。

流程：将选好的种子用温水浸泡，放在容器中用塑料布包好，温度保持在30—32度，经常翻动，保持温度均匀。待种子露出白尖后，把温度降至25度。种子芽长到3毫米，根长5毫米就可以播种了。

② 播种。

准备：土、胶鞋、铲子。

流程：把种子三面压入土中，与地面持平，覆盖 1 厘米的过筛土。做好苗床管理，保持床土松软潮湿，不要过度浇水，宁干勿湿。

③ 插秧。

准备：水田、胶鞋、铲子。

流程：保持水田中有 50%—80% 的水，合理分布秧苗，保持好间距，不能漂苗。插好秧后合理施肥、科学管水。

（2）抢水。

准备：雨衣、水桶、水枪。

流程：了解小满节气抢水的习俗，模拟抢水活动，幼儿穿上雨衣，进行抢水游戏。幼儿分成几组，将大桶中的水运回自己小组的桶中。幼儿自行寻找运水的方法和工具，水量最多的小组获胜。

（3）蒸馒头。

准备：面粉、酵母、水、塑料膜。

流程：① 准备好适当的材料；② 在面粉中加入水，搅拌后用力揉，直至面团成型，加入酵母，揉至均匀；③ 包上塑料膜，放在温暖的地方保温发酵；④ 取出充分发酵的面团，根据自己的喜好捏出各种造型；⑤ 在锅中蒸熟，出炉后品尝美味的小馒头。

图 2-7　　　　　　　　　　图 2-8

图 2-9 　　　　　　　　　　　图 2-10

图 2-11 　　　　　　　　　　　图 2-12

（五）科学小实验

1. 活动目的

小满是二十四节气的第八个节气，也是夏季的第二个节气。小班幼儿通过观察蚕宝宝活动了解蚕宝宝的外形特征、饲养的方法和条件等。而中大班幼儿则通过水的张力实验对水有了新的认识。

2. 小班篇：观察蚕宝宝

（1）材料准备：蚕宝宝、笔、记录表。

（2）活动过程：在教师的带领下前往植物角，先观察蚕宝宝的外形，了解蚕的头、胸、腹三个部分的特点，知道蚕宝宝的主要食物是桑叶，特别是白桑叶，将自己的观察结果画在下面的记录表（见表 2-19）中。

第二章 以幼儿园活动为主体的节气课程资源开发案例

表 2-19 小班观察蚕宝宝记录表

日期	我的发现
___年___月___日	（画一画蚕宝宝的外形特征吧！）

3. 中、大班篇：水的表面张力

（1）材料准备：杯子、水、圆形苦瓜片、实验记录表。

（2）活动过程：杯中倒满水，猜测投放多少个圆形苦瓜片水会溢出来，再进行实验，将猜想和验证的实验结果记录在表（见表 2-20）中。

表 2-20 水的表面张力实验记录表

实验材料	猜想	验证

153

三、小满节气课程资源开发与反思

小满即是圆满

（一）案例背景

小满和孩子的生活有哪些关系呢？幼儿园内外有哪些可以供孩子们玩、做、探索、互动的小满资源呢？陈鹤琴先生说，自然环境最丰富不过的了，可以说全年的课程都可以取材于此。变换的动植物，阴晴雨雷自然现象，没有一日是找不出新的。既然如此，我们就先去大自然里找一找吧！

小满来临前，老师和小朋友们一起逛幼儿园，孩子们新奇地发现，幼儿园里有很多变化！枇杷变大、变黄了，蚕结了好多茧，田地里长了很多锯齿一样的野菜（苦菜），樱桃成熟了，变得晶莹剔透，小麦变成金黄色，石榴开出了红彤彤的花，有的还结了小小的果子。还有小朋友发现这几天经常下雨……

原来小满里的节气资源这么多，怎样才能把这些资源变成活生生的课程呢？

资源大调查后，老师把孩子们的发现加工整理，绘制成小满节气的资源主题脉络图，做好了迎接小满节气的准备。其中，小麦这一农作物引发了孩子们热烈的讨论，原来，孩子们对小麦的观察从很早之前就开始了！

（二）案例描述

麦粒饱满水稻插，小满，一个如约而至的节气，万物生机盎然，又从容不迫。田里，小麦进入了灌浆期，麦粒开始鼓胀饱满，一颗颗麦粒像水珠一样镶嵌在麦穗上，长长的麦芒在阳光的照耀下闪着亮丽的光芒。俗话说："暖风一吹，麦熟一响。"在小满的最后一个时段，麦子开始成熟，可以准备收割小麦了。孩子们对小麦有着独特的好奇。

第二章 以幼儿园活动为主体的节气课程资源开发案例

1. 观察小麦

小朋友们冬天种下的小麦开始长大了,他们也进行了观察与讨论。谷雨节气里的小麦,绿油油的,正是拔节吐穗之时,在一场春雨过后,小朋友们发现小麦发生了变化。

幼1:你们看,小麦长出了果子!

幼2:这不是果子,我们老家种过,这是小麦。

幼3:小麦是我们吃的大米吗?

幼4:这不是米,稻子里长出来的才是米。

幼5:小麦长得好高呀,它长出了很多小颗粒。

幼6:这些颗粒都好小,它们怎么样才会长大呢?

小朋友们看到小麦开始长出麦穗,都纷纷摸一摸。谷雨是小麦生长很快的时候,需要雨水充足。有的麦穗摸起来还是空空的,要怎么使它们饱满呢? 小朋友们决定每天都要去给小麦浇浇水、施施肥。

立夏时节,小麦开始扬花孕穗,由青绿色变成淡黄色。细碎的麦花零乱地挂在麦穗上,大部分小麦还耷拉着细长的叶子。麦秀风摇,麦子需要风来摇,这样的话结出来的麦粒才会饱满。有了立夏节气的风,小麦才能迅速成长,等到收获的季节才有丰收的希望。小朋友们便说:"我来给麦子吹吹风,这样它才会长大。""我用电风扇吹一吹。"在每天的呵护下,小朋友们发现,小麦开始"长胡须"了。

幼1:小麦长出长长的线了。

幼2:这个硬硬的,是胡须吗?

幼3:小麦也会长胡须吗?

幼4:我知道,这个表示麦子快成熟了。

小满节气里,麦粒日渐饱满,即将成熟,这个时候小麦最需要的是一场小雨,小朋友们每天拿着水壶给它们浇水,麦穗长吧,长吧。麦穗开始饱满起来了,很快小麦就要成熟了。

2. 小麦讨论会

于是小朋友们开启了小麦讨论会,有哪些方面是小朋友们想要了解的呢?

小麦可以吃吗?

幼1:里面的"米"可以吃,外面的壳不能吃。

幼2:里面的"米"也不能直接吃,我嚼了一下是硬硬的,不好吃。

幼3:我奶奶说,小麦做成馒头或者面包就能吃了。

幼4:我们也可以自己做小麦馒头。

麦秆有的长有的短,到底有多长?

幼1:麦秆都好长好长,到底有多长呢?量一下不就知道了。

幼2:我们可以像以前一样用回形针量一下就可以了。

幼3:那还要找回形针多麻烦呀,可以直接用麦穗测量。

幼4:我还有其他方法……

麦子变黄了,成熟了,我们要怎么收割小麦呢?

幼1:我可以用剪刀剪。

幼2:可以用刀割。

幼3:我见过镰刀,可以用镰刀。

幼4:可以直接用手拔。

我们就以上的收割方法进行了投票,大部分小朋友都选择了用剪刀剪,因为他们觉得刀太危险了,镰刀太大了,是大人用的,手拔会把泥土都拔起来也是不太好的,于是决定用剪刀剪。

3. 收割小麦

小麦讨论会结束了,小麦也到了收割的时候,小朋友们带上帽子,拿起工具,整装向麦田出发。稚嫩的小手将麦穗一根根剪断,放进小篮子里,如此投入,如此认真,嘴巴还不时唱着加油干,为自己,为同伴加油打气!

幼1:麦子好高呀。

幼2:它上面是尖尖的。

幼3:这个好扎手呀,一直刺到我。

小朋友们认真的模样感觉置身于农场一样,每一个小朋友都像只勤劳的小蜜蜂。

幼1:老师,你看我的麦子剪得好不好?

幼2:你来看看我的,我的是最高的。

小朋友们齐心协力,麦子收割完毕啦,小朋友们开心极了,这是他们第一次收麦子,是一次难忘的记忆。让孩子了解农民伯伯的劳动,能让他们感受到农民伯伯劳动的不易,能培养他们对劳动者的热爱和尊重。

4. 认识小麦

小朋友们想与小麦进行更近距离、更亲密的接触,他们去寻找一些自己认为能用到的工具,来认识小麦,有放大镜、直尺等。小朋友们拿出工具开始探索啦!

幼1:哇,放大镜下的麦穗好像一条毛毛虫!

幼2:我看到的麦穗好大啊!我能看到它里面不是白色的米!

幼3:我觉得用放大镜看,麦穗像一棵大树!

幼4:我看到小麦的胡须了,好长好长。

幼5:这不是胡须,我知道是麦芒。

幼6:小麦怎么吃呀?

幼5:小麦长得可真高,和直尺上的数字7一样高。

幼6:我的这个更高,它到数字9那里了呢!

在摸一摸、看一看中,小朋友们认识了小麦,小麦有麦秸,麦秸顶端长麦穗,麦穗有针一样的麦芒。

5. 探索小麦

初步认识了麦子后,麦子怎么剥粒呢?小朋友们都被难倒了,原来在

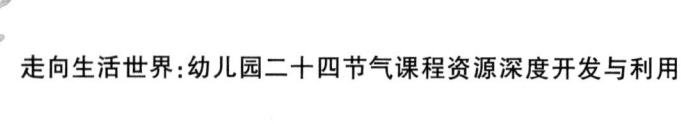

很久以前收完麦子后就要放在地上暴晒,然后敲打、碾压,麦粒就会脱落了。于是小朋友们把收获的麦子,用石臼从中分离出麦粒,麦粒和麦壳分离了,麦壳该做成什么呢?

幼1:我可以用它装饰东西。

幼2:我要用它来做粘贴画。

幼3:麦壳好多好多,我来数一数吧!

麦壳这么多,麦秆这么高,小朋友们又产生了好奇:小麦到底有多高呢?于是小朋友进行了"小麦比高矮活动"。

幼1:我们用尺子量。

幼2:我用绳子。

幼3:可以用雪花片,数雪花片的数量。

幼4:之前都用的回形针呀。

幼5:直接用麦穗测量吧。

经过激烈的讨论,他们决定用麦穗测量小麦,并用纸笔进行记录。通过测量,发现了什么呢?

幼1:每一个麦秆用的麦穗数量不同。

幼2:有的小麦好高好高,需要很多麦穗。

幼3:小麦长大了,它长得很高。

小朋友们发现之前的小麦没有这么高,小麦在长高长大,万物生长,生机勃勃。小朋友们不仅用麦壳粘贴成一幅幅创意手工作品,麦秆、麦穗成了他们数学测量的探索材料,在观察、测量、对比的过程中,感知测量工具与测量结果的关系。

6. 品尝麦包

小麦可以制作成什么美食呢?有的小朋友说可以做面包,有的小朋友说可以制作饼干。可爱的小猪包是小朋友们的最爱了。包子是面粉发酵而成,小麦是怎么变成面粉的?原来麦粒脱皮后,需要研磨才会变成面粉,然而麦粒变成面粉也并不简单,需要多次研磨与过滤。

小猪包出笼了,他们吃得很开心,因为收割麦子很辛苦,麦粒脱皮、研磨成面粉,每一步都不容易,所以小朋友们知道了一定要珍惜粮食,不能浪费。

7. 我做的小麦

麦穗悠悠,让我们一起来制作属于自己的麦穗。小朋友们想用什么不一样的方式来制作麦穗呢？根据孩子们不同的想法,教师提供了各种材料,满足他们美术创作的需要和想象的需求,鼓励他们利用自己喜欢的方式制作麦穗。

幼1:我用勾线笔画麦穗,再用蜡笔给它们涂上颜色。

幼2:我想用纸剪出麦穗。

幼3:我可以用橡皮泥捏出麦穗。

幼4:我想用纸搓成小圆子,穿起来做成麦穗。

孩子们用各种方式制作麦穗,"画""剪""捏""揉""贴""压"等。小朋友们用自己喜欢的方式和方法创作美术作品。

(三) 案例反思

1. 活动中"生长"的幼儿

从观察小麦到收获、探索小麦,再到制作与小麦有关的食物等一系列活动,幼儿亲近自然,融入劳动,实现了与自然的有效联结,不仅获得了对小麦的直接感知,而且在动手观察、收割、认识、探究、制作等过程中,自主探索、发现问题、解决问题、合作交流,习得了综合性知识,提高了实践能力,同时建立了与农作物的情感联系,获得了多元的学习与发展。

（1）活动促进幼儿全面发展。从麦子的观察到收割,幼儿在参与的过程中,多个领域的经验有机结合并不断积累。在收割和制作等过程中,幼儿的身体运动能力不断获得发展。在麦子生长的过程中,幼儿关注麦子的生长,观察与比较了麦子不同生长阶段的变化和明显特征,了解了麦

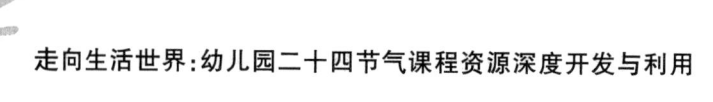

子的结构,知道了麦子不同部位的用途。在大自然中初步体验了麦子与人类生活、麦子与大自然的关系,幼儿探索的愿望、对周围世界的认知、解决问题的能力都得到了增强。活动中,幼儿与同伴的分工合作行为不断发生,成功的体验感增强了幼儿积极的自我认知。当然,当幼儿与大自然融到一起时,大自然的馈赠远不止如此,幼儿与自然环境的亲近也给予了幼儿感知、体验以及创造美的契机。

(2)活动培养了幼儿热爱劳动的品质。与麦子的互动,让幼儿从力所能及的劳动中体验到劳动成果的来之不易。这样的活动培养了幼儿乐于劳动、勤于劳动和尊重劳动的积极态度,幼儿在劳动中不断思考与练习,劳动能力得到锻炼,同时体验到了自我满足的愉悦感,服务他人的劳动意识也慢慢萌芽。

2. 课程中"成长"的教师

在整个活动过程中,教师的观察与发现、分析与思考、支持与生发能力不断成长,对活动中幼儿的兴趣与教育契机的及时捕捉,基于幼儿兴趣、经验而生发活动以及在实践操作中支持幼儿建构知识体系的能力不断提高。在整个过程中,教师在让幼儿积累多方面经验的同时,也促进了自己在课程实施过程中专业能力的发展。

(1)综合性的教育意识。教师作为幼儿活动的支持者、引导者,在活动开展的过程中,再次明确了劳动活动的开展应尊重幼儿劳动综合性的特点,在教育中自然卷入多方面的经验,既关注到幼儿多领域经验的完整发展,也关注到幼儿的劳动态度与习惯的改善。

(2)游戏性的教育渗透。对幼儿来说,游戏与劳动密不可分。在一系列的麦子活动中,时刻渗透着自由、自主、愉悦和创造的教育价值,时刻彰显着游戏的精髓。在活动中,教师再次深刻感受到,要关注幼儿的兴趣和需要,为幼儿适时地提供充足的工具、材料、空间等,支持幼儿在麦子活动中主动承担、自主选择、自由探索与创造。

(3)生活性的教育贯穿。一日生活皆课程,麦子活动与幼儿的生活密不可分。在活动过程中,教师深深意识到,生活性的贯穿是很重要的。当把麦子活动融合到幼儿的生活中,教师通过观察去理解幼儿的劳动需要,并与本班、本园的实际紧密相连,生成幼儿真正感兴趣和有需要的活动,真正实现了课程生活化的教育理念。

(4)思维性的教育参与。整个活动让教师切实看到了活动中幼儿智慧的增长,因为活动中的幼儿有计划、有思考、有研究,在这个过程中还引发了他们思维的发展。幼儿的劳动离不开资源的提供,离不开教师的支持,充分利用自然资源,把大自然作为活教材,让幼儿在与大自然充分的接触中,享受更多与大自然对话的机会。

第三节 秋——以霜降节气为例

一、霜降节气课程资源开发设计方案

(一)设计意图

"秋风萧瑟天气凉,草木摇落露为霜。"霜降,是秋季的最后一个节气,也意味着冬天即将开始。清晨,孩子们在入园时,能看到草地上白茫茫的一片,这是近地面的水汽在低温状态下凝结而成的霜。霜,还能让瓜果蔬菜变得更加甜脆。柿子便是霜降节气里的应季食物之一。

在本主题中,小朋友们通过观看图片、视频的方式,了解霜降节气的特点。小班的孩子们可以和枫叶做游戏,可以认识各种各样的萝卜;中班的孩子们可以和同伴一起探讨帮树妈妈保暖的方法,可以一起品尝柿子、拔萝卜、赏菊等;大班的孩子们以小组活动的形式多途径探究霜降节气里动植物发生的变化,寻找问题的答案,了解生活与动植物的关系。孩子们在活动中学会关心、爱护动植物,萌发热爱生命、尊重生命、珍惜生命的可贵情感。

(二) 活动目标

1. 小班

(1) 在活动中,通过动手操作,学会自己穿衣服,随时增减衣物,以防感冒;掌握双脚同时向前连续行进跳的动作,锻炼腿部力量,提高动作的协调性。

(2) 学会用完整的短句,表达自己的意愿,根据画面简单说出故事的情节,初步学会用替代相关词汇的方式进行儿歌仿编。

(3) 能够适应幼儿园的集体生活,大胆尝试主动交往,知道自己的朋友是谁,能大胆地向他人介绍自己的好朋友,体验和同伴游戏的快乐。

(4) 知道霜降节气到来,感受节气特征,初步感知霜,体验探索大自然的乐趣;在动手操作中,理解"1"和"许多"的分合关系。

(5) 理解音乐游戏规则,感受乐段的不同节奏和情绪;能够自主选择印画材料,能用印画的方式表现柿子树。

2. 中班

(1) 积极参加体育锻炼,知道抛接游戏的动作要领,能较灵活地进行自抛自接球游戏,发展身体的协调性。

(2) 能用语言说出霜降时节的变化;喜欢欣赏不同的文学作品,大胆想象,初步尝试仿编;感受语言的韵律和意境美,初步对文学作品感兴趣。

(3) 了解霜降节气,能与同伴合作讨论霜降的含义;知道朋友间要分享,能与同伴友好相处;在集体中大胆展示自己,具有自尊、自信、自主的表现。

(4) 感知霜降节气中动植物的变化,对大自然产生探究兴趣,了解为树木保暖的方法,有爱护树木的意识;通过观察、比较找相同,初步感知空间方位的关系。

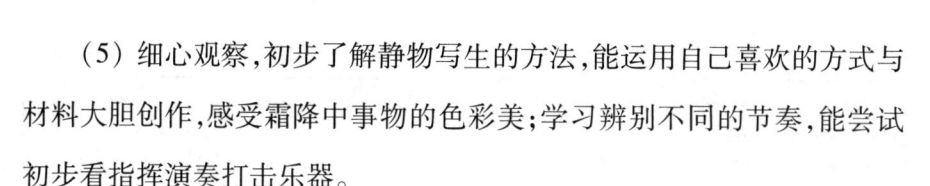

（5）细心观察,初步了解静物写生的方法,能运用自己喜欢的方式与材料大胆创作,感受霜降中事物的色彩美;学习辨别不同的节奏,能尝试初步看指挥演奏打击乐器。

3. 大班

（1）知道天气转凉,要及时增添衣物;了解霜降时节的饮食习俗,并能说说哪些食物是当季的;愿意参加体育活动,体验攀爬游戏的乐趣。

（2）能感受文学作品呈现的意境美,初步理解文学作品中运用的比喻、拟人手法;能用完整连贯的语言复述散文或故事内容;能够根据散文诗的结构大胆创编诗歌;愿意与同伴合作表演童话故事。

（3）了解霜降时节常见植物的名称,将自己观察到的植物变化与同伴、长辈分享,并大胆向同伴介绍霜降时节的自然现象及习俗,努力做一个坚强、勇敢的人。

（4）在观察探索中发现霜降时节动植物的变化,对身边的植物感兴趣,有积极的探索欲望;认识"+""-"符号,初步建立加减法的概念;探索学习8的分成。

（5）积极学习运用多种材料表达自己对霜降节气的认识;乐意用绘画等方式记录自己的发现,体验自制叶脉书签的乐趣与成功感;能用自然美好的声音基本准确地唱歌,努力运用不同的速度、力度、音色来表现音乐的性质。

（三）资源开发

表2-21 霜降节气课程资源开发

资源	类别	现实生活世界	传统节气要素
自然资源	动物	蚂蚁储粮	蛰虫咸俯、豺狼捕猎
	植物	枫树、柿树(叶片变化)	草木黄落、移植山茶
	气候	初霜出现	天气渐冷

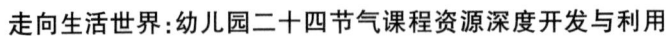

续表

资源	类别	现实生活世界	传统节气要素
社会资源	美食	柿子、萝卜、板栗	收土豆、收萝卜、栽葡萄
	文学	散文:《霜降》 故事:《一片美丽的红枫叶》 绘本:《火晶柿子小猪》《柿子树》《柿子熟了》《一片叶子落下来》《这就是二十四节气·秋》	
	社区或家长	观初霜、吃麻鸭汤	
已生成的活动资源		萝卜:种萝卜、拔萝卜、吃萝卜、手工制作萝卜 枫叶:制作树叶拓印画、赏枫叶、枫叶折纸 柿子:认识柿子、品尝柿子、制作黏土柿子、做柿饼 芙蓉花:纸巾浸染制作芙蓉花 板栗:烤板栗、剥板栗、吃板栗	

（四）活动设计

表 2-22 霜降节气活动设计

活动类型	年龄班	活动名称
集体活动	小班	社会活动"小枫叶的好朋友"
		科学活动"霜的形成"
		美术活动"美丽的柿子树"（拓印）
		音乐活动"拔萝卜"（韵律）
		数学活动"小猫过生日"
		语言活动"小枫叶"（儿歌）
		体育活动"小兔拔萝卜"（双脚行进跳）
	中班	科学活动"大树妈妈的新衣"
		社会活动"我知道的霜降"
		数学活动"柿子在哪里"（空间关系）
		体育活动"接柿子"（自抛自接球）
		美术活动"柿子"（写生）
		音乐活动"赏秋菊"（打击乐）
		语言活动"当枫叶红的时候"（散文）

第二章 以幼儿园活动为主体的节气课程资源开发案例

续表

活动类型	年龄班	活动名称
集体活动	大班	社会活动"栖霞红枫美"
		科学活动"奇妙的根"
		语言活动"一片美丽的红枫叶"(故事)
		体育活动"捡栗子"(立定跳远)
		数学活动"认识'+''-''='符号"
		美术活动"芙蓉花"(晕染)
		音乐活动"拔根芦柴花"(打击乐)
节气特色体验活动	全园	品节气,食霜降
科学小实验	小班	寻找"霜"
	中班	神奇的霜花
	大班	

(五)区域活动

1. 小班

表 2-23 霜降节气小班区域活动

区域	可能引发的活动	材料准备	观察与指导要点
语言区	1. 看图讲述:霜降知多少 2. 绘本阅读"火晶柿子小猪"	1. 霜降节气相关图片(果实、霜花等) 2. 相关书籍	1. 通过观察图片,能够简单地说出图片的内容,能说出霜降时节水果的名称、外形特征 2. 能根据画面,简单说出故事的情节
建构区	1. 小兔萝卜地 2. 小花	1. 清水积木,萝卜地图片 2. 清水积木,草皮、雪花片等	1. 尝试用围合的方法搭建出萝卜地 2. 通过观察制作步骤图,在教师的引导运用雪花片拼插出小花,能用颜色区分出花蕊和花瓣

165

续表

区域	可能引发的活动	材料准备	观察与指导要点
美工区	1. 手指点画：柿子 2. 枫叶印画 3. 萝卜印画	1. 各色颜料、柿子树底板 2. 各种各样的落叶，各种颜色的水粉 3. 大小不一的萝卜	1. 了解柿子的外形特征，学习用手指点画方式点出柿子，不重叠 2. 能选择自己喜欢的叶子和颜色印画 3. 选择喜欢的颜色，尝试用大小不一的萝卜横截面进行印画
生活区	1. 穿衣服 2. 晒衣服	1. 衣服 2. 袜子 3. 晾衣夹	1. 尝试利用图示和儿歌学习穿衣服 2. 能将袜子进行配对整理 3. 能用小夹子夹住衣服晾晒，锻炼小肌肉群
科学认知区	1. 方位：柿子在哪里 2. 匹配：叶子找妈妈 3. 数学：1和许多	1. 筐、柿子图卡片 2. 各类叶子 3. 鱼和鱼缸操作单	1. 能够自主摆放柿子，认知柿子在筐里面、外面、上面、下面 2. 初步根据叶子种类找到相应大树 3. 能根据鱼缸大小分出1和许多
角色区	1. 娃娃家：我为宝宝穿衣服 2. 带宝宝秋游	1. 娃娃 2. 提供各类小衣服（开衫、扣扣子的、拉链衣服等） 3. 餐垫、背包	1. 学当爸爸妈妈，帮助宝宝穿衣服 2. 在老师的引导下，能进行带娃娃秋游、逛公园等游戏情节
自然角	观赏类：可爱的萝卜手工、美丽的菊花 种植类：种萝卜、观察植物生长情况 饲养类：照顾养在饲养角的昆虫	1. 提供各种各样的实物萝卜 2. 提供菊花 3. 盆栽萝卜 4. 之前节气中饲养的昆虫	1. 欣赏用各种各样的萝卜制作的手工品，愿意向同伴介绍自己的作品 2. 欣赏菊花，知道菊花的多样色彩和种类 3. 尝试水培萝卜，观察萝卜的根须变化 4. 观察霜降时节昆虫都做什么

2. 中班

表 2-24　霜降节气中班区域活动

区域	可能引发的活动	材料准备	观察与指导要点
语言区	1. 绘本阅读："柿子树""柿子熟了""落叶跳舞""一片叶子落下来" 2. 故事表演 3. 绘制《霜降的故事》中的插页	1. 相关类型的绘本、故事、散文诗、儿歌等图片或书籍 2. 手指偶、小音响、故事或散文音频 3. 水彩笔、油画棒、勾线笔、白纸	1. 自主阅读绘本并仔细观察绘本画面中的细节和内容，尝试结合手偶讲述故事的大致情节 2. 能够安静地倾听散文和故事，感受散文的意境与语言美 3. 绘制《霜降的故事》中的插页，在教师的帮助下装订成册，供后面翻阅与讲述 4. 能有感情和表情地朗诵儿歌 5. 了解书签的使用规则
建构区	1. 美丽的果园 2. 冬眠动物的"家" 3. 各种各样的桥	1. 基本块、二倍块、四倍块、大小半圆形、三角形等积木 2. 果园的图片、小动物冬眠场景图片、桥的图片 3. 幼儿自制的果树、小人模型、汽车模型、自制冰棒棍栅栏、插塑玩具、树枝	1. 了解果林中各种果树、房屋、栅栏等，使用垒高、围合等技能表现出造型各异的房子或栅栏，合理地使用辅助物，表现果园中的果树等植物 2. 观察动物冬眠时的场景，学习与同伴共同建构，自主选择材料为不同的动物布置不同的巢穴 3. 结合经验，运用多种材料，在原有经验基础上建构桥梁，可将桥与果园结合
美工区	1. 霜之叶 2. 树叶拼贴画 3. 静物写生：秋天的果蔬 4. 黏土制作：一篮果蔬（柿子、蔬菜等）并装饰篮子 5. 树叶书签	1. 幼儿收集的秋天的树叶，如：枫叶、银杏、梧桐等 2. 白纸、固体胶、白乳胶、食用盐、勾线笔、剪刀 3. 水彩笔、水粉颜料、小画板 4. 不同大小的篮子、各色黏土、包装绳、丝带	1. 使用自己喜欢的工具和材料，如：水彩笔、彩纸、水粉等画出秋叶，并用"撒盐"的方法制作霜叶 2. 了解各种树叶的外形，大胆借形想象，把树叶添画成不同物体并装饰 3. 观察蔬菜或水果的特征，自选角度，初步用线条尝试静物写生，表现出画面的细节 4. 自选黏土制作各种果蔬放在篮子中，尝试用包装绳、丝带装饰果篮

续表

区域	可能引发的活动	材料准备	观察与指导要点
美工区			5. 用水粉装饰树叶,晾干后在教师的帮助下进行压模、裁剪,制作成书签
生活区	1. 包装果篮或礼品 2. 给小动物添衣	1. 美工区制作的果篮、不同形状的礼品盒、丝带、包装绳、包装袋、剪刀 2. 小动物玩偶、带拉链和纽扣的衣物	1. 尝试给礼品进行适当的包装 2. 初步学习丝带或绳子打结的方法 3. 根据自身经验,练习用扣纽扣、拉拉链等方式给小动物增减衣物
科学认知区	1. 温度测量 2. 果蔬切切乐 3. 树叶标本 4. 制霜小实验 5. 找不同 6. 柿子在哪里:空间方位	1. 温度计 2. 柿子、白菜、萝卜等果蔬、安全刀、白纸、勾线笔 3. 各种各样的树叶标本、放大镜、水彩笔、勾线笔、白纸 4. 小烧杯、盆、毛巾、冰块 5. 找不同的卡片一套 6. 柿子一个、盒子若干、柿子头饰、不同卡片若干、记录单	1. 读取温度计上的温度,尝试记录霜降前连续一周的温度,并总结温度、气候的特点 2. 观察果蔬的外部特征,用安全刀切开果蔬观察内部特征,尝试用绘画的方式记录自己的发现 3. 了解树叶的名称,用放大镜观察不同种类的树叶,知道树叶有叶脉、叶片、叶柄等部分 4. 在户外活动或实验中观察霜的形成,与同伴交流自己的发现 5. 根据图片,通过观察、比较,找出两幅图片的不同之处 6. 根据卡片的提示,能正确摆放柿子的位置
角色区	1. 娃娃家:做客与招待客人、制作水果拼盘 2. 小吃店:制作雪菜面 3. 扮演区:歌表演"拔萝卜"、打击乐表演"摘柿子"	1. 水果篮、礼盒、幼儿制作的黏土水果、水果玩具、食物玩具、纸盘、玩具刀 2. 碗、面条机、剪刀、彩纸、筷子、勺子 3. 背景音乐、表演服装、打击乐器	1. 懂得去别人家做客时的基本礼仪,会与同伴说礼貌用语,知道朋友之间要分享 2. 知道雪菜面的制作方法,在教师的指导下正确使用面条机,角色游戏时与同伴分工合作 3. 能够自主、自信地进行表演,在教师的指导下能与同伴配合看指挥演奏打击乐器

第二章　以幼儿园活动为主体的节气课程资源开发案例

续表

区域	可能引发的活动	材料准备	观察与指导要点
自然角	观赏类：月季 种植类：白菜、秋蚕豆 饲养类：乌龟	动植物、植物姓名牌、洒水壶、漏网、龟粮、记录单、种植工具	1. 了解植物的各个组成部分，观察花的各个部分：花瓣、花蕊、花茎、花叶等 2. 收获萝卜，并在种植园地中翻地，熟悉种植工具的使用，知道霜降时节翻土有利于来年减少虫害 3. 饲养小乌龟，定期为乌龟换水，观察并记录乌龟是否进入冬眠

3. 大班

表 2-25　霜降节气大班区域活动

区域	可能引发的活动	材料准备	观察与指导要点
语言区	1. 散文阅读"霜降" 2. 童话故事表演"一片美丽的红枫叶" 3. 绘本阅读"这就是二十四节气·秋"	相关的故事、绘本、散文诗图片、相关头饰、音频、纸、笔	1. 能用完整连贯的语言复述散文或故事内容 2. 愿意与同伴合作表演童话故事
建构区	1. 小动物粮食站 2. 美丽的家园	1. 积木、自然辅助物、各种积塑玩具、动物图片 2. 积木、自制的花、树等装饰物	1. 与同伴共同商量设计粮食站的布局图，按照布局图，尝试用围合、架空、搭高、插接等技能构建动物粮食站造型 2. 合理利用自然材料和装饰物，根据家园的特征学会正确选择和使用不同类型的建构材料进行建构
美工区	1. 折纸：有趣的折纸 2. 染纸：漂亮的手帕	1. 折纸、各种折纸步骤图 2. 抽纸、各色水粉颜料、颜料盘	1. 能看步骤图折出简单的东西（如苹果、橘子、花卉等） 2. 能够用浸染的方式染出对称花纹

169

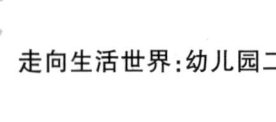

续表

区域	可能引发的活动	材料准备	观察与指导要点
生活区	1. 自制养生茶 2. 品柿赏菊	茶具、各种各样的茶、柿子、菊花	1. 能自制养生茶,知道适量喝茶对身体有益 2. 悉心照顾好菊花,了解菊花的季节特征 3. 知道柿子是凉性的,不宜多吃
科学认知区	1. 趣味纸牌 2. 光影世界	1. 一副纸牌 2. 大盒子、手电筒、光盘、镂空的纸等	1. 探索纸牌乐趣,按照纸牌的图形标记分类,或者在框上做好纸牌标记,让幼儿寻找纸牌的家 2. 为幼儿提供手电筒和探索的大盒子,幼儿用自主寻找来的材料(光盘、镂空纸等)进行光影探索
角色区	小舞台	打击乐器、歌曲《霜降》中出现的动物头饰、《霜降》音乐	1. 根据歌曲旋律自选乐器,与同伴一起随音乐有节奏地进行打击乐器的表演 2. 和同伴一起分角色戴头饰,随音乐边唱边表演
自然角	观赏类:菊花、文竹、多肉、君子兰、虎尾兰 种植类:胡萝卜、大蒜、青花菜、菠菜、芹菜、豌豆、小白菜、葱 饲养类:乌龟、小兔子	喷壶、各种类型的花种植工具、种子、容器、土壤、幼儿自制观察记录表、动物饲料	1. 乐于观赏各类花,培养初步的探索意识 2. 持续观察大蒜、菠菜的生长变化 3. 观察情况并记录在观察记录表中 4. 激发热爱动植物、关心动植物的意识 5. 自主喂养小动物

(六) 日常渗透

1. 晨间谈话

引导幼儿从气温、动植物变化方面讨论霜降节气的特点,说一说枫树叶子颜色的变化;说一说观察到的自然角菊花的样子和变化。讨论在来园的路上、晨间锻炼的时间是否看到过霜,在哪里看到的。谈论秋季渐凉、秋燥明显的时候吃什么食物对身体好。问问幼儿在家中是否品尝了柿子,柿子是什么味道的。引导幼儿交流分享霜降时节观察到的植物或动物等。

2. 体育锻炼

触跳够物、捡落叶、走平衡木、过平衡桥、跳圈、赶小猪、自抛自接球、摘柿子(纵跳)、跳绳、滚轮胎等。

3. 体育游戏

(1)调皮的树叶娃娃。

玩法:树叶娃娃可调皮了,它们总是喜欢和风姐姐玩游戏。幼儿扮演树叶娃娃全部都蹲在地上。当风姐姐说"刮小风了",你们就从地上站起来走走;当风姐姐说"龙卷风来了",你们就到处跑;当风姐姐说"风停下来了",你们就在原地站好不动。幼儿根据教师的语言指令玩游戏。游戏中提醒幼儿在走和跑的时候要当心,不要碰到别人,更不能推别人。根据幼儿兴趣,可玩游戏 2—3 次。

(2)小蚂蚁运粮食。

玩法:幼儿自由地爬过"山洞",走过"小桥",来到空地。(有节奏的音乐,教师注意观察幼儿爬的方法,及时指导纠正)师:"这里有很多粮食,我们把它们运回家吧"!幼儿手拿"粮食"跑回起点,把"粮食"放在筐内后继续爬过"山洞"走过"小桥"去运"粮食"。

(3)两人三足。

玩法:两个人同排站在一起,用绑带绑住一人左腿和一人右腿,绑在脚踝上、膝盖下的范围。比赛开始从起点出发后,跑到标志点处折回,并返回起点,把绑带解开交给下一组继续跑,用时最短的那一组胜出。

4. 过渡环节

（1）游戏"大风吹"。大风吹，吹到谁，谁就来说一说：霜降时节的水果、自己的朋友等。

（2）观察区域中有关霜降节气的材料，与同伴讨论材料的使用方法。自由选择观察播种的瓜果蔬菜发芽和生长的情况。

5. 生活活动

喝水时不跑动，有便意时主动如厕，养成饭前便后洗手的习惯，洗手时主动将袖子挽起，以免将袖子弄湿。愿意自主入睡。鼓励幼儿用喜欢的方式，向同伴介绍饭菜营养，激发幼儿进餐欲望。鼓励幼儿节约用纸、手纸入篓。指导幼儿盖好被子，保持正确姿势，安静、尽快入睡。幼儿可根据出汗情况及时穿脱衣服并整理好自己衣服，能适应冷空气的来袭，坚持锻炼。

6. 餐前准备

学习正确的洗手方法，用毛巾将手擦干；了解当天的食物名称及营养价值，不挑食。播放绘本音频《霜降》，分享与讲述关于霜降的故事。

7. 散步主题

观察枫叶颜色的变化；到小菜园和草丛里观察小蚂蚁如何运粮食；收集落叶，带回班级。讨论：天要冷了，植物会怕冷吗？会冻坏吗？怎么保护植物不被冻伤或冻死？

8. 离园谈话

说说自己和朋友玩游戏时的感受，在霜降时节看到的景色。分享霜降节气的物候特征，根据早晚气温变化及时增添衣物，做好秋季保暖，切忌着凉。

9. 节气保健

霜降，是二十四节气中的第十八个节气，也是秋季的最后一个节气。由于霜是天冷、昼夜温差变化大的表现，霜降节气最明显的特点是早晚天气较冷、中午则比较热,昼夜温差大,秋燥十分明显。

天气渐凉,秋燥明显,易出现口干、唇干、咽干、便秘、皮肤干燥等情况。燥易伤身,可以适量多吃芝麻、蜂蜜、银耳、秋梨、苹果、山药、百合、芥菜等食物。晚秋时节,天气渐冷,要生活规律、保持好心情,此外还应增加户外活动,适当放松心情。要防"秋乏",就要保证充足的睡眠,以助消除疲劳,增强免疫力。同时,饮食可稍微比其他季节清淡一点,油腻的食物会加深困倦不适。

(七)环境创设

(1)霜降节气主题墙:粘贴各种各样霜降的照片;收集各种霜降时节柿子成熟、枫叶红了的图片。可以引导幼儿小组合作布置。

(2)霜降习俗墙:活动图片、与霜降相关的绘本。

(3)收集各种霜花的图片,粘贴在主题墙,供幼儿欣赏观察。

(4)过渡环节带幼儿欣赏早霜(菊花霜)和柿子成熟的图片。

(5)将幼儿制作的树叶拼贴画、黏土作品等进行展示,或美化区域环境。丰富班级自然角,添置自然角植物。

(八)时令美食

1. 柿子、柿饼

"霜降柿子红"这句话说明了霜降时节,柿子成熟了。这个时候燥气当令,容易出现咽干、鼻干、皮肤干等"秋燥"现象。柿子正好富含多种维生素,清火润肺,所以南京人在霜降节气会吃柿子,还会把多余的柿子制作成柿饼。一些地方说:"霜降吃柿子,一冬不流涕。"当然,柿子不能空腹食用,也不要和螃蟹等一起食用哦!

2. 山楂

霜降正值深秋,是山楂大量上市的时候,山楂果酸酸甜甜,可以生吃也可以泡水喝,还可以做成我们小朋友最喜欢的糖雪球和冰糖葫芦。那还等什么呢,快去看看我们幼儿园山楂树上的果子红了没有吧!

3. 银杏

霜降秋意浓,银杏落叶是构成秋日美景的重重一笔。南京的毗卢寺、银杏里正是赏银杏美景的好地方。除了落叶美,银杏果也是霜降时节的时令美食,南京人会将其煨汤炒菜,或是盐焗,给家中长辈食用。

4. 鸭肉

南京人对鸭子可是一点不陌生。盐水鸭、烤鸭、鸭血粉丝汤、鸭油烧饼……南京有"鸭都"的称号,因为有各种各样的鸭子美食。南京人养鸭可以追溯到两千多年前,可见南京人对鸭子的喜爱程度了。

(九)劳动建议

1. 小班篇:捡落叶

活动建议:霜降节气过后,树叶开始变得金黄或火红,幼儿园里也遍地铺满了落叶,色彩斑斓,幼儿在防寒保暖、锻炼身体的同时,对树叶产生了浓厚的兴趣,教师可以带领幼儿将园内的落叶捡拾起来,美化环境的同时也可以将落叶再次利用。

活动评价:(1)能够在不破坏园内绿植的情况下自发地捡拾落叶并进行再次利用。(2)能够在教师的提示下捡拾落叶。

2. 中班篇:剥鹌鹑蛋

活动建议:步入中班,为了进一步提高幼儿的生活自理能力,加强幼儿"自己的事情自己做"的意识,可以让幼儿尝试自己动手剥鹌鹑蛋。先将蛋中间的部分在桌子上磕一下,然后在桌上滚一滚,等到蛋壳破裂,再一点点剥开,白白胖胖的鹌鹑蛋就剥好啦!

活动评价:(1)明确剥鹌鹑蛋的步骤,按照正确的方法剥鹌鹑蛋,同时注意保持桌面整洁。(2)能够在教师的指导和同伴的帮助下剥鹌鹑蛋。

3. 大班篇:做柿饼

活动建议:秋冬交替之际,很多果实也成熟了,到了每年一次的丰收季节,大量的柿子也上市了。吃不完的柿子可以用来做柿饼,柿饼做成功之后,表面会有一层白霜,吃起来非常美味,并且放很久都不会坏。

活动评价:(1)了解柿饼的制作步骤,并与同伴共同制作。(2)能在教师和同伴的帮助下共同参与制作柿饼。

(十) 家园共育

(1)家长与幼儿共同收集有关霜降时的花草树木、果实等资料。

(2)天冷了,教师和家长鼓励幼儿按时入园,积极参加晨间锻炼。

(3)家长利用周末时间与幼儿一同登山,走进栖霞山观赏枫叶,寻找霜降后的变化,感受大自然的美。

(4)鼓励家长和幼儿一起品尝柿子等秋季水果,了解其营养价值。

(5)鼓励家长带着幼儿在家一起收拾换季的衣服,引导幼儿学会分类整理。

二、活动内容

(一) 小班活动内容

社会活动"小枫叶的好朋友"

● 活动目标

1. 知道小枫叶的好朋友是谁,并主动表达。
2. 知道自己的好朋友是谁,能大胆地向他人介绍自己的好朋友。
3. 愿意和好朋友做游戏,体验同伴游戏的快乐。

● 前期经验

幼儿在幼儿园里观察过枫叶从绿逐渐变红的过程,在日常生活中,枫叶也是幼儿在秋天能够经常接触到的树叶。与此同时,虽然小班幼儿在入学后的这段时间已经逐步减轻了分离焦虑,开始适应幼儿园的集体生活,但通过观察发现,幼儿在人际交往方面还有一些困难,例如,不知道如何交新朋友,更倾向于自己玩游戏或者与个别熟悉的朋友玩。

● 活动准备

音乐《抱一抱》,故事《我来做你的好朋友》相关图片。

● 活动重点

知道小枫叶的好朋友是谁,并主动表达。

● 活动难点

能大胆地向他人介绍自己的好朋友。

● 活动过程

1. 谈话导入。

师:现在是什么季节?树上的树叶都有什么变化?有一片小枫叶从树上飘落下来,我们一起来听听他遇到了哪些事情。

2. 欣赏故事,创设情境。

(1) 对故事内容进行提问。

师:小枫叶为什么会哭?他最后变开心了吗?为什么?

(2) 引导幼儿说出小枫叶的好朋友。

师:小枫叶遇到了哪些好朋友?他们对小枫叶说了什么好听的话?

总结:小动物们都想和小枫叶交朋友,对他说"小枫叶,你别哭,我们来做你的好朋友",于是他们变成了好朋友。

3. 幼儿介绍自己的好朋友。

(1) 询问幼儿的好朋友。

师:小枫叶交到了许多好朋友,小朋友们在班级里有没有交到好朋友呢?

师:你的好朋友是谁呢?谁愿意上来介绍一下自己的好朋友?

(2) 发现与同伴一起交往的乐趣。

师:你平时会和好朋友一起做什么事情?你的心情是怎么样的?

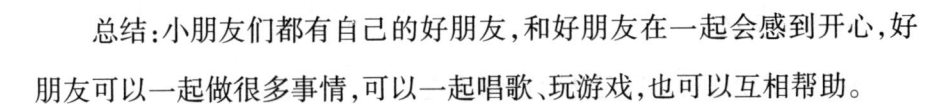

第二章 以幼儿园活动为主体的节气课程资源开发案例

总结:小朋友们都有自己的好朋友,和好朋友在一起会感到开心,好朋友可以一起做很多事情,可以一起唱歌、玩游戏,也可以互相帮助。

4. 音乐游戏"抱一抱"。

师:现在让我们与好朋友一起做游戏吧,也可以在游戏中结交新朋友。

游戏玩法:幼儿找一个自己的好朋友,当歌曲唱到"抱一抱"时,幼儿抱一抱自己的好朋友。交换同伴,重复玩游戏2—3次。

科学活动"霜的形成"

● **活动目标**

1. 初步感知霜的形成,知道霜降节气到了,开始出现霜。

2. 通过实践操作,对比水与冰凉度的不同,了解制作霜的要求,尝试制作霜。

3. 愿意参加制作霜的实验活动,大胆讲述自己的发现。

● **前期经验**

幼儿在白露节气时,见过露珠,初步了解过露珠的形态,知道天气转凉后,早晨会有露珠。但是霜降过后,气温越来越低,天气也越来越冷,露珠会变成什么样呢?幼儿与同伴共同猜测,并尝试在早晨与家长一起到户外感受气温的变化,观察户外各种物体的变化,寻找到了霜降节气的霜。完成调查表《我找到的霜》,知道霜降节气到了,开始出现霜。前期了解冰比水摸上去要凉。

● **活动准备**

霜的图片,霜形成的视频,制作霜的步骤图及实验材料:冰块、盐、小勺、搅拌棒。

● **活动重点**

感知霜的形成,知道用冰可以制作霜。

● **活动难点**

积极参与制作霜的实验。

● **活动过程**

1. 出示调查表《我找到的霜》,谈话导入活动。

师:前几天,你们和爸爸妈妈出去寻找霜,你们有没有找到霜呢?找到的小朋友说一说你是在哪里找到的霜,什么时间找到的。(老师可以引导幼儿说一说:早上什么时间找到的,上午、中午的时候还有霜吗?)

师:为什么以前没有,现在却出现了霜呢?霜是什么样子的?

2. 观看霜的视频,了解霜形成的原因。

师:霜是怎么形成的呢?(播放视频)

总结:原来霜降节气到了,天气越来越冷,早晚温差很大,所以,霜降节气后就会在草地上、菜地里出现霜。

3. 了解制作霜的要求,做霜形成的实验。

(1) 在变魔术的情境中出示操作材料。

师:我们知道,霜一般出现在早上太阳出来之前,那现在太阳出来了,没有霜了怎么办?别急,魔术师把霜变出来!

师:变魔术之前老师要先问问小朋友,需要冷一些才会出现霜,这里有水和冰,你们觉得哪个更冷一些呢?那我们都试一下吧!

(2) 教师操作,实验对比。引导幼儿观察制作霜需要的工具以及用两种材料做实验的结果。

4. 幼儿做实验,教师巡回指导。

师:刚刚用比较冷的冰变出了霜,你们想不想也变一变这个魔术呢?

第二章 以幼儿园活动为主体的节气课程资源开发案例

请小朋友们去试一试,看看能不能成功把霜变出来。

师:你是怎么做的,成功了吗?杯子发生了什么变化?

幼儿再次尝试实验。

5. 延伸:每天早上入园,到户外找寻霜。

教师可以有目的地带幼儿去能发现霜的地方,如窗户、草地、植物等。

美术活动"美丽的柿子树"(拓印)

● **活动目标**

1. 欣赏秋冬的柿子和柿子树,感受它们颜色的变化及形态特点。
2. 自主选择印画材料,尝试用印画的方式表现柿子树。
3. 愿意大胆创作,感受柿子挂满枝头的景象。

● **前期经验**

小班幼儿美术工具使用的经验比较少,海绵印章的操作方法简单,拓印效果较好,适合小班幼儿使用,在班级的美工区里幼儿已经有使用海绵印章的经验。在霜降节气主题活动里,柿子是一个常见的节气元素,幼儿园里也有一棵柿子树,幼儿能观察到柿子和柿子树的样子。

● **活动准备**

实物柿子,柿子树图片,海绵印章、圆形积木、圆形瓶盖若干,底纸人手一张,调好的橘色、黄色、绿色颜料,材料筐,棉签等。

● **活动重点**

感受秋冬柿子和柿子树颜色的变化及形态特点。

● **活动难点**

能自主选择印画材料,尝试用印画的方式表现丰收的柿子树。

● **活动过程**

1. 谈话导入,激发幼儿兴趣。

师:这个好吃的水果,它的名字是什么？柿子是什么颜色的？什么形状的？

2. 欣赏图片,感知柿子颜色变化及在柿子树上的形态特点。

（1）进一步欣赏不同颜色和形态的柿子。

师:这里还有一些柿子,一起来看看吧！这是什么颜色的柿子？

教师出示不同样子的柿子,引导幼儿仔细观察。

（2）教师出示柿子树图片。

师:柿子长在哪里呢？

（3）师幼小结柿子长在树上的形态特点。

小结:柿子长在高高的树枝上,有的是连在一起的,有的孤单一个；有的熟透了,有的刚刚熟；有圆形的,有椭圆形的；有的大大的,有的小小的。

3. 出示操作材料,探索印画柿子的方法。

（1）教师出示底纸,激发幼儿操作兴趣。

师:这里有一棵柿子树,缺了什么？怎么变出柿子呢？

（2）教师出示操作材料,师幼探讨操作方法。

师:这里有很多操作材料,你们看它是什么形状的？那柿子顶上的蒂要怎么画呢？现在请你们也去印一棵属于自己的柿子树吧！

4. 幼儿创作,教师巡回观察。

（1）在创作过程中,帮助幼儿感知柿子的不同形态。

（2）教师巡回观察幼儿,及时给予帮助。

5. 集体欣赏作品。

师:这里有一片柿子树林,你能找到属于自己的那棵柿子树吗？

第二章　以幼儿园活动为主体的节气课程资源开发案例

● 活动延伸

师:柿子摘下来之后还可以做成好吃的柿饼,把它清洗干净,削去皮,用绳子穿起来,挂在屋子外面一段时间就做好啦!你们想试试吗?那之后有机会我们来一起试试吧!

音乐活动"拔萝卜"(韵律)

● 活动目标

1. 欣赏音乐,在 A 段音乐表演拔萝卜,在 B 段表演熊来了,兔子装死。

2. 借助情境表演及听故事的经验,理解游戏规则,感受 A 段音乐的欢快,B 段音乐的紧张。

3. 愿意参与游戏,体验与教师、同伴一起玩游戏的快乐。

● 前期经验

幼儿听过故事《别再笑了,裘裘》,知道小动物遇到熊后可以用装死的方法逃生。

● 活动准备

兔子、熊的头饰各一个,音乐。

● 活动重点

欣赏音乐,在 A 段音乐表演拔萝卜,在 B 段熊来了时,兔子装死。

● 活动难点

借助情境表演及听故事的经验,理解游戏规则,感受 A 段音乐的欢快,B 段音乐的紧张。

● 活动过程

1. 教师讲述故事。

（1）教师戴上兔子头饰。

师：宝宝们好！今天天气真好！我想去拔萝卜，如果遇到熊可以怎么办？（装死）

2. 师幼感受音乐2遍，共同创编基本动作。

（1）幼儿创编兔子拔萝卜的动作，教师引导幼儿共同随乐感受一遍。

师：兔子是怎么拔萝卜的？

（2）引导幼儿随乐完整动作，教师引导幼儿梳理动作顺序。

3. 引导幼儿迁移身体部分经验，创编分享不同拔萝卜的动作。

师：我们还可以怎么拔萝卜呢？

4. 完整感受音乐，重点感受B段音乐。

（1）配班教师扮演熊出现，并玩装死游戏2遍。

师：熊来了，我们要怎么办？怎么装死？

（2）兔妈妈带领兔宝宝站起来玩游戏1遍。

启发幼儿思考：如果拔萝卜时真遇到熊，怎么办？

如果幼儿在游戏中的自我调控能力比较好，可以请几名幼儿和教师共同扮演熊，感受相互控制及身体接触游戏带来的快乐。

数学活动"小猫过生日"

● 活动目标

1. 认识、区分"1"和"许多"。

2. 在操作中，进一步理解"1"和"许多"之间的关系。

3. 体验"1"和"许多"在生活中的应用。

第二章 以幼儿园活动为主体的节气课程资源开发案例

● **前期经验**

在雪花片游戏过程中发现,小班幼儿理解1的概念,但是往往会用"还要""多多的"来表示对雪花片数量的需求,可见小班幼儿在这个时期没有形成"许多"的概念。他们还不能将物体群当作一种结构完整的统一体去感知,而只有一种模糊笼统的知觉。小班幼儿对过生日场景熟悉又喜爱,通过小猫过生日等一系列有趣的游戏,幼儿把一组对象看成一个整体形成一个集合,为感知数量奠定基础。

理解数字1的概念,玩过"合起来"的游戏。

● **活动准备**

小动物图片若干,小鱼图片若干,鱼缸图片,音乐《祝你生日快乐》。

● **活动重点**

区分"1"和"许多"。

● **活动难点**

在操作中,进一步理解"1"和"许多"的分合关系。

● **活动过程**

1. 情景导入,播放音乐《祝你生日快乐》,激发幼儿兴趣。

师:今天的天气可真好,小猫过生日,邀请我们来他家做客。

2. 了解"1"和"许多"的关系。

(1) 巩固对数量1的认识。

师:(出示小猫的图片)我们看看谁跟小猫一起过生日,小猫家里有什么呀?(家里有1只小猫、1个生日蛋糕,巩固对1的认识)

(2) 了解很多"1"合起来是"许多"。

师:咚咚咚,有人敲门,是谁呀?(依次出示图片:1只小狗、1只小兔、1只小鸡、1只小青蛙、1只白鹅、1头小牛、1只小猪,哇! 来了许多小动物)

总结:小动物都有谁呢? 小狗(说清楚有几只小狗)、小兔、小鸡、小青蛙、白鹅、小牛、小猪。

3. "许多"可以分成很多个"1"。

教师出示许多小鱼,引导幼儿说出许多小鱼。

师:他们给小猫送的生日礼物是什么呢?(教师把许多小鱼分别对应放在每只小动物身边)

总结:小动物说,想请我们把小鱼送给小猫,并说出谁送的,你听,小狗送了1条小鱼,谁还想送一送呢? 请小朋友们来送。

师:每只小动物给小猫送了几条小鱼? 那小猫收获了多少条小鱼? 许多许多条小鱼。

总结:每只小动物送了1条小鱼,小猫有了许多条小鱼。(让幼儿知道"许多"可以分为许多的"1")。

4. 通过游戏,进一步掌握"1"和"许多"的关系。

(1)介绍操作要求。

帮助小猫把许多蛋糕1块1块地送给小动物们。

(2)集体验证。

总结:小猫过生日,有许多块蛋糕,分了1块给×××,许多的蛋糕可以分成1块1块的蛋糕。

(3)游戏:送小鱼。

师:全部送完后说一说,刚才鱼缸里有多少条小鱼? 现在鱼缸里有多少条小鱼? 鱼缸里的小鱼到哪里去了呢?

总结:鱼缸里还有很多条小鱼,请小朋友们将鱼缸里的小鱼一条一条地送给小猫,边送边说:"我送了一条小鱼给小猫,我又送了一条小鱼给小猫……"

(4)幼儿进一步了解"1"和"许多"的关系。

总结:小朋友给小猫也送了礼物,并完整地说"我送给小猫一条小

第二章 以幼儿园活动为主体的节气课程资源开发案例

鱼",最后小猫得到许多条小鱼。

语言活动"小枫叶"(儿歌)

● **活动目标**

1. 理解儿歌的基本内容,学习飘,知道飘的含义。

2. 初步学会用替代儿歌中词汇的方式进行仿编。

3. 乐意参加儿歌活动,体验仿编带来的乐趣。

● **前期经验**

幼儿在幼儿园里观察过枫叶,知道枫叶长在枫树上,随着天气变冷,枫叶也会掉落。幼儿观察过树叶飘在空中或落在地上的样子。

● **活动准备**

图片,小枫叶的头饰若干,轻松、欢快的音频,儿歌《小枫叶》。

● **活动重点**

能够理解儿歌、学说儿歌,并理解飘的含义。

● **活动难点**

能够运用自己的已有经验进行简单的仿编。

● **活动过程**

1. 谈话导入,引出枫叶。

师:现在是什么节气?霜降节气我们可以看到什么美丽的事物?(引出枫叶)

师:枫叶是什么样的?枫叶飘落下来是什么样的?

2. 理解儿歌内容,学会朗诵儿歌。

(1)教师完整朗诵一遍儿歌。

师:儿歌里小枫叶像什么?发生了什么?

(2) 根据幼儿回答出示图片。

(3) 师幼根据图片完整朗诵儿歌。

师:这首儿歌给你什么样的感觉?

(4) 幼儿有感情地朗诵儿歌。

3. 理解飘。

师:小枫叶在儿歌中是什么样子的?

师:谁来试一试?用你的身体动作来模仿。(佩戴枫叶头饰)

师:小枫叶飘的时候是什么样的?我们一起来学一学,飘呀飘,像小鸟,飘呀飘,飘在地上睡大觉。

4. 仿编儿歌,体会乐趣。

(1) 幼儿根据自己的经验进行仿编。

师:大家都是小枫叶了,小枫叶飘啊飘,除了像小鸟,还会像什么?除了飘到地上睡大觉,还能干什么呢?

(2) 请幼儿在集体面前大胆说一说自己仿编的儿歌。

体育活动"小兔拔萝卜"(双脚行进跳)

● **活动目标**

1. 初步了解用双脚向前行进跳的方法,锻炼腿部力量。

2. 通过游戏掌握双脚同时向前连续行进跳的动作,并能连续跳过一段距离,提高动作的协调性。

3. 在游戏情境中体验与同伴一起进行体育活动的快乐。

● **前期经验**

小班幼儿最喜欢蹦蹦跳跳了,在日常生活中,地上的格子、低矮的台阶……都是他们蹦蹦跳跳的好伙伴。在晨间锻炼时,教师发现有些幼儿还不太能双脚同时起跳,落地的动作也有些偏差,这对于身体发育会有一

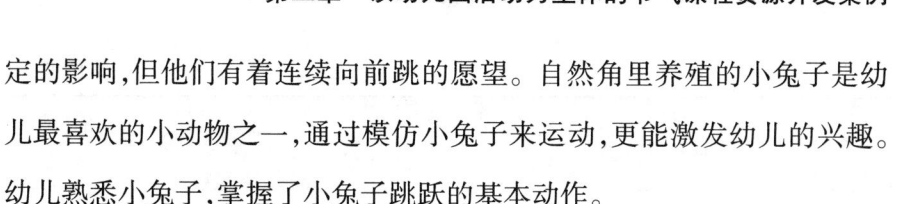

第二章 以幼儿园活动为主体的节气课程资源开发案例

定的影响,但他们有着连续向前跳的愿望。自然角里养殖的小兔子是幼儿最喜欢的小动物之一,通过模仿小兔子来运动,更能激发幼儿的兴趣。幼儿熟悉小兔子,掌握了小兔子跳跃的基本动作。

● **活动重点**

了解并掌握双脚向前行进跳。

● **活动难点**

通过游戏,能身体协调地双脚向前行进跳一段距离。

● **活动准备**

热身及放松音乐,不织布萝卜玩具模型若干。

表 2-26 体育活动"小兔拔萝卜"流程

	活动过程	场地布置图	负荷	时间/分钟
开始部分（热身）	一、热身活动 　　幼儿学小兔子的样子,跳到活动地点 　　师:小兔子们,你们准备好了吗? 跟着兔妈妈一起出去玩吧 二、带领幼儿做热身操,活动身体 　　幼儿跟随音乐做小兔子模仿操:点点头、伸伸臂、弯弯腰、踢踢腿、跳一跳 　　师:我们一起来活动一下身体,待会才有力气去找食物		中	3
基本部分	一、导入情境,引导幼儿练习双脚行进跳 　　师:兔宝宝们,霜降时节有很多萝卜成熟了,我们今天一起去拔萝卜吧			

续表

	活动过程	场地布置图	负荷	时间/分钟
基本部分	1. 介绍场地 师：你们看，萝卜就在那边，你们要用小兔子的方法去拔萝卜哦！拔回来的萝卜放进这个筐里 2. 幼儿自主尝试双脚向前行进跳，教师注意观察，提醒幼儿避免碰撞 3. 组织幼儿小结、交流自己的成果 师：小兔子们好厉害啊，都拔了好多萝卜，谁能告诉我你是怎么拔到这么多萝卜的 4. 幼儿分享、示范 小结：这个兔宝宝一直连续往前跳，中间没有停，所以他跳得快，萝卜也拔得多 5. 带领幼儿一起学习双脚连续向前跳 师：我们一起来学一学他是怎么做的		中大	5
	二、游戏：小兔子送萝卜 1. 介绍游戏规则 师：现在我们要把拔来的萝卜送到仓库里，我们每人拿上一个萝卜，从这条线出发，跳到对面的仓库，把萝卜放进去，然后再跳回来继续，看看哪个兔宝宝送得又多又快 2. 幼儿游戏，教师巡回指导，鼓励幼儿双脚向前行进跳 师：中间不能停哦 3. 根据幼儿身体状况，再进行游戏1—2次		大	5
结束部分（放松）	一、小结活动，体验完成任务的成就感 小结：今天小兔宝们拔了那么多萝卜，真能干，给自己鼓鼓掌吧 二、带领幼儿做放松活动，重点放松腿部，一起捶捶腿、踢踢腿、捏捏腿 师：我们一起跟着好听的音乐放松一下辛苦的小腿吧		小	2

（二）中班活动内容

科学活动"大树妈妈的新衣"

● 活动目标

1. 知道秋季树木的变化，天气冷了，树木需要保暖。
2. 了解多种为大树保暖的方法，并尝试运用合适方法为大树保暖。
3. 爱护树木，有保护树木的意识。

● 前期经验

幼儿知道冬天是寒冷的，霜降过后冬天就快到了。天气越来越冷，幼儿需要穿厚一些的衣服来保暖。通过散步、户外运动，幼儿发现幼儿园的植物也有变化，大树上的叶子变黄或者脱落，他们想知道大树怎样过冬，是否也需要像小朋友那样保暖。

完成《保护大树妈妈》的调查表，初步了解保护大树的方法。

● 活动准备

调查表，裹树布，塑料薄膜，涂白剂，护目镜，护衣，手套，保护大树图片两张。

● 活动重点

观察了解秋天树的变化，知道几种为大树保暖的方法。

● 活动难点

了解保护树木的方法，运用合适方法为大树保暖。

● 活动过程

1. 谈话引出话题，观察树木。

师：小朋友，你知道现在是什么节气吗？你感到天气有什么变化吗？大树有什么变化？

师：现在是秋天的最后一个节气霜降，天气越来越冷，树木会冷吗？

树木准备好过冬天了吗？请小朋友们去摸一摸大树,树干摸起来怎么样？

请幼儿自主观察,并讲述自己的发现。

师:大树摸起来粗糙的、干干的、裂开的。到了冬天,寒冷的风会吹进大树里,我们要保护它们。那我们要如何保护大树呢？

2. 出示调查表,幼儿讨论大树保暖的方法并总结记录。

（1）幼儿分享调查表。

师:小朋友们找到了哪些保护大树的方法呢？拿着你们的调查表跟大家分享一下吧！（幼儿相互分享,师幼分享）

（2）师幼共同总结大树保暖的方法。

总结:小朋友们找到很多保护大树的方法,常见的是使用涂白和包裹的方法为大树穿上新衣服,保护冬天的大树。

师:为什么涂白可以保护大树？涂白需要什么材料,我们应该怎么做呢？

总结:冬季昼夜温差大,给树干涂抹涂白剂,可以避免水分流失而导致植株的树皮干裂,同时也能防止害虫钻入树皮产卵冬眠。使用涂白剂,一层一层刷在树干上。

师:包裹法可以怎么保护大树？需要什么材料,应该怎么做呢？

总结:用裹树布或者塑料薄膜包裹住树干,可以防风防冻,使植株健康生长。一层一层裹在大树上,不要留缝隙。

3. 幼儿自由分组合作,选择合适的材料,给大树穿新衣。

（1）分组讨论,使用小组想要的材料给大树穿新衣。（材料放在每棵树下,每组幼儿自由选择想要用的材料）

（2）幼儿用自己的方式给大树穿新衣。

师:这组小朋友给大树穿上了什么新衣服？裹得/涂得怎么样？没有涂到/裹到会怎么样？那应该怎么做？

（3）幼儿再次修补大树的新衣。

第二章　以幼儿园活动为主体的节气课程资源开发案例

社会活动"我知道的霜降"

● **活动目标**

1. 了解霜降的含义,知道霜降是秋季最后一个节气。

2. 小组间合作讨论"我知道的霜降",并用绘画的方式记录。

3. 在集体中大胆分享自己的想法,具有自信的表现。

● **前期经验**

幼儿通过小班一年关于节气课程的学习,对二十四节气有了初步的了解,但是对某一节气具体的物候特征、风俗还不是特别清楚,因而对节气还有着浓厚的兴趣。同时,步入中班以后,幼儿开始初步尝试合作,但在合作中还是会出现一些沟通交流的问题,比如争抢等,这需要教师的进一步引导和帮助。

事先了解一些关于霜降节气的物候、农事及风俗。

● **活动准备**

霜的图片,大卡纸、勾线笔若干。

● **活动重点**

小组能围绕"我知道的霜降"进行讨论。

● **活动难点**

知道如何进行小组合作,并用绘画的方式记录。

● **活动过程**

1. 了解霜降的含义。

(1) 出示霜的图片。

师:你们知道这是什么吗?什么节气里会出现霜呢?

(2) 教师简单介绍霜降节气。

总结:霜降是秋季最后一个节气,过了霜降,冬天就要来了,这时的天气更冷了,水气就凝结成了霜。

2. 讨论"我知道的霜降"并记录。

(1) 教师引导幼儿回忆事先了解的一些霜降节气中的物候、农事及风俗。

师:你们知道霜降节气里有哪些物候、农事及风俗吗?

(2) 小组间合作讨论,并用绘画的方式记录下来。

幼儿讨论:每组只有一张大卡纸和一支笔,由谁来记录呢?

总结:你们可以请一名小组内擅长画画、能快速记录的人,也可以选择用轮流记录的方式进行。

师:请你们小组讨论一下,并用绘画的方式在"我知道的霜降"里记录下来。

(3) 教师巡回观察指导。

观察指导幼儿小组内的合作讨论情况及绘画情况。

3. 分享"我知道的霜降"。

(1) 分享自己小组内记录的"我知道的霜降"。

鼓励幼儿对照自己小组内记录的"我知道的霜降",大胆地在集体面前进行分享。

(2) 教师对幼儿记录的内容进行总结。

赏红叶:霜降来临,枫树、柿子树等树叶的颜色由绿变红,如霞似锦,此节气期间正是观赏红叶的最佳时期。

收获:北方大部分地区已在秋收扫尾,南方却是大忙季节,单季杂交稻、晚稻正在收割。

翻地:霜降时节也是翻耕土地的时候,因为秸秆、根茬上潜藏着越冬虫卵,在这个时候翻耕土地,可以毁坏地下蛰虫或虫卵,使来年地里的庄稼免受虫害之苦。

植物保护:冻害使植物体内的液体冻结成冰,植物组织遭受破坏。

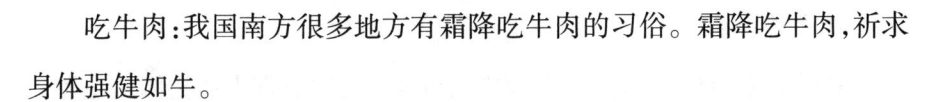

第二章 以幼儿园活动为主体的节气课程资源开发案例

吃牛肉：我国南方很多地方有霜降吃牛肉的习俗。霜降吃牛肉，祈求身体强健如牛。

吃鸭子：霜降要喝老鸭汤。鸭肉性凉，是秋季进补的优良食品。

吃柿子：我国有些地方，霜降时节要吃红柿子。俗话说"吃了柿，不流涕"，认为这样做不仅可以御寒保暖，还能滋补身体。

赏菊：霜降时节，正是菊花盛开之际，此时会举行菊花会，以表达对菊花的喜爱和崇敬。

数学活动"柿子在哪里"（空间关系）

● **活动目标**

1. 观察柿子与物体之间的位置，初步理解上下、前后、里外、中间等方位的位置关系。

2. 根据卡片的提示，能正确摆放柿子的位置，用正确的语言描述和表征。

3. 乐意与同伴交流操作结果，感知空间位置的关系。

● **前期经验**

散步时，幼儿发现柿子树上结的柿子，指着最顶端的柿子说，那个柿子在上面，指着下面的柿子说：这个柿子在下面。幼儿能讲出上面和下面，但是不能用语言正确地表述物体与物体的上下关系。"上下关系"需要幼儿以客体为参照描述"柿子在桌子的下面或者柿子在桌子的上面"。

● **活动准备**

柿子一个，盒子若干，柿子头饰，不同的卡片（注：示例卡片，柿子在盒子的外面，每张卡片都是不同的物品在不同的方位）若干，记录单。

● **活动重点**

初步理解柿子与物体之间上下、前后、里外、中间的位置关系。

● **活动难点**

根据卡片的提示,能正确摆放柿子的位置,用语言表述物体的位置。

● **活动过程**

1. 猜柿子谜语,引起幼儿兴趣。

师:树上挂着小灯笼,绿色帽子盖住头。身圆底方甜爽口,秋天一到满身红。小朋友们,这是什么呀?(柿子)

2. 结合柿子和盒子实物念儿歌,引导幼儿使用前后、里外方位词。

师:刚刚柿子宝宝和它的好朋友在做什么事情?(躲猫猫)柿子宝宝都躲在哪里了呢?

幼儿大胆表述上下、前后、里外、中间的方位词。

3. 柿子宝宝与老师玩躲猫猫。

(1)介绍游戏规则。

师:小朋友们真厉害,柿子宝宝要玩躲猫猫,看看藏在了老师的哪里。(配班老师带柿子头饰以主班老师为中心,玩游戏)

(2)幼儿两两一组自由玩卡片游戏,并记录。

师:小朋友们刚刚回答得真棒,老师这里有一些卡片,不同的卡片上的柿子宝宝藏的位置不同,你们可以找找吗?(小朋友们两两在一起试着玩一玩游戏,一人拿卡片,一人记录)

(3)分享游戏。

师:小朋友们拿着记录单和卡片与大家一同分享分享吧!

附:自编儿歌

老师手里有啥呢,小小筐子和柿子。

它们俩是好朋友,说要一起躲猫猫。

藏在后面找不到,藏在前面能看见。

藏在里面找不到,藏在外面看得清。

第二章 以幼儿园活动为主体的节气课程资源开发案例

小朋友们帮帮我,看看我藏哪里好。

体育活动"接柿子"(自抛自接球)

● **活动目标**

1. 学习自抛自接球的手势方法,知道抛接游戏的动作要领。
2. 能较灵活地自抛自接球,发展抛接动作和手眼协调性。
3. 遵守规则,体验与同伴玩接柿子游戏的快乐。

● **前期经验**

柿子是霜降时节最明显的物候特征之一。幼儿园也种植了柿子树,幼儿通过观察柿子的生长、成熟,再参与柿子的采摘、柿饼的制作,对柿子有了一定的了解。球是幼儿比较喜欢的一个玩具,平时幼儿一般是往下拍进行游戏,对于往上自抛自接球还存在一些困难,可以一起尝试解决这个问题。

● **活动准备**

人手一个球。

● **活动重点**

掌握自抛自接球的手势方法。

● **活动难点**

能够尝试灵活地自抛自接球,在抛接过程中进行拍手。

表 2-27 体育活动"接柿子"流程

活动过程		场地布置图	负荷	时间/分钟
开始部分(热身)	热身准备 1. 跑步入场,启动热身 2. 专项热身:专项热身活动有手部滚球、绕手腕、绕手臂	★	中大	3

续表

活动过程	场地布置图	负荷	时间/分钟
基本部分	一、导入游戏 师：小熊妈妈果园里的柿子成熟了，柿子从树上掉下来，小熊要接柿子，你们看我们手里的球是不是要先抛上去才能再接住它 二、自由活动 幼儿每人拿一个球，在活动场地上自由活动 三、自由探索 师：小熊比你们厉害，它在柿子落下的时候拍了一下手，你们可以吗？ 小结：抛接时（双脚开立，竖直向上抛，眼睛看球，双手摊开，抛得高才能在球落下时有机会拍手），下面老师吹一下哨子，你们抛球、拍手 1.这里有两根绳子，小朋友们要把球抛得高过绳子并接住才算挑战成功 （1）幼儿自由尝试，分散玩 （2）师：老师在你们抛接的过程中发现有小朋友抛得高过了绳子并且接得很准，我们请这位小朋友给大家演示 2.幼儿、教师示范（双脚开立，双手托球，向上抛，眼睛看目标）	★ ▭	中	6
	四、游戏"接柿子" 1.教师示范 2.自由玩，幼儿两两结对 3.幼儿演示2—3组 4.开始游戏，明确游戏规则（互抛互接，柿子不能掉，掉了就算失败）	★ ▭	大	7

196

第二章 以幼儿园活动为主体的节气课程资源开发案例

续表

活动过程		场地布置图	负荷	时间/分钟
结束部分（放松）	放松整理 1. 活动总结 　师：谢谢你们今天帮忙接住了这么多柿子 　教师对敢于接受挑战、勇于创新的个别幼儿点名表扬 2. 放松活动 　听音乐放松身体，用球按摩腿	（圆点分布图）	小中	3

美术活动"柿子"（写生）

● **活动目标**

1. 观察柿子的外形特征，了解静物写生的方法。
2. 初步尝试按静物摆放构图，表现柿子的造型。
3. 体验静物写生的乐趣，进一步感受生活中事物的美。

● **前期经验**

幼儿在生活中是十分熟悉柿子的，在幼儿园和家庭的各种活动中都见过、吃过柿子。在班级美工区，幼儿有过画单一水果的经验，但对组合造型的静物写生是完全没有经验的。

● **活动准备**

柿子（每组两个），勾线笔，油画棒，水彩笔，纸。

● **活动重点**

了解静物写生的方法。

● **活动难点**

尝试按静物摆放构图，表现柿子的造型。

● **活动过程**

1. 游戏导入,感受构图。

幼儿与同伴玩"造型我最帅"游戏。每两个幼儿为一组,摆一个最帅的造型,其他幼儿当小观众。

师:你最喜欢哪组造型?他们怎么摆的?

小结:原来每一组小朋友的造型都不一样,有的蹲着,有的站着,还有的合作摆爱心。有的两个小朋友是并排的,有的是一个在前面,一个在后面。

2. 出示柿子,观察柿子的外形特征。

师:老师今天还带来了两个柿子,柿子是什么样的?

小结:柿子还未成熟时,是绿色的,很硬,成熟时就变成橘色,很软。柿子的上面还有几片果托,呈绿色。

3. 了解静物写生的方法,并初步尝试摆放构图。

师:谁愿意来给两个柿子摆一个好看的造型呢?每一个小组推选一个小朋友来摆一摆。

师:你看到的柿子组合是什么样子的?有哪些是被挡住的?什么地方看到得最多?

小结:我们所处的位置不同,看到的柿子也是不一样的。今天我们知道了一种新的绘画方法——静物写生,每个小组先把柿子的造型摆好,你看到的柿子是什么样子的,就画什么样子的。先画柿子的轮廓,再涂上颜色。

4. 创作与表现。

(1)教师对初次尝试静物写生有困难的幼儿给予指导。

(2)能力强的幼儿可以表现更多的细节,如光的强度、颜色的深浅等。

5. 作品欣赏、评价。

师幼讨论:你最喜欢哪一幅作品？它的布局是什么样的？

● 活动延伸

小结:在霜降节气里,幼儿园、班级花草都有不一样的形态和造型,下次,我们可以用今天学习的美术创作方式对幼儿园里的动植物写生,这也是一次非常好的体验。

音乐活动"赏秋菊"（打击乐）

● 活动目标

1. 熟悉沙锤、双响筒的演奏方式,能够初步看指挥演奏。
2. 学习辨别不同的节奏,并用拍手、跺脚表现出来。
3. 初步养成爱护打击乐器并与同伴配合的习惯。

● 前期经验

幼儿进入中班后第一次进行打击乐活动,幼儿在小班时初步使用过简单的打击乐器,在班级表演区里使用过沙锤、双响筒等乐器,有初步的打击乐演奏经验。

● 活动准备

菊花图片,配套音频,节奏型图谱,沙锤、双响筒若干。

● 活动重点

熟悉乐器的演奏方式。

● 活动难点

学习辨别不同的节奏,能够初步看指挥演奏。

● 活动过程

1. 谈话导入,激发兴趣。

师:花园里的菊花都开了。我们一起去看一看吧！

2. 感知音乐节奏,尝试用身体动作感知节奏型。

(1) 幼儿欣赏音乐,初步感知音乐的旋律和节奏。

师:谁来说一说,你听到音乐被分成了几段?有重复的部分吗?(引导幼儿从旋律、节奏、音调上说一说)

(2) 出示相应节奏型图谱,引导幼儿尝试用身体动作拍出节奏。

① 出示 A 段节奏型图谱,幼儿尝试用拍手表现出×× ×-|×× ×-|×× ×-|×-|。

② 出示 B 段节奏型图谱,幼儿尝试用跺脚表现出×× ××|×× ××|× × |× -|。

(3) 集体完整练习,看图谱拍出节奏。

(4) 分声部练习,一半幼儿拍手、一半幼儿跺脚,引导幼儿尝试看指挥。

3. 加入配器,完整演奏。

(1) 出示配器,幼儿讨论其用法。

师:小朋友们真能干,小乐器们也想加入进来,我们一起看看都有谁来啦!(幼儿复习并感知沙锤和双响筒的使用方法)

(2) 讨论 A、B 段分别使用什么乐器。

师:我们帮它分个工,拍手可以用什么乐器来表示?跺脚呢?为什么?

(3) 尝试用乐器演奏。

师:小朋友们,让我们一起听着好听的音乐去花园里赏秋菊吧!

(4) 交换乐器演奏。

语言活动"当枫叶红的时候"(散文)

● 活动目标

1. 欣赏散文的内容,知道霜降节气枫叶会变得火红。

2. 尝试仿编语句："红得像什么。"

3. 喜欢朗诵散文,感受散文中秋日红枫的意境美。

● **前期经验**

提前组织家长带幼儿去有大片红色枫叶的地方郊游,如栖霞山。在栖霞红枫节开幕后,幼儿园组织秋游活动。幼儿欣赏过漫山遍野的火红枫叶。

● **活动准备**

绘本《一片美丽的红枫叶》内容图片,散文《当枫叶红的时候》,与散文内容对应的图标、音乐。

● **活动重点**

根据图片、音乐感受散文中枫叶的美。

● **活动难点**

根据句式"红得像什么"进行仿编。

● **活动过程**

1. 出示枫叶图片,引出散文。

师:小朋友们,你们看,这是什么？你们印象中的枫叶是什么样子的？

师:今天老师带来一篇好听的散文《当枫叶红的时候》,我们一起来听听散文中的枫叶是什么样子的。

2. 朗诵散文,理解散文内容。

（1）教师完整朗诵散文。

师:散文中的枫叶是什么颜色？那你知道枫叶什么时候变红吗？

总结:在霜降节气时,枫叶会变成红色,栖霞山的枫叶特别漂亮。

（2）教师配乐朗诵散文。

师:这篇散文给你们什么样的感觉？那我们配上优美的音乐,再来感受一下。

（3）就散文内容提问，根据幼儿回答出示图标。

师：散文里都说了些什么？

（4）师幼共同观看图片，再次朗诵散文。

师：你们最喜欢散文中的哪一句？你们喜欢秋天吗？为什么？秋天里什么最好看？

3. 幼儿尝试仿编。

师：老师最喜欢"红得像火焰，红得像彩霞，红得像夕阳"。那你们觉得枫叶红了，红得还像什么，谁来说一说？

（1）幼儿根据自己的经验仿编。

（2）个别幼儿交流自己仿编的散文。

（三）大班活动内容

社会活动"栖霞红枫美"

● **活动目标**

1. 了解栖霞山的特色建筑，知道栖霞山常见的几种枫叶。

2. 能与同伴合作绘制栖霞山宣传册，并能用连贯的语言大胆介绍栖霞山的特色。

3. 为自己是栖霞人骄傲，喜欢自己的生活环境。

● **前期经验**

生活在栖霞区，班上幼儿几乎都在秋天去过栖霞山，欣赏过栖霞山红枫之美，没去的幼儿也通过一些途径对栖霞红枫有所了解。除了栖霞山，幼儿对周围的人文、自然景观都是有一定了解的，这些都源于他们平时的生活经验。而且，大班幼儿也有一定的表达能力，可以请他们介绍自己知道的栖霞美景，让他们学会表达，学会倾听。

第二章　以幼儿园活动为主体的节气课程资源开发案例

● **活动准备**

栖霞山红枫视频,栖霞山风景PPT。

● **活动重点**

了解栖霞山红枫叶的特点。

● **活动难点**

能大胆讲述栖霞山之美和标志性建筑。

● **活动过程**

1. 情境导入。

师:今天老师收到了一个快递,你们收过快递吗？快递上贴着一张白色的单子,你们知道是什么吗？

总结:白色的单子叫作快递单,上面有快递的信息,我们一起来看看老师的快递单上有什么信息。

2. 了解南京市各行政区的含义。

（1）理解城市。

师:这是我的收件地址,你们认识吗？南京市是什么意思？

总结:南京市是我们生活的城市。

（2）理解行政区。

师:栖霞区是什么意思？

总结:南京很大很大,又分成了很多不同的区,我们所在的区叫作栖霞区。

师:小朋友们,看看南京市的地图,哪里是栖霞区呢？

总结:黄色的部分是栖霞区,除此之外还有很多区,离我们比较近的有六合区、鼓楼区、玄武区等。

（3）讨论寄件地址。

师:那这个快递到底是从哪寄来的呢？我们一起来看一看寄件地址,

你们有什么发现？

总结：这个快递是从南京市栖霞区栖霞山寄来的，跟我们在同一个区。

师：栖霞山是哪里？小朋友们去过吗？

总结：栖霞山是我们栖霞区里一个漂亮的风景名胜。

（4）师幼共同打开快递。

师幼讨论：快递里是一面小旗子，你们见过吗？谁会用这样的旗子？为什么栖霞山要寄导游旗给我们呢？栖霞山想让我们来做导游，带大家去栖霞山参观游览，你们想不想去？

3. 播放PPT，了解栖霞山。

师：我们一起出发，来到了栖霞山的大门，让我们一起走进去。

（1）明镜湖。

师：我们来到了第一站——明镜湖，你们看到了什么？让我们再走进看一看，明镜湖的水里有什么？（鱼和鸭子）明镜湖的风景怎么样？

（2）栖霞古镇。

师：我们继续出发，来到第二站——栖霞古镇。这个古镇是新开发的，里面有很多好吃的好玩的，我们一起看看吧！

（3）枫叶。

师：栖霞山还有一种植物特别有名，每到这个季节就会变得特别好看，你们看看是什么。

总结：栖霞山的枫叶特别有名，有许多不同的品种，有枫香、红枫、鸡爪槭等。到了秋季，满山的枫树叶子都红了，就像一团团燃烧的火焰。

4. 播放视频，感受栖霞山的风景，激发幼儿自豪之情。

师：刚刚导游带大家游览了栖霞山，你们想不想完整地欣赏一下栖霞山的风景？让我们一起来看个视频。

师：看完视频，你们有什么感觉？作为栖霞人，在栖霞区有一个这么

美丽的地方,你们有什么样的感觉?(自豪,骄傲)

5. 回顾对栖霞山的了解,合作绘画宣传册。

(1)第一次自由讨论,对栖霞山印象最深刻的是什么?

师:刚刚我们一起游览了栖霞山,你最喜欢哪个景点?跟旁边的小朋友讨论一下。

师幼讨论:如果想要让更多的人知道栖霞山,向别人宣传栖霞山,除了通过导游介绍的方式,还能通过什么方式呢?(画画、写信)

总结:小朋友们可以分组合作,共同制作一本栖霞山的宣传册,画好后用圆环穿在一起,让更多人了解栖霞山吧!

(2)幼儿介绍宣传册。

师幼:小朋友们的宣传册都画好了,怎么向别人介绍?

结束:我们拿着宣传册去幼儿园里向更多的人介绍吧!

科学活动"奇妙的根"

● **活动目标**

1. 初步感知直根、须根、块根的基本特征,了解植物的根可以吸收水分和营养。

2. 能用自己的方式表达对根的认识,并能按根的特征进行分类。

3. 喜欢探究根的特点,知道根对生活的用途,感受根的神奇。

● **前期经验**

幼儿认识生活中常见的农作物,但是秋天的农作物种类很多,根的形态也都不一样。幼儿通过观察水培植物对植物的根产生了好奇,但是他们不了解根的用途,对根的种类也不清楚。

幼儿前期在班级持续开展水培大蒜的活动,观察其变化,并用自己方式记录在观察记录本上,教师用视频和图片进行记录。

● **活动准备**

各种根的图片;贴有三种根标志的筐若干;实物:连根的葱、大蒜、青菜、芹菜、菠菜、香菜、苋菜、红薯、山药等;关于根的视频。

● **活动重点**

感知直根、须根、块根的基本特征,用自己的方式表达对根的认识。

● **活动难点**

能按根的特征进行分类,知道根的用途。

● **活动过程**

1. 了解根的吸收。

出示植物角水培的大蒜,幼儿观察根。

师:小朋友们,这是我们在植物角水培的大蒜,你们有没有发现它们有什么变化?你们觉得是为什么?

总结:大蒜的根部在经过长时间的水泡后,便会长出须根,这样就可以汲取更多的水分和养分,也就是说植物是通过根部吸收水分和养分的。

师:你们还知道哪些植物有根?

总结:大部分植物都有根。

2. 认识不同形状的根。

(1) 幼儿仔细观察水培大蒜长出来的须根的形态特征。

师:请小朋友们仔细观察一下,大蒜长出来的根是什么样的呀?

总结:白白的一根一根的,细细长长的,像老爷爷的胡须,我们就把这种根叫须根。

师:那所有的根都是须根吗?还有哪些农作物的根和大蒜的根是一样的?

第二章　以幼儿园活动为主体的节气课程资源开发案例

（2）出示葱和菠菜,幼儿观察两种根的不同之处。

师:霜降节气到了,很多农作物都成熟了,瞧,这是什么? 请小朋友们观察一下它们的根,哪个是须根? 哪个是直根? 葱的根是什么样的? 菠菜的根是什么样的? （主根粗,侧根细）

总结:葱是须根,菠菜是直根,菠菜中间的主根是直直的,比较粗,周围的侧根比较细,像这种直直的根叫作直根。

（3）师幼共同总结根的外形特征及不同根的区别。

总结:直根和须根的区别就在于直根有主根和侧根,而须根没有主根和侧根,须根就像人的胡须一样。

（4）教师出示红薯、山药。

师:那这些又是什么? 你吃过吗? 你觉得我们吃的红薯和山药是果实还是根呢? （播放视频）

总结:我们吃的是红薯和山药的根,叫作块根。原来根的形状不一样,名称也不一样,像胡须一样的根叫须根,直直的根叫直根,一大块的根叫块根。

3. 引导幼儿按根的特征进行分类。

师:还有一些农作物的根找不到自己的家了,现在请你们来帮帮忙,把这些农作物的根送回它们自己的家。（出示根的图片）

幼儿将农作物的根送回家(贴有根标志的筐),集体验证。

4. 根的作用以及食用价值。

师:桌上这些农作物的根在我们的生活中还有什么用途呢? 哪些可以食用?

总结:胡萝卜的直根可以吃,葱的须根可以煮汤喝,具有促进消化等作用。

出示各种中药的根。

师:你们知道这些根是干什么用的吗?

总结:是中药,可以用来治病。

5. 师幼共同总结。

师:今天我们知道了根的形状不一样,名称也不一样,它们能吸收水分和营养,可以食用、可以治病、可以雕刻成艺术品供人们欣赏。我们幼儿园里种了许多的树木和花草,小朋友们平时能不能去摇小树、踩花草?要是根断了,它们很可能就不能活了。现在我们去给它们浇浇水,让它们快快长大吧!

语言活动"一片美丽的红枫叶"(故事)

● 活动目标

1. 理解并欣赏作品,知道故事中青蛙先生的愿望。
2. 能根据故事的发展大胆猜测故事情节,并能完整地表达。
3. 喜欢欣赏童话故事,并体验人与人之间相互关爱的美好感受。

● 前期经验

幼儿有欣赏枫树的经验,熟悉枫叶的形状特征。有借形想象的经验,能根据某个物体的形状进行想象并用语言进行描述。

● 活动准备

PPT课件(内容为故事《一片美丽的红枫叶》),红枫叶,配乐音频,水彩笔。

● 活动重点

理解并欣赏作品,知道故事中青蛙先生的愿望。

● 活动难点

根据故事的发展,大胆猜测并讲述故事情节。

第二章 以幼儿园活动为主体的节气课程资源开发案例

● 活动过程

1. 谈话导入,引起幼儿兴趣。

(1) 出示枫叶。

师:这是什么?(枫叶)在哪里见过?霜降节气为什么枫叶会变红?

师:这么漂亮的红枫叶有一个美丽的故事,让我们一起来听一听吧!

2. 讲述故事第一部分,幼儿理解故事内容。

(1) 教师讲述故事第一部分,讲述前提问,引导幼儿仔细聆听故事内容。

师:故事里都有谁?故事里发生了什么?

(2) 播放PPT,分段理解故事内容。

① 欣赏第一段。

师:青蛙先生有一本心爱的书,书里的每一个童话,都像什么?谁能学故事里用好听的话来说一说?青蛙先生可喜欢读这本书了,让我们继续往下看。

② 欣赏第二段。

师:青蛙先生想要一样什么东西?为什么要书签?他的愿望会实现吗?

③ 欣赏第三段。

师:他在散步的时候,发现什么东西做书签很合适?红枫叶有五个细小的"手指",像什么?

④ 欣赏第四段。

师:青蛙先生捡起红枫叶了吗?他捡起了为什么又放下了?你们觉得把红枫叶拿走好,还是留给小蜥蜴继续睡觉好?为什么?拿走了小蜥蜴会怎样?

3. 讲述故事第二部分,引导幼儿猜测和续编故事情节。

师:青蛙先生回到家里,可后来他为什么又回到池塘边?他想干什么?

师:小蜥蜴怎么回答他的?为什么小蜥蜴要惋惜地说?惋惜是什么意思?

师:青蛙先生会怎么想?他会怪小蜥蜴吗?

师:青蛙先生还能得到他想要的红枫叶书签吗?

4. 讲述故事第三部分,让幼儿了解完整的故事内容。

师:谁在敲门呀?我们一起来看看。红枫叶怎么走来的?

师:现在你们明白红枫叶是怎么来的了吧?小蜥蜴为什么要送青蛙先生红枫叶?青蛙先生会怎么想,又会怎么说?(教师带领幼儿一起说一说青蛙先生讲的话"谢谢你——红枫叶!谢谢你——好心的小蜥蜴!")

5. 启发幼儿围绕故事的主要线索和核心内容,尝试给故事取名字。

师:听了红枫叶的故事后,你们能给这个故事取一个好听的名字吗?请你和旁边的好朋友商量商量。

6. 完整地欣赏PPT,组织幼儿讨论,分享相互关爱的情绪体验。

师:这个故事中,你喜欢谁?为什么?

总结:青蛙先生和小蜥蜴他们既关心别人,又得到了别人的关心,成了一对好朋友。我们在平日也要关心别人,关爱家人、朋友和身边所有的人,这样才能得到更多的关爱。

体育活动"捡栗子"(立定跳远)

● **活动目标**

1. 学习立定跳远,掌握双脚同时起跳和轻巧落地的动作要领。

2. 通过自由探索敢于挑战跳不同宽度的垫子,弹跳有力、动作协调。

3. 能克服困难,勇于接受挑战,体验跳跃成功的乐趣。

● **前期经验**

随着节气课程的持续开展,大班幼儿已经对霜降节气的物候特征了

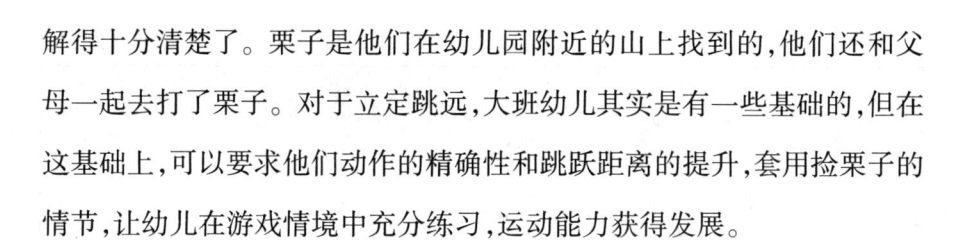

第二章 以幼儿园活动为主体的节气课程资源开发案例

解得十分清楚了。栗子是他们在幼儿园附近的山上找到的,他们还和父母一起去打了栗子。对于立定跳远,大班幼儿其实是有一些基础的,但在这基础上,可以要求他们动作的精确性和跳跃距离的提升,套用捡栗子的情节,让幼儿在游戏情境中充分练习,运动能力获得发展。

● **活动准备**

背景音乐,栗子若干,箭头标记,纸板若干,垫子若干。

● **活动重点**

掌握双脚同时起跳和轻巧落地的跳跃方法。

● **活动难点**

通过游戏,幼儿立定跳远距离不少于70厘米。

表 2-28 体育活动"捡栗子"流程

	活动过程	场地布置图	负荷	时间/分钟
开始部分（热身）	一、热身循环跑 幼儿集体跑步进场 二、热身操 师：小朋友们,让我们一起跟随音乐做一做运动吧（头部—上肢—腰—腿—膝盖—手腕脚腕—下肢专项）	●●●● ●●●● ●●●●	大	3—5
基本部分	一、自由探索不同跳跃方法 师：霜降节气到,栗子都成熟了,从栗子树上掉在了地上,农民伯伯想请小朋友们帮忙捡栗子,你们愿意吗？可是昨天下了一场大雨,把路冲出了一条水沟,怎样才能穿过水沟而不让脚碰到水呢？ 师：老师给你们准备了一些纸板,你们可以将纸板拼接起来,然后站在纸板的一边跳向另一边,看看你最多能跳过几块纸板（幼儿自由尝试）	●●●● ●●●● ●●●●	中	5

211

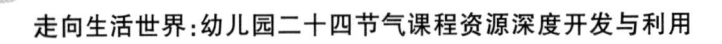

续表

活动过程	场地布置图	负荷	时间/分钟
基本部分	二、交流并总结立定跳远的动作 师：请小朋友试一试，你是怎么跳的（幼儿展示） 师：刚才老师发现很多小朋友都是用双脚同时起跳的方法过水沟，可是有的小朋友跳得远，有的小朋友跳不远，我们来看看跳得远的小朋友是怎样跳的（幼儿示范） 总结：老师将这种方法分为三个动作，第一个是预备动作，第二个是起跳动作，第三个是落地动作。请小朋友们仔细观察（教师示范） 预备：双手向上伸，双脚开立与肩同宽，双腿弯曲，双臂自然前后摆动，上身稍向前倾 起跳：两腿蹬直，双臂向前上摆，两脚迅速蹬地，使身体向前到跳出 落地：落地后屈腿全蹲（腿弯曲，用力摆，往前跳，落地蹲） 师：这叫作立定跳远，小朋友们学会了吗？在你们面前有一条线，请你们站在线的后面，听我口令，我们一起慢动作试一试吧（教师边讲解动作要领，边带领幼儿慢动作练习一次）		中大	5
	三、幼儿自由挑战立定跳远距离 师：现在请小朋友们再拿一些纸板试一试，看看用了立定跳远的方法，你们能跳过几块纸板？ 师：你们最远跳过了几块纸板？不过刚才我发现有两个小朋友不小心碰到了水，让我们一起来帮助他们一下吧（纠正姿势，正确示范）		中	5

续表

活动过程	场地布置图	负荷	时间/分钟
基本部分 四、游戏:捡栗子 师:小朋友们真勇敢,现在农民伯伯要请你们去帮忙啦!让我们看看果园在哪里 要求:捡栗子可不容易,去往果园的路一共有三条。第一条路简单一些,用我们的新本领立定跳远的方式通过三块纸板拼成的水沟,爬过草地,就可以捡到栗子;第二条路,跳过更宽的水沟,爬过草地即可到达;第三条路最困难,跳过最宽的水沟,爬过草地可到达。每次成功后捡一个栗子。你想挑战哪条路呢?请选择好,站到粗横线后方,听哨声出发 幼儿游戏三次		大	5—8
结束部分 教师总结,幼儿听音乐进行身体放松活动 师:哇,小朋友们帮农民伯伯捡了这么多栗子,实在太感谢你们了!让我们跟着音乐放松一下吧(散步调整呼吸—上肢—腰腹—下肢)		小	3

数学活动"认识'+''-''='符号"

● **活动目标**

1. 认识"+""-""="符号,理解加减法的意义。

2. 学习用加减法记录图片所表示的含义。

3. 体验数学符号的含义,感受数学活动的有用和有趣。

● **前期经验**

大班幼儿已有初步的数的概念,通过玩球碰球的游戏,体验总数与部分数之间的等量关系。但是幼儿并不了解符号在算式中的应用。认识算式中的符号,了解其意义,可以帮助幼儿理解生活中简单事物的数量关系。

● **活动准备**

森林情境图,小鸟图片,花坛情境图,蝴蝶图片,兔子图片,操作单。

● **活动重点**

认识"+""-""="符号,理解加减法的意义。

● **活动难点**

学习用加减法记录图片所表示的含义。

● **活动过程**

1. 以"碰球"游戏导入,复习5以内的组成。

师:今天我们来玩"碰球"游戏,数字3,我的1球碰几球?

2. 看图认识"+""-""="符号。

(1) 认识加号"+"。

出示森林情境图:图上有2只鸟,又飞来1只鸟,这幅图上有3只鸟。

师:谁来说一说这幅图中的内容?发生了什么?小鸟是变多了,还是变少了?那合起来变多了,用什么符号表示呢?

总结:我们一起看一看,这个就是"+",可以表示合起来,加起来。

师:请"+"来帮帮我们!谁来根据这幅图摆一摆算式?

总结:树上有2只鸟用"2"表示,又来了1只鸟用"1"表示,合起来是3只,所以"2+1=3"。原来合起来,数量变多了用"+"。

(2) 认识减号"-"。

出示花坛情境图:图上有5只蝴蝶,飞走了3只,这幅图上还剩下2只蝴蝶。

师:这幅图上有什么?发生了什么?蝴蝶是变多了,还是变少了?用什么符号表示呢?

师:请"-"来帮帮我们！谁来根据这幅图摆一摆算式？

总结:花坛里有5只蝴蝶用"5"表示,飞走了3只蝴蝶用"3"表示,还剩下2只,所以"5-3=2"。原来数量减少了用"-"。

(3) 认识"="号。

师:"="号在算式里是什么意思？

总结:算式左边跟算式右边数量是一样的。

出示"+""-""=",师幼共同总结。

总结:数量增加了用加号,数量减少了用减号,最后得出的答案要用等于号,因为左边和右边数量相等。

3. 看图学习符号的运用。

(1) 出示森林情境图:图上有3只鸟,飞走了1只,还有2只,引导幼儿说出图意并摆一摆算式。

师:这幅图上发生了什么？谁来根据这幅图摆一摆算式？你为什么这样摆？

(2) 出示森林情境图:图上有5只兔子,跑走了3只,还有2只,引导幼儿说出图意并摆一摆算式。

师:这幅图上发生了什么？谁来根据这幅图摆一摆算式？你为什么这样摆？

4. 幼儿操作与集体验证。

(1) 介绍三种不同的游戏。

一星:连一连。

二星:根据图片和加减符号写算式。

三星:根据图片写算式。

教师介绍要求,幼儿操作。

师:每个小组都有不同的操作单,小朋友们选择自己感兴趣的进行操作,再跟同伴相互检查一下是否正确。(教师适当介入)还有一组比较难,只有雪花片,小朋友们可以自己摆一摆雪花片并列等式。

5. 师幼共同验证。

总结:数量变多了,我们可以用加号表示;数量变少了,可以用减号表示;左右数量相等,可以用等号表示。

美术活动"芙蓉花"(晕染)

● 活动目标

1. 欣赏芙蓉花图片,了解芙蓉花颜色、外形特点。

2. 学习用毛笔晕染颜料的方式为芙蓉花涂上渐变色。

3. 在活动中欣赏国画的美,感受中国传统文化的魅力。

● 前期经验

幼儿有画简单国画的经验,对国画的作画工具有基本的了解,知道如何抓握毛笔,知道在彩墨蘸取太饱满时要舔笔。芙蓉花不是生活中常见的花,幼儿的实物经验较少。但芙蓉花是国画作品中常见的花,适合幼儿初次尝试晕染作画。

● 活动准备

芙蓉花图片,生宣纸,毛笔,勾线毛笔,彩墨(玫红、粉红、墨绿、黑),颜料盘,勾好边的芙蓉花,抹布。

● 活动重点

了解芙蓉花颜色、外形特点。

● 活动难点

学习用毛笔晕染颜料的方式为芙蓉花涂上渐变色。

● 活动过程

1. 图片导入,欣赏芙蓉花。

展示芙蓉花图片,欣赏芙蓉花的姿态外形。

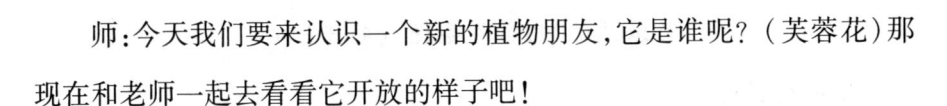

第二章 以幼儿园活动为主体的节气课程资源开发案例

师:今天我们要来认识一个新的植物朋友,它是谁呢?(芙蓉花)那现在和老师一起去看看它开放的样子吧!

师:你看到的芙蓉花是什么样子的呢?芙蓉花的花瓣有什么特点?都是同一种颜色吗?

小结:芙蓉花最初开放时是白色或淡红色,逐渐变成深红色。花蕊是黄色的,叶子的边缘有钝圆锯齿,树叶是三个棱角的绿树叶。

2. 介绍国画材料,回忆材料用法。

师:今天我们要用国画的方式画一画美丽的芙蓉花,要用到哪些材料呢?怎么用呢?请小朋友们来说一说。

3. 讨论渐变的芙蓉花画法。

(1) 讨论渐变的画法。

师:芙蓉花的花瓣从中间往外是淡红到深红渐变的,那要怎么用毛笔画出渐变色的效果呢?请幼儿分组尝试。(引导幼儿思考怎么一笔画出渐变色)

小结:先在毛笔上蘸浅色,然后在笔尖上蘸深色,一笔画到宣纸上,自然表现出深浅不一的颜色。

(2) 讨论叶片、叶脉、花蕊和花茎的画法。(勾线毛笔的用处)

4. 幼儿绘画,教师巡回观察。

(1) 简单介绍绘画中的注意事项:换色前洗笔、用抹布擦手、毛笔头要在颜料盘边缘刮一刮(舔笔)等。

(2) 注意个别指导,提供适当的帮助。

5. 交流与分享。

展示幼儿的作品,幼儿相互欣赏并讨论。

师:哪一幅作品的渐变色比较恰当?为什么?还可以怎么调整?

音乐活动"拔根芦柴花"（打击乐）

● 活动目标

1. 熟悉乐曲旋律，参照"身体动作总谱"，学习用打击乐演奏乐曲。

2. 尝试大胆根据节奏型进行乐器的配器，并创造性地改变指挥方法，丰富演奏效果。

3. 能有意识地体会打击乐器的演奏效果，感知霜降"芦花满天飞"的节气特点。

● 前期经验

幼儿有演奏打击乐的经验，能熟练使用各类打击乐器，并有配器的经验。幼儿知道秋天是丰收的季节，各种农作物都成熟了。

● 活动准备

音频，各类乐器，图谱。

● 活动重点

尝试选择合适的配器随乐合拍地进行演奏。

● 活动难点

创造性地改变指挥方法，丰富演奏效果。

● 活动过程

1. 出示图谱。

师：秋天的池塘里真热闹，小螃蟹们开起了音乐会，它们表演吹泡泡。吹——泡泡，吹——泡泡。看，河蚌来了，小螺蛳来了，小鱼来了，小鱼也吹起了泡泡，水草也跟着舞动起来，我们也一起跳起来吧！

2. 欣赏音乐，感受音乐表达的情绪。

幼儿边听音乐，边看教师所指的图谱。

师：你觉得它们的音乐会怎么样？

第二章　以幼儿园活动为主体的节气课程资源开发案例

3. 感受音乐节奏,创编身体动作总谱。

总结:让我们也来跟着音乐一起拍拍手吧!小动物们希望你们能够创编出合适的身体动作来配合它们的音乐会,我们来试一试吧!

4. 指导幼儿分声部练习身体动作总谱。

在总体模仿动作熟练的基础上,教师用模仿动作指挥幼儿分声部做动作。

师:接下来要请小朋友们分组演唱,并且要做出相应的动作哦。

5. 教师指挥幼儿分声部做动作。

师:相信小朋友们对于动作都已经掌握了,那接下来就是要看我的指挥,我指到哪部分小朋友,那你们就要做出相应的身体动作。

6. 探索用打击乐器配乐。

师:小螃蟹、小鱼都吹起了泡泡,小乐器们也要来为它们伴奏。你们知道用什么方法伴奏吗?

总结:接下来要请个别小朋友演示一下各类乐器的演奏方法,大家仔细听,根据音色和音量的不同看看哪些乐器适合这次演奏。

(1) 教师出示图谱,选出幼儿创编的其中三种乐器的使用方法,引导幼儿说出用哪种乐器怎样使用比较合适。教师根据幼儿讲述贴上相应小图片。

(2) 幼儿看图谱和教师指挥进行配器演奏2—3遍。

(3) 教师引导幼儿改变配器使用方法,按新的方案看指挥演奏。

师:小朋友们想一想,试着交换配器的使用方法,看看会不会有不一样的效果。

(4) 注意倾听,提出力度要求。

总结:让我们来根据指挥演奏一次吧,注意和你旁边的小朋友要配合默契哦!

（四）节气特色体验活动

1. 活动目的

"秋风萧瑟天气凉,草木摇落露为霜。"霜降是秋天的最后一个节气,这个节气有赏菊、吃柿、登高等风俗。霜降意味着天气渐冷,初霜出现,也意味着冬天即将开始。在秋天的最后一个节气里,带着幼儿抓住秋天的小尾巴,赴一场秋日的美食与创作之旅吧!

2. 活动对象

全园幼儿、教职工。

3. 材料准备

（1）记录单、笔、盐、各种各样的树叶；

（2）柿子、绳子、削皮刀、记录单；

（3）板栗、开口器、烤箱、蜂蜜、玉米油、锡纸；

（4）锅、雪梨、冰糖。

4. 活动过程

（1）树叶上霜。

准备:记录单、笔、盐、各种各样的树叶。

流程:① 在日常生活中寻找霜,将霜出现的时间和地点记录下来。通过记录、查阅资料等方式了解霜的形成,观察霜的特征,并收集、准备材料,进行霜的形成科学小实验。② 幼儿收集各种各样的树叶,用盐代替霜进行树叶装饰,并用绘画的方式对作品进行添画等。

（2）晾晒柿子。

准备:柿子、绳子、削皮刀、记录单。

流程:① 幼儿通过查阅资料等方法了解晾晒柿子的具体方法和步骤,并将步骤画出来,方便后期操作。② 幼儿根据步骤图将柿子清洗干净、去皮,同伴合作给柿子系上绳子,挂在阳光处晾晒。③ 幼儿每日观察记录晾晒的柿子,直到晾晒成功变成柿饼。

第二章 以幼儿园活动为主体的节气课程资源开发案例

（3）舌尖上的霜降。

① 烤板栗：知道霜降美食烤板栗，了解烤板栗的制作步骤，师幼共同合作完成制作并品尝。

准备：板栗、开口器、烤箱、蜂蜜、玉米油、锡纸。

流程：将板栗用水清洗干净，晾干水分；用开口器给每个板栗开口；开好口后将板栗放入盆里，拌上玉米油；将烤盘铺上锡纸后，平铺一层板栗在烤盘里，开始烤；中途给板栗刷上一层蜂蜜，继续烤，直至烤好。

② 冰糖雪梨：知道霜降吃梨的好处，了解冰糖雪梨的制作步骤，师幼共同合作完成制作，并将做好后的冰糖雪梨送给门卫、食堂工作人员等，体验分享的快乐。

准备：锅、雪梨、冰糖。

流程：将雪梨去皮去核，切块备用；锅中放入 1000 毫升水，烧至快开时放入冰糖，小火加热至冰糖溶解。然后放入切好的梨块；大火煮开后，改小火熬煮 15 分钟左右即可。冰糖雪梨放凉后食用，口味更佳。

（4）霜降之总结。

霜降活动结束后，幼儿之间互相讨论在活动中最感兴趣、印象最深刻的事情，利用节气日记记录下霜降节气中自己体验到的活动内容。

图 2-13

图 2-14

图 2-15　　　　　　　　　　　　　图 2-16

（五）科学小实验

1. 活动目的

霜降是秋天的最后一个节气,是秋天到冬天的过渡。露水凝结成霜,霜是什么呢？为了满足幼儿的好奇心,我们提供各种材料和工具,让幼儿自主探索并记录自己的发现。

2. 小班篇：寻找霜

（1）材料准备：记录表（见表2-29）全班一份。

表 2-29　"寻找霜"记录表

日期	是否找到霜
___年___月___日	
___年___月___日	
___年___月___日	
___年___月___日	
___年___月___日	

（2）活动过程：早上来园后教师带领幼儿到幼儿园的各个角落，观察草地、泥土等地方是否有霜的存在。班级使用一份记录表，在记录表上写上观察的日期。如果今天找到霜，就在相应的单元格里画"√"，没有找到则画"×"。

3. 中、大班篇：神奇的霜花

（1）材料准备：碗若干、冰块、食用盐、红糖、酱油、记录表（见表2-30）等。

表2-30 "神奇的霜花"记录表

操作材料	我的发现

（2）活动过程：把冰块倒进不同的碗里，再分别倒入适量的食用盐、红糖、酱油等，静置等待1分钟。观察各个碗的外面是否有一层白白的霜。如果有，就在相应的表格里画"√"，没有则画"×"；如果你有不一样的发现，就画在表格里吧。

三、霜降节气课程资源开发与反思

好"柿"成霜——追儿童表征,探课程资源

(一)案例背景

　　霜降节气到,幼儿园里秋的气息越发浓厚,在一次寻找霜降的户外活动中,孩子们在幼儿园里发现了柿子树、枫叶树和菊花……每发现一个变化孩子们都无比的兴奋。我也当即决定选取一个课程资源展开深度的探索,但究竟选择哪个资源呢?什么样的资源更符合孩子们的经验与需要呢?如何多元多样地利用资源呢?这三个问题引发了我的思考,于是我抱着这三个问题,深度探寻了孩子们与资源的故事。

(二)案例描述

1. 与柿子撞个满怀——为什么选这种资源

　　究竟选择什么样的资源,在孩子们第一次与霜降的相遇中我一度陷入纠结中,一开始我思考了两条路线,第一条路线三种资源三选一,纵向探索。第二条路线三种资源都开展探索,横向铺开。但究竟应该怎么办?最终我决定将选择的机会交给孩子们。于是,儿童议会来啦。

　　这一天,孩子们像往常开展议会时一样,将活动室里的桌子排成了方形,不仅如此,桌上还放着许多时令的食物,这都是孩子们在议会前和爸爸妈妈一起收集的。于是,在轻松的吃吃喝喝氛围中,我们的儿童议会拉开了帷幕。

　　这次议会,我从三个问题展开,并将孩子们与我的对话全程用录音软件记录了下来,然后进行了整理,一一分析孩子们的有趣故事(见表2-31),当家俊小朋友说:"我最喜欢吃柿子了,回家我和爸爸妈妈说想吃柿子,但他们跟我说没熟,可我不信,我就自己拿了一个柿子咬了一口,我嘴巴都麻了。"孩子们都笑了起来,似乎对家俊的故事很感兴趣,不仅如此,还有小朋友很快给予了回答——生柿子不能吃的。那么,什么是生

第二章 以幼儿园活动为主体的节气课程资源开发案例

柿子？什么是熟柿子？孩子们似乎有说不完的话题，孩子们的兴趣达到了顶峰，但为了了解所有孩子的想法，我们还是和孩子们进行了投票，最终柿子以 23 票居"我最想研究的东西"首位，而菊花和枫叶则各占据了 3 票和 8 票。根据孩子们的议会问答来看，现阶段孩子们和柿子资源的互动更加生动具体，柿子可开展的活动维度也很多元，看来，柿子是逃不掉的课程资源喽！

表 2-31 探索路线讨论表

教师问题	幼儿回答	分析
霜降节气幼儿园里有哪些变化	1. 菊花真好看 2. 我好像看到了柿子，好像是绿色的，柿子树很高 3. 枫叶有的是红色的，有的是绿色。还有小洞洞	1. 对菊花的了解不够全面，观察不够细致，可以再开展菊花展的活动 2. 柿子树很高——采摘困难；绿色的柿子——生柿子 3. 可以进一步观察枫叶的颜色变化，并做好记录，除此之外可以和园林师傅请教养护枫树的方法
你和我们发现的几个东西有没有发生什么有趣的故事	1. 我捡了一片菊花的花瓣夹在图书角的书里，现在找不到了 2. 我吃了一个生柿子，嘴巴都麻了，说不出来话了 3. 每片枫叶的洞洞不一样，印出来的画也不一样	1. 可以将菊花花瓣投放到班级区角中，作为自然材料的一种，追随幼儿兴趣制作菊花书签，并延伸新的活动，例如，花瓣比长短或排序、创意美工等 2. 如何判断生、熟柿子？生柿子如何变熟？这都是值得探寻的问题 3. 同"1"，收集相关的自然材料
那你最想研究柿子的什么方面	1. 柿子怎么吃，我只知道可以剥皮直接吃 2. 生的柿子都是硬的吗？我不要再吃生柿子啦 3. 幼儿园的柿子挂在很高的树上，但我很想吃	1. 柿子美食 2. 生熟柿子对比、催熟实验 3. 摘柿子活动

2. 与柿子的互动之旅——如何深度利用这种资源

那么，柿子究竟可以怎么用呢？能开展哪些活动呢？家俊的趣事让晶晶立刻回复道:"生柿子不能吃!"那么,究竟什么是生柿子呢?跟随着孩子们的表征,一场和柿子的初探寻开始啦!

晶晶:生柿子是硬硬的。

教师:所有的生柿子都是硬的吗?

晶晶:对呀,都是硬的。

莉莉:不对不对,我吃过一个甜甜的硬柿子,可好吃啦,和家俊说的不一样,一点不麻。

那到底生、熟柿子有什么样的区别呢?看来,光聊天没有用,还得亲手验证一番。可是,柿子从哪里来呢?孩子们将主意打到了幼儿园的柿子树上。

子豪:柿子树可高了,没有那么好摘。

高高的柿子树,要想摘到看来要动动脑筋,孩子们在你一言我一语中,探寻着摘柿子的方法……

晶晶:我们可以找来梯子,把梯子架在树上。

卷卷:我们也可以用户外玩的梯架玩具,把它搭在柿子树下面。

子初:可以站在滑梯上面,它离柿子树比较近。

浩浩:不要忘记带篓子和剪刀,摘柿子要用到很多工具的,就和我们上次摘枇杷一样。

每一个方法看起来似乎都可行,还有小朋友想到了上次摘枇杷的经验,不仅要爬到树上还要准备好装、摘柿子的工具。孩子们很快分成了三组,尝试用不同的方法去摘柿子,幼儿园的小院子里顿时热闹了起来,伴随着一阵哼哧哈哧声,陆续传来了孩子们兴奋的跺脚声和欢呼声,孩子们都成功啦!不过,他们也发现了每种方法的缺点和优点。站在滑梯上最方便,但是只能摘到一些离滑梯近的柿子;梯架玩具虽然可以更换地方,但是也要注意下面很大的一块地面要是平的,不然就没办法架起来;梯子很方便,但是爬上去的时候会有点抖,爬上去还是有点害怕的,所以下面一定要有一个人保护自己。看来,下一次摘果实,孩子们会根据果实的方位,选择最合适的方法。

那我们幼儿园的柿子是生的还是熟的呢?小朋友们派出柿子品鉴师家俊,家俊不负众望地轻轻咬了一口,立刻喊出来:"生的生的,麻的!"在家俊的"权威"认证下,孩子们发现生柿子不仅硬,而且颜色也不一样,是绿色的或者有的地方有点绿。切开来后,生柿子果皮、果核、果肉都能看得清清楚楚,果肉也是硬硬的,这都是没有熟透的表现。而莉莉说的柿子,孩子们也在家园共育中到水果店里一探究竟——脆柿虽然是硬的,但它的颜色和熟柿子一样,都是橙色的,吃起来甜甜的。

那么,生柿子怎么变成熟柿子呢?柿子要多久才能吃呢?孩子们又开始了小实验。根据家园调查问卷,孩子们找到了五种方法,分别是大米催熟、苹果催熟、热水催熟、密封催熟、刺牙签催熟,但哪种方法最快最有效呢?依旧是实践出真知,孩子们又再次分组,展开实验,每组选择一种催熟方法,并进行记录,比比看哪一组的柿子熟得最快最均匀,最终在第四天的时候,苹果催熟法组的柿子成熟啦,孩子们迫不及待地品尝了起来。

卷卷:熟柿子可太好吃了,甜甜的。

木子:自己催熟的柿子真好吃啊!

看来小朋友们不仅体验了科学实验的乐趣,也体验了品尝劳动成果的喜悦,柿子的甜不仅甜在嘴巴里,更甜在小朋友们的心里。但是,柿子除了能直接吃,还能制作什么美食呢?悠悠立刻说:"柿饼!我在幼儿园里看到大班哥哥姐姐们晒过。"看来,环境影响对于孩子们来说是潜移默化的,不经意的一瞥,也能在孩子们的心里留下不可磨灭的印记。那么,柿饼究竟怎么做呢?孩子们和我一起到绘本和网络上找起了答案,还一起观看了我们幼儿园的节气小栈栏目,从视频中找寻制作柿饼的方法,根据视频制作了柿饼制作流程图,随着流程图,孩子们一起展开了柿饼的制

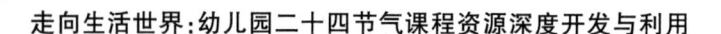

作之旅,削皮、清洗、晾晒……每天都兴致勃勃地观察柿饼的样子,坚持晴天晒、阴天收,但是在孩子们的期待中,柿饼上却出现了绿绿的绒毛……

子初:天啦,柿饼上毛毛的……

卷卷:柿子生病了吧!

木子:啊? 这是什么病啊? 坏掉了吧?

柿饼到底怎么了,我和孩子们一起在书中找到了答案,原来柿饼上的绿毛是霉菌,产生了霉菌柿饼就坏了,就不能再吃了。可是为什么会失败呢? 明明我们制作柿饼的每一步都严格按照流程来制作的呀。这时,恰逢幼儿园与商洛地区的幼儿园开展网络连线教研活动,商洛柿饼可是全国一等一的特色美食,由此我也特意向商洛幼儿园的老师们取经,在这个过程中,孩子们和我也找寻到柿饼制作的第二种方法——吊晒,不仅如此我们也发现了第一次失败的可能原因——由于我们采用平晒的方法制作柿饼,虽然阴天收晴天晒,但是由于柿饼下方紧紧贴着簸子,空气不流通,才导致了霉菌的产生,而吊晒的方法则能有效地解决这一问题。于是,第二次尝试开始了……

这次孩子们分成了两组展开实践,一组依旧使用平晒的方法,但增添了新的道具——长竹筷,用长竹筷垫在柿子的底端,保证空气流通;另一组采用吊晒的方法进行晾晒。为了防止潮湿,孩子们还走访了幼儿园各个地方,寻找幼儿园里"最温暖的地方",最终选定每天在天台晾晒我们的柿饼。终于,在孩子们一天接着一天的观察中,我们第二次柿饼制作成功了! 亲手制作的柿饼,看起来有点黑黑的,不过尝起来可好吃了! 这就是亲手制作带来的快乐吧!

(三) 案例反思

1. 课程资源的开发要源于孩子的生活,并最终走向孩子的生活

首先,节气课程资源的开发与利用要关注"三实"原则,分别是实地、实物和实景,这就要求课程资源要让孩子们唾手可得,且最好是真实的、

第二章 以幼儿园活动为主体的节气课程资源开发案例

来源于大自然大社会之中的,而非教师通过多种途径强行带入到活动中的课程资源。案例中的柿子是孩子们在寻找霜降时在幼儿园里找到的资源,孩子们在活动中可以随时取用、随时开展各类课程活动,不仅如此,柿子也是孩子家中常常会出现的水果,更是霜降节气的典型物候代表,因此非常适合中班的孩子进行探索。因此,在此次资源的开发利用中,教师也一直关注孩子们在生活中的经验,并充分调动孩子们的生活经验,让孩子们在聊一聊的互动探寻中,从真实问题(生、熟柿子对比)出发,最终解决生活问题(柿子催熟)。

其次,要了解孩子的生活环境和背景,我们需要认真观察和研究孩子在日常生活中所面临的问题、遇到的挑战以及他们的兴趣爱好。通过与孩子的互动和倾听他们的声音,我们可以更好地理解他们的需求和期望。本案例中的儿童议会就是很好的倾听孩子声音的方法,同时教师也在这过程中真正成为孩子学习与讨论的合作者与引导者,即使教育机智不够成熟,教师也可以通过录音后期"复盘",更好地抓住孩子的兴趣与需要。

再次,我们要根据孩子的生活情境来设计课程资源。我们可以选择与孩子相关的主题、场景和故事,将课程内容贴近他们的生活实际。这可以包括家庭、学校、社区等不同领域的学习内容,以便让孩子能够将所学知识和技能应用到实际情境中。本案例中,孩子的学习途径与场域没有限制,网络、绘本、幼儿园、家庭等,都充分地运用了起来。

最后,我们需要不断反馈和改进课程资源。通过与孩子、教育者和家长的沟通交流,收集他们的意见和建议,以便对课程资源进行优化和更新。这样才能确保课程资源始终保持与孩子生活相契合的状态,并能够持续满足他们的需求和期待。

2. 课程资源的运用要关注孩子的体验与思考,并最终形成新的经验

首先,课程资源运用的首位就是以儿童为中心,创造积极、互动和富有挑战性的学习环境,以激发他们的好奇心、创造力和批判性思维。在活动中,要始终明确孩子是活动的主体,要关注孩子在活动中的积极主动性。例如,案例中教师对孩子问答的深度剖析,都是在帮助教师厘清课程线索的来源、走向等,都是以儿童为中心的。

其次,我们应该为孩子提供丰富多样的学习体验。这可以通过教学活动、游戏、实验、实地考察等形式来实现。通过有趣的学习过程,孩子能够积极参与探索和实践,从而增加他们对学习的兴趣和投入度。也就是说,要想课程资源得到深度开发,孩子学习与活动的途径也要多元化,要关注集体活动、小组活动、个别活动的有效链接,要关注孩子一日生活的课程价值。例如,案例中有大量的分组活动,还有一些日常活动,各种形式的活动让孩子对柿子这一课程资源有了更多的互动机会和更大的兴趣。

再次,我们应该鼓励孩子进行思考和思辨。提出开放性问题、引导他们猜想、推理和提出解决问题的方法,培养他们的逻辑思维能力和批判性思维能力。同时,还可以组织小组讨论、角色扮演、合作学习等活动,鼓励孩子相互交流和分享想法,从中获得不同的观点和思维方式。

最后,我们需要关注孩子在学习过程中的反馈和总结。提供及时的反馈和指导,帮助他们认识到自己的进步和不足之处。此外,鼓励他们将学到的知识和技能应用到实际生活中,从而形成新的经验和获得新的体验。本案例中当孩子遇到问题,教师都没有急于给他们一个"标准答案",而是让孩子在探寻、讨论中分析问题、自主尝试、形成答案,比如两次柿饼晾晒,发现问题的是孩子,想到解决办法的也是孩子,最后实践的组织者依旧是孩子,孩子在此过程中与资源深度互动,最终获得了新经验。

第四节　冬——以冬至节气为例

一、冬至节气课程资源开发设计方案

（一）设计意图

冬至，俗称"冬节""长至节""亚岁"等，是二十四节气中极其重要的一个，同时也是我国的一个传统节日。冬至是一年中白天最短、夜晚最长的一天。古时候，漂泊外地的人到了这个时节都要回家过冬节，因此有了"年终有所归宿"这一说法。

在本主题中，小班的孩子们在节气观察活动中体会季节的变化，在节气体验活动中体验冬至节气文化习俗，品尝饺子等节气特色美食，在文化活动中萌发对传统文化的兴趣。中班的孩子们通过观察身边冬至时节的自然现象，深入地了解冬至的特点。孩子们与老师一起，通过选择用喜欢的图案制作九九消寒图计算时间和天气变化；与同伴们一起包饺子，在寒冷的冬天里，共同感受节气带来的温暖和欢乐。大班以冬至的文化习俗为主题，开展多种多样的活动，孩子们在亲身体验中，了解冬至的风俗以及饮食文化，感受冬至的气候变化和自然现象，充分体验不同的冬至乐趣。

（二）活动目标

1. 小班

（1）能将观察到的身边冬至时节的变化及了解到的节气意义、习俗，用简单的语言与同伴交流分享；能在教师的帮助下，口齿清楚地说儿歌。

（2）知道冬至是全年中白天最短、夜晚最长的一天；通过多种感官、游戏，激发探究动物过冬的兴趣，知道有些动物在冬天需要冬眠，了解冬至时蚯蚓蜷缩着身体在泥土里冬眠，初步体验大自然的神奇；学习5以内物体数量与物体之间的一一对应关系，尝试给小动物分饺子。

（3）知道冬至开始天气慢慢变冷，了解取暖的基本方法；能根据信号指令，快速找到奔跑方向，并在奔跑中能注意避让同伴保护自己。

（4）学习用跳跃的唱法歌唱，愉快地表现歌曲情感；会用多种方式向家人送上节日温暖，共同分享快乐；能用撕、贴、捏多种方式，大胆想象进行创作。

（5）知道我国是一个有丰富文化传统的国家，了解并能够简单地说出冬至的传统习俗，在动手操作中感受传统节气的热闹氛围。

2. 中班

（1）能学习快速起跑的方法，遵守游戏规则完成体育游戏，并乐于参与体育活动，不怕严寒和困难。

（2）能根据图片说出数九歌的内容，知道冬至是数九的开始，对冬至有所了解，感受数九歌所蕴含的智慧，初步萌发民族自豪感。

（3）知道冬至是我国非常重要的一个传统节日，愿意参与冬至的民俗文化活动；了解各地冬至的美食及其寓意，感受冬至的文化底蕴，对各地的冬至美食感兴趣。

（4）知道冬天的气候特征和保暖方法，通过比较发现各种取暖用具的不同特点；能用目测的方法比较高矮，并用语言"×比×高，×比×矮"表述比较的结果。

（5）尝试用布艺缝制、绘画、黏土造型等不同方式制作冬至美食，体验动手操作的乐趣；感知乐曲三拍子优美、柔和的特点以及明显的节奏变化，随乐创编动作。

3. 大班

（1）尝试灵敏地快跑，掌握助跑距离大于1米，感知一只脚用力蹬

第二章　以幼儿园活动为主体的节气课程资源开发案例

地,同时身体重心向前移带后腿跨过小河,单脚落地保持平衡的方法;练习助跑跨跳的基本动作,增强腿部肌肉的力量,能勇敢地参与体育活动,遵守游戏规则,活动中注意安全。

（2）收集有关冬至的传说、民俗,通过收集资料,真正理解"冬至大如年"的含义;了解冬至时在不同地区有不同的风俗以及饮食文化;认真倾听儿歌内容,能根据儿歌内容大胆说出不同习俗代表的寓意;根据绘本内容,大胆表达冬至时家家户户过冬至的情景和自己关于传统文化的想法,萌发民族自豪感。

（3）知道冬至在每年公历12月21日—23日的某天,了解冬至到来时的一些基本特征;通过观察,运用各种感官了解冬至到来时的一些自然现象,并进行持续性记录;知道过冬至的习俗,了解冬至各种习俗的由来;加深对祖国历史的认识,感受古代人民的智慧;在活动中感受冬至的喜庆氛围。

（4）知道冬至到来时的气候变化,以及会发生的自然现象;知道一些气象变化与动物习性变化之间的关系;对动物习性变化有好奇心,愿意探究天气奥秘,萌发热爱科学的情感;理解10以内单双数的含义,知道两个两个地数,正好数完的是双数,数完后还剩下一个的是单数;能进行10以内单双数的相互转换,发展思维的可逆性和灵活性。

（5）通过观察、讨论、归纳,初步感受九瓣梅花的外形特征和色彩的丰富;在"点"的基础学习"点转"的技能,尝试运用"点转"法画九瓣梅花;感受"九九消寒图"的实用价值,理解"数九"的含义;能较好地唱出附点音符中的节奏;学唱歌曲,按歌词内容"一九二九""不出手"创编动作,进行歌表演,喜欢歌表演,体验与同伴共同表演的乐趣。

（三）资源开发

表 2-32　冬至节气课程资源开发

资源	类别	现实生活世界	传统节气要素
自然资源	动物	蚯蚓	麋鹿
	植物	山茶花、水仙花	长寿花、红梅
	气候	昼短夜长	进入寒冷时节
社会资源	美食	饺子、馄饨	豆腐、鸡汤
	文学	绘本：《冬至节》《红豆粥婆婆》	
	社区或家长	找蚯蚓、九九消寒图	
已生成的活动资源	包饺子：和馅、包饺子、煮饺子、品尝 九九消寒图：了解消寒图的意义，每日记录、折纸梅花 蚯蚓：找蚯蚓、阅读绘本、观察记录蚯蚓		

（四）活动设计

表 2-33　冬至节气活动设计

活动类型	年龄班	活动名称
集体活动	小班	科学活动"最长的黑夜"
		社会活动"认识冬至"
		数学活动"分饺子"（一一对应）
		语言活动"冬至"（儿歌）
		美术活动"娃娃的棉衣"（撕贴）
		音乐活动"宝宝不怕冷"（歌唱）
		体育活动"给小动物送水饺"（指定方向跑）
	中班	社会活动"冬至美食"
		美术活动"好吃的饺子"（布艺）
		语言活动"数九歌"（儿歌）
		科学活动"各种各样的取暖工具"
		数学活动"比一比"（比高矮）

续表

活动类型	年龄班	活动名称
集体活动	中班	音乐活动"快乐的小雪花"(韵律)
		体育活动"运汤圆"(急停)
	大班	科学活动"蚯蚓结"
		美术活动"梅花朵朵开"(水墨)
		语言活动"中国记忆,传统节日"(绘本阅读)
		数学活动"梅花朵朵"(单数、双数)
		社会活动"冬至知多少"
		音乐活动"数九歌"(歌唱)
		体育活动"麋鹿跳"(助跑跨跳)
节气特色体验活动	全园	冬日市集
科学小实验	小班	九九消寒图
	中班	太阳公公上班啦
	大班	

(五)区域活动

1. 小班

表 2-34 冬至节气小班区域活动

区域	可能引发的活动	材料准备	观察与指导要点
建构区	冬天里的房子、冬天的景色	积木、树枝、树叶等低结构材料	能大胆地运用低结构材料搭建冬天房屋的场景
语言区	和同伴讲述小动物过冬的故事	提供一些动物过冬的图片及有关描绘冬天特征的图书	能用简单的语言和同伴描述图片上的内容

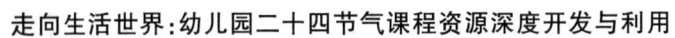

续表

区域	可能引发的活动	材料准备	观察与指导要点
美工区	1. 画雪花 2. 包饺子	1. 提供棉签、白色颜料、棕色颜料、蓝色卡纸 2. 提供各色黏土和塑料刀等辅助材料	1. 引导幼儿用棉签画冬天的树和雪花，表现冬天的景色 2. 学会用揉圆、压片、包裹等方法制作饺子
科学认知区	1. 动物拼图 2. 分饺子	提供一些关于冬眠小动物的拼图。小兔子一家图片、大小不同的碗和饺子图片等	1. 能按照动物的外形特征进行拼图活动 2. 能根据大小不一样的对应关系为小动物分饺子
生活区	1. 冬天的服饰 2. 冬至的一些美食（用黏土自制）	帽子、手套、围巾	1. 能在生活区尝试正确地佩戴帽子、手套、围巾等 2. 在生活区可以制作冬至美食加入游戏中
角色区	1. 娃娃家：添冬衣 2. 小舞台：音乐表演	1. 给"娃娃"提供冬天的服饰 2. 提供《雪绒花》《小雪花》等三拍子音乐	1. 引导幼儿为"娃娃"和各种动物更换冬天的衣服 2. 引导幼儿跟随音乐进行《雪绒花》《小雪花》等三拍子歌曲的表演
自然角	观察冬天动植物的生活习性及特点	水仙花、小乌龟等	1. 提供水仙花，供幼儿欣赏及了解其特征 2. 观察小乌龟，知道小乌龟冬至时节在冬眠

2. 中班

表 2-35 冬至节气中班区域活动

区域	可能引发的活动	材料准备	观察与指导要点
语言区	1. 绘本阅读 2. 科普图书阅读	1. 冬至有关的绘本：《冬至节》《红豆粥婆婆》 2. 冬至有关的动植物或与地质（泉水涌动）有关的科普图书	引导幼儿和同伴分享关于冬至的故事

第二章 以幼儿园活动为主体的节气课程资源开发案例

续表

区域	可能引发的活动	材料准备	观察与指导要点
美工区	1. 手工：冬至美食 2. 绘画：我眼中的冬至 3. 纸杯麋鹿（三候）	各色黏土、水彩笔、油画棒、颜料、纸杯、彩纸、胶棒	1. 制作冬至美食，感受传统文化 2. 画"我眼中的冬至"，感受冬至节气的到来 3. 能用剪、切、画的技能表现麋鹿
生活区	制作冬至美食	冬至美食的食材（饺子皮、面粉）	亲自动手制作和品尝冬至美食
角色区	1. 小吃店：冬至美食 2. 娃娃家：给娃娃保暖	1. 冬至特色小吃 2. 小围巾、小帽子、小手套	1. 品尝冬至美食 2. 知道冬季如何保暖
建构区	搭建：温暖的房子	提供基本块、二倍块、四倍块、大小半圆形块、三角块等积木，房子图片	引导幼儿观察房子图片，了解房子的布局和主要设施，让幼儿选择合适的积木与同伴共同搭建房子，并根据布局，能在合适的位置，综合运用架空、对称等建构技能表现出房子的不同设施
科学认知区	1. 观察蚯蚓 2. 美丽的霜花 3. 水中小人 4. 纸牌翻翻乐 5. 数卡对应	1. 不同形态的蚯蚓标本、放大镜、记录表 2. 放大镜 3. 白板笔、记号笔等各类笔、盘子、水 4. 麋鹿、蚯蚓或与冬至相关的事物图片 5. 数卡	1. 用放大镜观察不同形态的蚯蚓，在记录表上绘出蚯蚓的样子并和同伴说说自己的发现 2. 用放大镜仔细观察霜花的形态，并尝试画一画 3. 用笔在盘子上绘画小人，然后往盘子里倒入水，观察比较小人在水中的变化 4. 幼儿面对面依次翻牌，如翻到一样的图片，幼儿将一样的图片拿走 5. 将麋鹿图片与数字卡片对应起来

3. 大班

表 2-26　冬至节气大班区域活动

区域	可能引发的活动	材料准备	观察与指导要点
语言区	1. 散文欣赏"你猜我是什么花" 2. 故事分享"小熊过冬" 3. 绘本阅读"这就是二十四节气——小寒"	1. 配套图片、音频 2. 配套挂图、纸、笔 3. 绘本	1. 能根据提供的图片完整地复述散文内容 2. 尝试与同伴合作表演故事 3. 能与同伴合作阅读绘本,感知小寒节气的特点
建构区	1. 拼插小雪花 2. 搭建雪屋	1. 基本块、二倍块、大小半圆形块、三角块、小雪花片 2. 积木、自然辅助物,冬天标志性图片(雪花、火炉)、动物图片等	1. 尝试用多种建构材料表现出立体造型的雪花 2. 主动探索辅助材料的结构特性,能对其进行比较、分类、观察和尝试,运用多种辅助材料装饰雪屋,注意平衡、对称及规律
美工区	1. 剪雪花 2. 雪山风景 3. 编中国结 4. 编制手绳 5. 腊肉	1. 剪刀、正方形白纸、雪花剪纸步骤图 2. 油画棒、水彩颜料、毛笔 3. 中国结步骤图,编织绳 4. 手绳编织图,编织绳 5. 黏土	1. 能根据剪纸的步骤图,先折纸,再画出雪花轮廓,最后剪出雪花图案 2. 探索油水分离技巧,感知油水分离画的奇妙 3. 初步尝试看步骤图编出较简单的中国结 4. 尝试用三股绳编织手链 5. 初步尝试采用将两种颜色黏土揉拉的方式制作五花肉
生活区	1. 糍粑 2. 编织	1. 糯米 2. 纺织绳、竹编条	1. 自制糍粑,了解糍粑的制作方法,知道吃糍粑是南方的习俗 2. 制作手套,编织竹篓,了解人们在农闲时会做一些简单的手工活动,如竹编、纺织等

续表

区域	可能引发的活动	材料准备	观察与指导要点
科学认知区	1. 雪的形成 2. 有趣的降落伞 3. 看图编题 4. 小松鼠找粮食	1. 雪的形成步骤图或者绘本 2. 降落伞图片、大小不同的塑料袋若干，小木夹子 3. 情境图片 4. 操作板	1. 了解雪是雨水的固体形态，并能在同伴之间大胆讲述 2. 探究发现降落伞下降速度与伞面大小的关系 3. 巩固看图编题，能用简明的语言表述应用题中事物的数量关系 4. 在线路图的指示下，用画箭头的方式确定物体方位
角色区	1. 小舞台 2. 美食城 3. 小医院 4. 娃娃家	1. 打击乐器、纱巾、音乐《雪绒花》 2. 白色黏土 3. 各种药盒、体温计、听诊器等 4. 围巾、手套、棉衣等	1. 手拿纱巾随音乐边唱边表演 2. 根据自己的经验，制作雪花点心 3. "小医生"要提醒"病人"多喝热水、注意保暖等 4. 给"宝宝"穿棉衣，出门要戴围巾手套等
自然角	1. 观赏类：水仙花、一品红、三角梅、杜鹃花、米兰花 2. 种植类：芹菜、韭菜、小香葱、大蒜、早春丝瓜、菠菜、生菜 3. 饲养类：乌龟	1. 喷壶、各种类型的花 2. 种植工具、种子、容器、土壤、幼儿自制观察记录表 3. 沙	1. 乐于观赏各类花，培养初步的探索意识 2. 持续观察大蒜、菠菜的生长变化 3. 将观察情况记录在观察记录中 4. 观察乌龟冬眠时的状态并进行记录

（六）日常渗透

1. 晨间谈话

与幼儿交谈冬至相关的话题，如今天冷不冷？家里有没有包饺子？吃的汤圆是什么馅料的呢？冬至还有什么好吃的？冬至我们可以做什么

呢？我们应该怎样过冬至？

2. 体育锻炼

钻爬跳大循环、跳袋、套圈、走梅花桩、抛接器等。

3. 体育游戏：小乌龟运球

玩法：幼儿分为两小组比赛，每个小组6—7人；每组依次进行运球，每次只允许一名幼儿运送一个。在规定时间内运送数量最多的小组获胜。可挑选一名幼儿当裁判清点每组运送的数量；如中途球掉落则运送失败，由下一名幼儿继续游戏。

4. 过渡环节

通过《数九歌》，对数九产生初步的认识。

5. 生活活动

根据天气情况及时增添衣物，注意保暖；冬至节气渐冷，要坚持户外体育锻炼；室内常通风，避免细菌繁殖。

6. 餐前准备

绘本《饺子和汤圆》《冬至节》《冬至的故事》，分享冬至节气家人们的欢乐时光。

7. 散步主题

观察冬至时节幼儿园里环境的变化，如树叶枯萎了，水洼结冰了等（引导幼儿主动发现自己身边典型的节气特点）。在室外空旷的地方放置温度计，散步时记录温度变化，对比冬至开始时和冬至结束时的温度。

8. 离园谈话

总结冬至节气我们发现的物候特征和变化，根据绘本内容、儿歌、游戏等有意识地观察周围环境。

9. 节气保健

从冬至起，白昼一天比一天长，代表下一个循环开始。冬至在养生学上是一个重要的节气,主要是因为"冬至一阳生"。冬至到小寒、大寒,是最冷的时候。因此,要注意防寒保暖,及时增衣,做好保暖,避免因受寒而生病。合理安排起居作息,保持良好的心态,适当早睡、晚起,不熬夜。也可以进行适当的锻炼,提高身体对寒冷的适应性和耐寒能力。但运动量不宜过大,要在动中求静。冬至饮食进补应有度,要合理搭配,注意饮食多样化。不宜过多食用辛辣燥热、肥腻的食物,避免伤脾胃。

(七) 环境创设

(1) 师幼共同布置"情暖冬至"主题墙,以幼儿表征、手工制作、活动照片等形式将幼儿在冬至里的活动布置在主题墙上。

(2) 鼓励幼儿将这段时间的问题,如"冬至做什么?""为什么冬至开始数九?"等用绘画或请家长记录等形式表现出来,布置专栏"冬至里的为什么?",并讨论解答。

(3) 开展"测量气温"等活动,完善科学区观察板。

(4) 鼓励幼儿制作手工食物为"小餐厅"提供材料。

(5) 创设"九九消寒图",引导幼儿用绘画、拍照等方式记录每九日的气温和环境变化、动植物的特点。每天画九。(画九就是从冬至这天起,画一枝素梅,枝上画梅花九朵,每朵梅花九个花瓣,共八十一瓣,代表"数九天"的八十一天,每朵花代表一个"九",每个花瓣代表一天,每过一天就用颜色涂上一瓣,涂完九瓣,就过了一个"九",九朵涂完,就出了"九",九尽春深,也有不用颜色涂而直接在花瓣上用文字和符号注明阴晴雨雪的)

(八) 时令美食

1. 鸡汤

冬至是正式入九的第一天,南京人有个说法叫"一九一只鸡",所以冬至这天当然要煮上一锅鲜美的鸡汤。南京地处江南,虽进入冬季,但气温不似北方那么低,鸡汤就很适合我们南京人冬季进补。熬好的鸡汤上浮着一层薄薄的鸡油,和着鸡肉一起食用,让人食欲大增,吃完也神清气爽。南京人还会用鸡汤来泡炒米,炒米吸收了鸡汤的鲜美,还带着脆劲儿,别有一番滋味。

2. 饺子、汤圆、馄饨

在古代民间有"冬至大如年"的说法。在我国北京有种说法叫"冬至馄饨夏至面","馄饨"与"混沌"谐音,冬食馄饨,有利于寒冷季节热能的储存。南方人会在冬至这天吃汤圆,甜口、咸口的都有,因为汤圆与"团圆"字音相似,吃汤圆意味着新的一年全家人团团圆圆。北方的人则会在冬至这天吃饺子,饺子有着"消寒"之意,俗话说"冬至不端饺子碗,冻掉耳朵没人管"。

3. 冬酿酒

冬酿酒又叫冬阳酒,是因为冬至过后阳气上升而得名。冬酿酒是由糯米、黄米,加入桂花酿制而成的,糯米发酵过后自带甘甜,所以冬酿酒不同于一般的酒水,它甜糯温婉,薄醉微醺。人们会在冬至夜喝上一碗冬酿酒,吃上一桌冬至宴,让一年的辛苦都烟消云散。

4. 红豆

南京人会煮红豆糯米饭食用,当然也会用红豆来做别的美食,如红豆馅汤圆、红豆煮年糕等。

(九) 劳动建议

1. 小班篇:爱心便当

活动建议:冬至到了,家家户户都储存了很多食物,让我们制作一些简单的美食送给自己爱的人吧。可以将海苔碎、芝麻与米饭混合在一起,搓成一个个小饭团。还可以在两片面包中放上生菜、鸡蛋、火腿等食材,变成美味的三明治。

活动评价:尝试使用身边易得的食材自制爱心便当;在教师和家人的指导下共同制作便当。

2. 中班篇：包饺子

活动建议：冬至又称冬节，在冬至这个时节吃饺子是盼望团圆的意思。为了让幼儿深入了解冬至节气习俗，贴近生活，教师可以带领幼儿开展包饺子活动。准备好饺皮和馅，用勺子取一点馅放入饺皮中央，然后沾一点清水在饺皮边缘，将装有馅的饺皮上下对折，先捏中央，再捏两边，确定馅没有撒漏，饺子就做好啦！

活动评价：能够按照步骤自主尝试制作饺子；在教师和同伴的指导下完成包饺子活动。

3. 大班篇：冰糖葫芦

活动建议：冰糖葫芦，又叫糖葫芦，是中国的特色小吃，一起动手自制好吃的冰糖葫芦吧。将自己喜欢的水果清洗并控干水分，切成自己想要的形状组合起来，在不粘锅中倒入糖和水，搅拌均匀，等到冒泡后快速给水果裹上糖浆，凉透即可食用。

活动评价：了解冰糖葫芦的制作方法，乐意与同伴共同制作冰糖葫芦；能够在教师和同伴的引导下参与制作冰糖葫芦。

（十）家园共育

（1）家长与幼儿共同制作、品尝冬至的美食。

（2）利用周末带幼儿到动物园里观察动植物的变化，重点观察麋鹿，分辨雄性麋鹿和雌性麋鹿，观察雄性麋鹿的角是否脱落。

（3）家长和幼儿翻开土寻找蚯蚓，观察蚯蚓是否蜷缩着身体。

（4）家长与幼儿查找关于冬至的绘本，了解冬至节气的特点，将家里不用的小围巾、小帽子、小手套等取暖物品带到幼儿园。

二、活动内容

（一）小班活动内容

科学活动"最长的黑夜"

● **活动目标**

1. 知道太阳和月亮的位置是不断变化的。知道在冬至这天夜晚最长，白天最短。

2. 通过操作活动，初步理解时间概念，珍惜最短的白天。

3. 体验自然界中白天与黑夜不断变化的奥秘。

● **前期经验**

入冬了，幼儿感受到了身边天气的变化，他们能简单说出白天和黑夜能做的事情，如白天上幼儿园，晚上放学就可以回家了。但是幼儿对白天晚上的概念不清晰，不能用语言表达对时间概念的理解，如太阳出来是白天，月亮出来是晚上。了解太阳和月亮的位置是不断变化的，尝试通过观察知道冬至这天夜晚最长，白天最短。

● **活动准备**

月亮和太阳的图片、冬至的视频、幼儿操作材料（小朋友活动图卡、小朋友休息图卡）。

● **活动重点**

知道冬至这天夜晚最长，白天最短。

● **活动难点**

初步理解时间概念。

● **活动过程**

1. 出示"太阳""月亮"图片，激发幼儿探索兴趣。

师：小朋友们，今天老师带来了两幅图，它们分别代表什么？

第二章 以幼儿园活动为主体的节气课程资源开发案例

总结:太阳代表的是白天,月亮代表的是夜晚。我们每天都会度过白天和夜晚。

2. 观看视频,了解冬至这天夜晚最长,白天最短。

师:白天和夜晚是一样长的吗?(幼儿自由猜测)

观看视频,讨论白天夜晚是如何变化的。

师:现在到了冬至这个节气,白天和夜晚,又是如何变换的,我们看一段视频。

3. 幼儿操作白天和夜晚图卡,获得初步的时间概念。

师:小朋友白天可以做哪些事情?晚上又可以做什么?请把这些图卡放在对应的位置里。

幼儿自由操作。

4. 师幼共同探讨白天还可以做哪些事情,珍惜最短的白天。

总结:小朋友们白天有那么多事情需要完成,到了冬至,白天最短,我们应该珍惜每一分钟,抓紧时间,在最短的白天把今天的事情做完。

社会活动"认识冬至"

● **活动目标**

1. 了解我国传统的冬至节,知道从冬至开始气温会变得越来越低。
2. 能够简单地说出冬至的传统习俗。
3. 乐于参与冬至的活动,感受传统节气的民俗文化。

● **前期经验**

随着时间的推移,幼儿在日常生活中体验到气温越来越低,冬天的寒冷感觉也越来越强烈。但是对于冬至节气,小班幼儿了解得并不是很多,通过聊天活动,只有个别幼儿能说出吃饺子之类的冬至习俗,对于其他冬至传统习俗还不够了解,还需要科普。

● **活动准备**

动画《冬至的传统习俗》，冬至美食图片，关于节气的图片。

● **活动重点**

知道从冬至开始气温会变得越来越低。

● **活动难点**

能简单地说出冬至的传统习俗。

● **活动过程**

1. 谈话导入。

师：现在是冬天，天气很冷。从今天开始，气温会变得越来越低，你们知道今天是什么日子吗？

师：冬至是我国二十四节气中的一个，从这一天开始，天气就会越来越冷。

2. 了解冬至的传统习俗。

（1）观看动画《冬至的传统习俗》。

师：人们在冬至这一天都要做些什么事？有没有小朋友想来说一说？

（2）鼓励幼儿根据观看到的内容自由发言。

总结：我国自古有"冬至大如年"的说法，说明冬至是一个非常重要的节气。在冬至这一天，人们要进行祭祀活动，要给长辈送鞋袜。

3. 了解冬至的传统美食。

（1）出示冬至美食图片。

师：小朋友有没有吃过这些美食啊？

（2）边出示图片边向幼儿介绍冬至美食。

总结：我国南方、北方在这一天都有不同的庆祝习俗，南方某些地区比较盛行冬至吃冬至团（冬至丸），北方有吃饺子、吃馄饨的习俗。

(3) 了解南京的冬至美食。

师:今天早上小朋友们在家里吃了些什么？在南京我们会吃与众不同的美食。

总结:在南京,我们会吃饺子、喝青菜豆腐汤、喝鸡汤等。

4. 冬至文化大集合。

出示各种与节气元素有关的图片,幼儿从中选择出有关冬至的元素,如面线、饺子等。

师:这里有许多关于节气的图片,你们能找出跟冬至有关的吗？

总结:小朋友们真厉害,全部找出来了,我们来一起将它们贴在班级里吧！

● **活动延伸**

感受冬至节气的魅力。

师:小朋友们,你们喜欢吃饺子吗？我们一起去包饺子吧！

数学活动"分饺子"(一一对应)

● **活动目标**

1. 初步感知物体之间一一对应的关系。

2. 在操作和游戏活动中,能根据大小不一样的对应关系为小动物分饺子。

3. 乐于参与集体游戏活动,对数学活动中的操作活动感兴趣。

● **前期经验**

冬至吃饺子,给小兔一家吃饺子的情境,幼儿并不陌生,但是如何理解并发现两个物品之间的对应关系,这对小班幼儿的逻辑思维具有一定的挑战性。运用对比两种材料之间内在联系的方法能够让幼儿在活动中做对应操作,感知一一对应关系,初步形成一一对应的意识。

幼儿感知并区别过物体的大小。

● **活动准备**

兔爸爸、兔妈妈、兔宝宝,大中小不同的碗和饺子;操作板、大小不同的饺子若干(每人一套)。

● **活动重点**

初步感知物体之间一一对应的关系。

● **活动难点**

根据大小不一样的对应关系为小动物分饺子。

● **活动过程**

1. 出示"小兔一家过冬至"情景,导入活动。

师:小兔邀请我们去他家吃冬至节气的美食——饺子。我们来看一看他们家里都有谁呢?(兔爸爸、兔妈妈和兔宝宝)。

2. 感受大中小的不同,了解一一对应的关系。

(1) 感受大小不同的兔子一家人。

师:你们是怎么知道谁是兔爸爸、兔妈妈、兔宝宝的呢?从哪里分辨出来的呢?(幼儿自由发言,因为每个兔子的大小不同)

师:兔爸爸怎么样?(教师可做手势引导)兔妈妈呢?兔宝宝呢?

小结:兔爸爸最大,兔宝宝最小,兔妈妈不大也不小。

(2) 演示"分碗",感受一一对应。

师:小兔家里有三个碗,请小朋友们帮忙分一分吧!(出示大小不同的碗与大小不同的兔子一家人)

师:小朋友们,这些碗都一样吗?哪里不一样?

师:该怎么分给兔爸爸、兔妈妈、兔宝宝呢?你们有什么想法?(请一个幼儿来分一分)

师:你为什么这样分呢?

小结:大碗给兔爸爸,小碗给兔宝宝,不大也不小的碗给兔妈妈。

3. 幼儿操作分饺子。

师:小朋友们,兔子一家准备吃饭啦!请你们把大小不同的饺子分到他们的碗里吧!(幼儿独立操作材料,完成后与同伴互相讨论,检查自己是怎么分的)

4. 交流小结,通过集体验证,再次感受物体一一对应的关系。

师:小朋友们,你们都分好了吗?让我们一起来看一看大家是怎么分的吧!

师:兔宝宝非常谢谢你们帮他们完成了分饺子,小朋友们回家后也可以品尝冬至的美食——饺子哦!

语言活动"冬至"(儿歌)

● **活动目标**

1. 初步理解儿歌内容,通过儿歌的学习,知道冬至要吃饺子的习俗。
2. 能够尝试口齿清楚地说儿歌。
3. 愿意在集体中大胆朗诵,体会儿歌中的寓意和轻快的情绪。

● **前期经验**

虽然小班上学期的幼儿对节气的习俗掌握并不多,但饺子是生活中常见的食物,幼儿都见过、吃过,有了这样的生活经验,幼儿能更好地理解儿歌内容。

● **活动准备**

与儿歌相关的图片,冬至美食图片,儿歌《冬至》。

● **活动重点**

知道冬至要吃饺子。

● **活动难点**

能口齿清楚地朗诵儿歌。

● 活动过程

1. 谈话:冬至节气到了。

师:你知道冬至有哪些习俗吗?动植物有什么变化?

根据幼儿说的内容出示相关图片。

2. 欣赏完整儿歌。

教师完整朗诵儿歌。

师:冬至会吃什么美食?(引出冬至美食——馄饨、饺子)

总结:冬至美食南方和北方不一样,南方吃馄饨,北方吃饺子。

3. 完整学习儿歌。

(1)幼儿结合图片,口齿清楚地念儿歌。

(2)幼儿以多种形式学习并朗诵儿歌。

① 分男生、女生朗诵儿歌。

② 分小组朗诵儿歌。

③ 请幼儿单独进行表演。

● 活动延伸

师:小朋友们,回家后将这首好听的儿歌分享给自己的爸爸妈妈吧,最后记得冬至要吃饺子。

美术活动"娃娃的棉衣"(撕贴)

● 活动目标

1. 知道冬季让自己温暖的基本方式,穿棉衣是一种保暖方法。

2. 能用将皱纹纸撕成小块并进行粘贴的方式做娃娃的棉衣。

3. 体验自由创作款式不同的娃娃棉衣的乐趣。

● 前期经验

小班幼儿有撕纸的经验,能将皱纹纸撕成小块,但在有边框的底板上粘贴的经验是不足的。幼儿有使用胶棒的经验,但不能均匀地涂抹,教师需要关注幼儿对胶棒的使用。

● **活动准备**

娃娃图片,棉衣实物、图片若干,胶棒,皱纹纸,款式不同的白色棉衣底板若干。

● **活动重点**

能使用撕贴的方式装饰空白棉衣。

● **活动难点**

能将皱纹纸撕成小块并进行粘贴。

● **活动过程**

1. 谈话导入。

师:小朋友们,现在是什么季节呀?天气越来越冷了,小朋友们是怎么取暖的?

总结:天冷了,可以戴手套、戴帽子、开空调、穿棉衣。

2. 观察娃娃图片,萌发为娃娃装饰棉衣的愿望。

(1) 出示娃娃图片。

师:小朋友们,这是谁呀?(娃娃)天冷了,小朋友们都穿上了厚厚的棉衣,但是娃娃却没有棉衣。她会不会冷呀?让我们为她做一件漂亮的棉衣吧!

(2) 观察范画,了解棉衣的装饰方法。

① 出示范画,幼儿欣赏。

师:我们一起来看看,这些棉衣是用什么装饰的?这上面有什么颜色呀?

② 介绍皱纹纸撕贴的方法,个别幼儿操作。

③ 讨论撕贴皱纹纸的方法,注意保持画面整洁。

3. 幼儿操作，教师巡回观察。

鼓励幼儿挑选自己喜欢的皱纹纸撕成小块，将胶棒打开并在棉衣空白处涂涂，然后将自己撕好的皱纹纸贴在棉衣上。涂胶棒的时候注意不要涂抹太多。

4. 棉衣作品展。

幼儿和同伴介绍、展示自己的作品。

音乐活动"宝宝不怕冷"（歌唱）

● **活动目标**

1. 感受歌曲活泼、有力的节奏，能根据图谱用跳跃的唱法歌唱。
2. 知道冬至节气天变冷了，能跟着音乐做出让身体变暖和的动作。
3. 通过演唱歌曲，做个不怕冷的好孩子。

● **前期经验**

幼儿对天气冷是有感受的，他们在生活中都有戴手套、围巾的经验。在户外活动时，幼儿也有热身活动的经验，知道搓手、蹦跳都是让身体变暖和的方法。

● **活动准备**

相关图片，图谱，配套音频《宝宝不怕冷》，表示跳跃的标记。

● **活动重点**

感受歌曲活泼、有力的节奏。

● **活动难点**

运用动作表现歌曲的内容。

● **活动过程**

1. 活动导入。

师：小朋友，你知道现在是什么季节吗？

第二章 以幼儿园活动为主体的节气课程资源开发案例

师:冬天来了,小朋友们穿上了厚厚的棉衣,为什么呢?

总结:冬天来了,小朋友们穿上了棉衣,戴上了围巾,特别的暖和。除了这些,还能怎样做会让我们不冷呢?(做运动)

2. 聆听歌曲,理解歌词内容。

(1)教师范唱,幼儿感受歌曲的意境与歌词内容。

(2)请幼儿说说在歌曲里听到了什么,教师根据幼儿说出的内容出示图片。

(3)鼓励幼儿说一说自己是怎样不怕冷的,引导幼儿用连贯的语言讲述。

师:你怕冷吗?

3. 学唱歌曲《宝宝不怕冷》。

(1)教师清唱歌曲,幼儿根据歌曲内容,排列图片顺序。

(2)一边看图,一边尝试完整地说出歌词。

(3)一边看图,一边跟随伴奏完整学唱歌曲,记忆歌词顺序。

(4)出示跳跃标记,教师边范唱边将标记放在图谱旁边,引导幼儿用跳跃的唱法歌唱。

4. 根据歌词内容创编动作,并随音乐边唱歌曲边按歌词做出来。

(1)师幼共同讨论与歌曲内容相匹配的动作。

(2)在师幼的歌声中即兴做动作。

(3)一边唱歌一边自由表演。

体育活动"给小动物送水饺"(指定方向跑)

● 活动目标

1. 听信号向指定方向跑,发展跑的能力和提高动作的协调性。

2. 在游戏中能根据信号指令,快速找到奔跑方向,在跑步中注意避让他人。

3. 听懂并遵守活动规则,在奔跑中能注意保护自己,体验与同伴一起游戏的快乐。

● **前期经验**

冬至要吃饺子,是幼儿通过社会活动所了解到的关于冬至节气的印象最深刻的事情。冬至节气到了,天气越来越冷,跑的相关运动能够迅速调动全身,让幼儿热起来,是冬季比较常见以及幼儿热爱的运动之一。小班幼儿也十分喜欢跑来跑去,但对于听指令行动、在奔跑中保护好自己、不碰撞他人等方面的能力还需要进一步培养。

● **活动准备**

热身及放松音乐,小动物的家标记3—4个,小背包人手一个,水饺玩具若干,大筐一个。

● **活动重点**

能听信号向指定方向跑。

● **活动难点**

向指定方向跑的时候动作协调并且能够保护自己。

表2-37 体育活动"给小动物送水饺"流程

活动过程		场地布置图	负荷	时间/分钟
开始部分（热身）	一、带领幼儿一起做热身操,活动身体 幼儿跟随音乐做操:头部、上肢、体侧、腹背、下肢 师:今天是冬至,我们要一起去给小动物们送水饺,在送水饺之前我们先一起活动一下身体 二、专项热身 师:我们一起来用力踢踢腿,再跳一跳		中	3

第二章 以幼儿园活动为主体的节气课程资源开发案例

续表

	活动过程	场地布置图	负荷	时间/分钟
基本部分	一、玩游戏，学动作 师：我们每人都有一个小背包，先请你们在背包里装上三个饺子，然后我们要送饺子了 1. 教师发出指令，幼儿听信号向指定方向跑 师：饺子饺子真好吃，把它送到××家 2. 集中幼儿，讨论游戏中出现的问题 小结：听到指令后要立刻跑向小动物的家，跑的时候双臂可以摆动，这样跑得更快。到了之后把包里的饺子拿出来放到筐里，再立刻跑回圆圈里来		中大	2
	二、增加跑动方向，让幼儿进一步提高听指令向指定方向跑的能力 1. 介绍场地 师：小动物们听说小朋友们的饺子很好吃，都想吃呢，现在又增加了几家小动物，你们要注意听好指令，知道把饺子送到谁家哦 注意每个动物的家离圆圈的距离可在8—15米左右 2. 幼儿练习动作 师：饺子饺子真好吃，把它送到××家 3. 集中幼儿，讨论游戏中出现的问题 小结：在跑的过程中，要注意保护自己，不要碰到别人，返回时要注意避让		中大	4

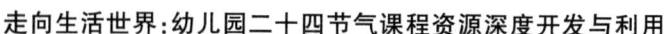

活动过程	场地布置图	负荷	时间/分钟
基本部分 三、游戏:给小动物送水饺 1. 介绍游戏规则 师:这次我们去小动物家送水饺可能会遇到大灰狼,如果遇到大灰狼,请你赶紧跑回圆圈里,这样大灰狼就抓不到你了 2. 幼儿游戏3—5次 师:饺子饺子真好吃,把它送到××家 游戏中可以请配班老师扮演大灰狼并出现		大	5
结束部分（放松） 一、总结活动情况,增强完成任务的自豪感 师:今天我们给小动物们送去了好吃的水饺,小动物们很感谢小朋友们 二、稳定情绪,放松身心 幼儿散点找空地站,随着舒缓的音乐,调整呼吸,放松身体,重点放松下肢		小	2

（二）中班活动内容

社会活动"冬至美食"

● **活动目标**

1. 初步了解各地冬至的美食及其寓意,知道南京本地冬至时吃的食物。

2. 能够说说自己喜爱的冬至美食和理由。

3. 喜欢品尝冬至美食,对各地的冬至美食感兴趣。

● **前期经验**

通过前期了解,幼儿已经知道冬至的物候特征以及相关美食,特别是南京本地冬至特色美食,不少幼儿甚至品尝过了。但对于冬至美食幼儿只知道其名称,并不了解食物的寓意,同时对于其他地方的冬至美食了解得还不够深入。对于中班幼儿来说,想让他们清楚地表达自己的想法观点,还需要多给其提供机会。

● **活动准备**

PPT:中国地图及各地美食的图片(饺子、馄饨、汤圆、年糕、老母鸡汤、青菜豆腐);视频:《冬至为什么吃饺子》《馄饨的来历》《制作年糕》《青菜豆腐汤》;食品实物(老母鸡汤),碗,"赞"贴纸,制作好的"冬至美食排行榜"底板。

● **活动重点**

了解各地冬至的美食及其寓意,知道南京本地冬至时吃的食物。

● **活动难点**

能够说说自己喜爱的冬至美食和理由,并制作"冬至美食排行榜"。

● **活动过程**

1. 通过谈话,引出冬至美食。

(1) 回忆冬至时自己家里吃的食物。

师:冬至的时候,你家里有没有吃一些特别的食物啊?

(2) 展示PPT,初步了解冬至的美食有哪些。

师:今天老师也准备了许多美食,我们一起来看看有哪些吧!

师:你吃过哪些食物呢?

总结:刚刚你们看到的这些都是冬至美食,不同的地方冬至时吃的东西是不一样的。

2. 介绍冬至美食以及其寓意。

(1) 展示PPT,初步了解冬至的美食。

师:其实我国各地在冬至这一天都会吃一些不同的美食,我们一起来看看有哪些美食吧!

（2）通过视频形式向幼儿介绍各地的冬至美食，并讲解其寓意。

① 饺子：在我国的北方有"冬至到，吃水饺"的风俗，那你们知道为什么冬至这一天要吃水饺吗？我这有一个视频，我们到视频里找找答案吧！（播放视频）所以北方还有"冬至吃饺子，一冬不会冻耳朵"的说法。

② 馄饨：在老北京有"冬至馄饨夏至面"的说法，我这也有一个小故事，我们来听听吧！（播放视频）原来馄饨是冬至这天发明的呀，冬天吃馄饨，有利于寒冷季节热量的储存哦。

③ 年糕：杭州人在冬至节气都喜欢吃年糕，你吃过年糕吗？你知道年糕是怎么做成的吗？我们来看看吧！（播放视频）冬至吃年糕，年年长高，图个吉利。

④ 汤圆：在我国南方的有些地方冬至时会吃汤圆，你们看，汤圆是什么形状的啊？刚刚年糕是年年长高，那汤圆又有什么样的寓意呢？（幼儿猜想）

师：汤圆又叫"冬至圆"，"圆"有"团圆""圆满"的寓意，也有"吃了汤圆大一岁"的说法。

（3）向幼儿介绍南京本地的冬至美食，并讲解其寓意。

师：你们知道我们生活的城市叫什么吗？我们南京人在冬至这天也会吃一些特别的食物，你们知道是什么吗？

① 青菜豆腐汤。

师：请小朋友们来看一看。（播放视频）原来是青菜豆腐汤啊！冬天干燥，我们南京人会在冬至这天烧一碗青菜豆腐汤，老南京有一句俗话叫"青菜豆腐保平安"，所以一定要吃它哦！

② 老母鸡汤。

师：还有什么呢？为什么要喝老母鸡汤呢？

小结：因为冬天是进补的好时节，人们认为在冬至这天喝鸡汤，可以补上一年。

3. 制作"冬至美食排行榜"。

（1）幼儿谈谈自己喜欢的冬至美食。

师：这些冬至美食你都吃过吗？你最喜欢哪个冬至美食呢？为什么喜欢它呢？请你和你旁边的小朋友说一说吧！

（2）选出自己最喜欢的冬至美食，制作"冬至美食排行榜"。

师：每个小朋友的椅子背后都有一个"赞"，请你给你最喜欢的冬至美食点个赞吧！

师：你给哪个冬至美食点了赞？为什么呢？

（3）教师引导幼儿从口味、寓意等方面阐述喜爱的理由，并鼓励幼儿大胆在集体面前讲述。

（4）与幼儿共同评选出"最美味冬至美食"。

师：经过我们小朋友对冬至美食的点赞，我们评选出了本年度"最美味冬至美食"，它就是……

4. 幼儿品尝鸡汤。

师：今天我也给小朋友们带来了南京的冬至美食——老母鸡汤，让你们能暖暖地过上一个冬天，你们想不想来品尝一下啊？

● 活动延伸

师：古人很重视冬至，有"冬至大如年"的说法，所以各地会吃不一样的美食来庆祝。除了我们今天说的这些美食，还有其他的美食，回家后可以和爸爸妈妈翻看图书、上网收集资料，找一找、做一做、尝一尝，再到幼儿园来告诉其他小朋友，补充我们的美食排行榜。

美术活动"好吃的饺子"（布艺）

● 活动目标

1. 知道制作布艺饺子需要的材料，以及布艺饺子制作过程。

2. 能用包裹的方式将"馅"缝进"饺皮"里,并尝试用针线制作出饺子的褶皱。

3. 喜欢进行布艺活动,有耐心地完成操作,体验动手的乐趣。

● **前期经验**

在冬至节气里,幼儿都吃过饺子,也亲手包过饺子,了解了饺子的形状和结构。幼儿在美工区里有过安全针的使用经历,知道"平针"的基本方法,能够较流畅地进行缝制。

● **活动准备**

白色、绿色、橘色的圆形不织布,白色棉花,儿童手工安全针人手一个,纸盘。

● **活动重点**

能用包裹的方式将"馅"缝进"饺皮"里。

● **活动难点**

缝制出饺子的褶皱。

● **活动过程**

1. 了解冬至习俗:吃饺子。

师:小朋友们,你们看,这是什么?(出示做好的一盘饺子)你们知道在什么节气里要吃饺子吗?为什么冬至节气要吃饺子呢?

总结:每年冬至家家户户都会吃饺子,这是一个重要的习俗。

2. 欣赏装有不同形状饺子的图片。

师:欣赏饺子图片,说说饺子是什么样子的。(可引导幼儿从颜色、形状说一说)

总结:它们有不同形状、不同颜色、不同味道的,有普通的白色饺子,有绿色的菠菜味的饺子,有橘色的胡萝卜味的饺子。

师:饺子的做法很多,有水饺、煎饺、蒸饺等。在冬至这一天,我们都要吃饺子,你们喜欢吃什么饺子?那你们想不想自己动手制作一盘香喷喷的饺子呢?

3. 引导幼儿观察饺子的形状,介绍操作方式。

师:你们看,饺子有哪两个部分?(面皮和馅)你们觉得饺子应该怎么做?(用面皮把馅包起来)

介绍操作材料并讲解饺子的做法。

师:我们用这些材料怎么制作出饺子呢?

师:先选择一块圆形的不织布当作饺皮,再取一些棉花当作馅放在饺皮的中间,用包裹的方式将馅紧紧包在饺皮里,再用针线固定住饺子边,制作出褶皱的效果。

4. 幼儿自由操作,最后进行摆盘。

教师巡回观察,进行个别指导,引导幼儿注意安全针的使用和棉花的用量,鼓励幼儿大胆将自己的饺子装盘。

5. 展示幼儿作品,引导幼儿相互欣赏。

师:哇!你们的饺子都做好了,我们的饺子宴要开席了!

语言活动"数九歌"(儿歌)

● **活动目标**

1. 理解儿歌内容,知道冬至是数九的开始。
2. 能根据图片说出《数九歌》的内容。
3. 感受《数九歌》所蕴含的智慧,初步萌发民族自豪感。

● **前期经验**

中班幼儿第一次接触数九的概念,对数九并不是特别了解,在班级内张贴《九九消寒图》,幼儿通过点画梅花等形式,体验时间和气温的变化,再结合朗朗上口的儿歌,就会对数九有一定的了解。

● **活动准备**

与儿歌内容相关的图片,儿歌《数九歌》。

● **活动重点**

理解儿歌内容。

● **活动难点**

知道数九的含义。

● **活动过程**

1. 谈话导入。

师:小朋友们,你们知道现在是什么节气吗?冬至过后,天气会出现什么变化呢?古人通过观察发现了天气变化的规律,还写成了一首儿歌《数九歌》。

2. 学习朗诵儿歌。

(1) 教师完整朗诵。

(2) 教师出示图片,帮助幼儿理解内容。

师:小朋友们听到了什么?请你们来说一说。

(3) 师幼共同朗诵。

(4) 请个别幼儿朗诵。

师:谁想来挑战一下?

(5) 幼儿边念儿歌边自由表演儿歌内容。

3. 理解儿歌内容,感受儿歌蕴含的智慧。

师:一九二九是什么样的?三九四九呢?五九六九呢?七九呢?八九呢?九九呢?

总结:一九二九天气开始变冷,三九四九是最冷的时候,河面都结上了厚厚的冰,五九六九的时候气温开始回升,柳树开始发芽,七九的时候

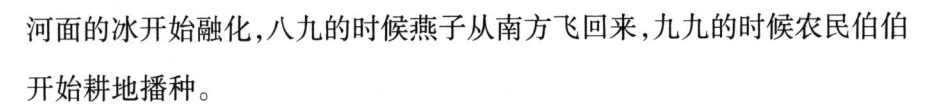

第二章 以幼儿园活动为主体的节气课程资源开发案例

河面的冰开始融化,八九的时候燕子从南方飞回来,九九的时候农民伯伯开始耕地播种。

幼儿在理解儿歌的基础上再次完整朗诵。

4. 结束部分。

师:数九是古人世世代代在生产、生活实践中利用自然界的一些物候特征进行的经验总结,希望小朋友们把这首蕴含我们民族智慧的儿歌分享给更多人!

科学活动"各种各样的取暖工具"

● **活动目标**

1. 知道从冬至开始天气会慢慢变冷,需要防寒取暖。
2. 通过比较发现各种取暖用具的不同特点。
3. 感受各种取暖用具给人们带来的温暖。

● **前期经验**

幼儿通过衣着感受天气的变化,天气变得越来越冷,衣服穿得越来越厚,这是幼儿让自己暖和的方式。除了多穿衣服,平时生活中还有很多工具可以帮助我们保暖,而幼儿几乎只知道空调,对于其他取暖用具并不了解,也不知道其不同特点及使用时的安全注意事项。

认识基本的取暖工具并完成调查表《我的取暖方法》。

● **活动准备**

取暖用具图片。

● **活动重点**

知道各种取暖用具的不同特点。

● **活动难点**

讲述不同取暖用具的优缺点。

● **活动过程**

1. 幼儿介绍自己的取暖方法和用具,激发幼儿的兴趣。

师:小朋友们,冬至冷吗?怎样做才会感到暖和呢?今天就请你们把自己的取暖方法和用具介绍给大家,说说它叫什么、怎么用。

2. 引导幼儿认识各种取暖用具是用不同的方法发热的,有不同的用法。

(1) 出示所准备的取暖用具的图片。

师:老师这里也有一些取暖用具,你们知道它们是怎么发热的吗?

(2) 引导幼儿认识各种取暖用具是如何发热的:炭盆用木炭发热,火炉、火炕用煤发热,油汀、空调、电暖气、电暖风、暖手炉、电热毯是用电发热,热水袋用热水发热,携带方便。

3. 请幼儿按照取暖用具的发热方法进行分类。

师:这些电器可以怎么分类呢?

总结:用电发热的取暖用具,这一类我们称之为"电器类"。不用电的取暖用具称为"非电器类"。

4. 讨论各类取暖用具的优缺点。

师:小朋友们,刚才我们看了这么多取暖用具,你们觉得哪个取暖用具好,为什么?

5. 知道取暖用具的正确用法,提醒幼儿一定要注意使用时候的安全。

师:使用它们时,需要注意什么呢?

6. 总结、延伸。

师:今天,小朋友们知道了一些常见的取暖用具,以后你们还会看到更多、更新的取暖用具。你们长大后想发明什么样的取暖用具呢?

数学活动"比一比"(比高矮)

● **活动目标**

1. 能感知物体的高矮,通过目测的方法比较高矮。

第二章 以幼儿园活动为主体的节气课程资源开发案例

2. 能在高矮排序的过程中,学习用语言"×比×高,×比×矮"表述比较的结果。

3. 对物体特征感兴趣,有进一步探究的兴趣。

● **前期经验**

晨锻中,幼儿在攀爬时会关注比自己高或者矮的小朋友,能通过自身体验感受物体高矮的相对性,并用词汇表示比较结果,但是用语言更清楚地表述还存在一定的难度。幼儿对比较两人高矮有初步的经验,知道比较高矮应站在同一水平面上,能感知高矮的相对性并说出结果。知道如果三个人或者更多人比较时,结果发生了变化,如和更高的人比,原来高的就成了矮的。幼儿能感受到高矮的相对性,这使他们对问题的认识逐渐深化、精确,从而培养自己观察、比较的能力。

幼儿会玩"大风吹"游戏。

● **活动准备**

小麋鹿图片、一棵果树背景板、猴子图片、音乐《找朋友》。

● **活动重点**

能通过目测的方法比较高矮。

● **活动难点**

学习用语言"×比×高,×比×矮"表述比较的结果。

● **活动过程**

1. 情境导入,引出"高矮"话题。

师:孩子们,这是谁呀?(小麋鹿)我们一起来看看它发生了什么事情。原来呀,小麋鹿还小,太矮了,它吃不到树上的果子,你们能帮它摘果子吗?(请高矮不同的两名幼儿帮忙)。

总结:原来一个高一点,一个矮一点,×比×高,×比×矮。

2. 了解比较高矮应站在同一水平面上,学习用语言"×比×高,×比×矮"表述比较的结果。

师:小麋鹿谢谢你们帮助了它,那个子矮的小朋友怎么样就能摘到果子了呀?(可以站到小椅子上)哎,那站到小椅子上再来和他比一比谁高谁矮?

总结:原来我们要站在同一水平面上才能比较高矮。小麋鹿的朋友猴子也来比高矮了,现在它们站在同一个水平面上了,请你们来帮它们比一比高矮,排一排高矮顺序。我们可以用"×比×高,×比×矮"来表述比较的结果。

3. 游戏"大风吹"。

师:小麋鹿谢谢有爱心的小朋友们帮了它一个大忙,它想邀请你们一起和它玩"大风吹"的游戏。

游戏开始:大风吹,(吹什么)大风吹"黑色衣服的男孩子"。符合特征的幼儿快速站到一起,比较高矮并且排序,学习用语言"×比×高,×比×矮"表述比较的结果。

游戏继续:大风吹,(吹什么)大风吹"扎辫子的女孩子"。符合特征的幼儿快速站到一起,比较高矮并且排序,学习用语言"×比×高,×比×矮"表述比较的结果。

4. 用音乐游戏"找朋友"比较高矮,结束活动。

师:小麋鹿和你们玩得很高兴,它还带来一首好听的歌曲,和我们一起玩"找朋友"的游戏。我们一起跟随音乐,一边唱《找朋友》,一边和身边的同伴或者物体比较高矮吧!

音乐活动"快乐的小雪花"(韵律)

● 活动目标

1. 感知乐曲三拍子优美、柔和的特点以及明显的节奏变化。

第二章 以幼儿园活动为主体的节气课程资源开发案例

2. 能较合拍地随乐曲创编各种小雪花旋转的动作。

3. 喜欢韵律活动,感受小雪花自由飘来飘去的快乐。

● **前期经验**

幼儿已经会唱歌曲《小雪花》,在这个基础上幼儿根据歌词创编小雪花旋转的动作。在生活中,幼儿见过小雪花从天空中落下来的样子,结合生活经验,幼儿可以创编旋转的动作。

● **活动准备**

配套图谱,音频《小雪花》,泡沫颗粒。

● **活动重点**

能较合拍地随乐曲创编各种小雪花旋转的动作。

● **活动难点**

感知乐曲三拍子优美、柔和的特点以及明显的节奏变化。

● **活动过程**

1. 撒泡沫颗粒,在音乐中感受小雪花飘落下来的轻盈、欢快。

师:冬天到了,冬爷爷给我们送来了礼物——美丽的小雪花!瞧!它们来了,这是小雪花,它们会跳舞呢!仔细看看它们是怎样跳的,让我们和小雪花一起跳一跳吧!

2. 引导幼儿用身体动作来表现小雪花飘落下来的形态,重点练习从上往下飘落及身体翻转的动作。

(1) 幼儿自由模仿小雪花飘落的样子。

师:我们一起来学一学小雪花在空中旋转的样子吧!

(2) 教师重点指导幼儿利用肢体表现小雪花翻转的动作。

3. 幼儿随乐表演。

(1) 幼儿尝试合乐完成表演。

师:你能跟着音乐的节奏和小雪花一起跳美丽的舞蹈吗?

(2) 幼儿创编各种小雪花旋转的动作。

(3) 讨论并归纳旋转舞动的姿态。

师:小雪花会怎样转呢?

总结:滑步旋转、单腿旋转、跳步旋转等。

(4) 鼓励幼儿大胆表现小雪花旋转的样子。

4. 集体尝试跟着音乐伴奏舞出各种旋转的动作,幼儿与同伴合作完成表演。

体育活动"运汤圆"(急停)

● **活动目标**

1. 学习快速起跑后,到达终点迅速停止的方法。

2. 在游戏中遵守规则,能独立将汤圆运到终点。

3. 乐于参与体育活动,不怕严寒和困难。

● **前期经验**

跑跑跳跳是幼儿喜欢的活动,在生活中经常能看到幼儿快乐奔跑的场景。但是在快速跑步时急停的方法,幼儿掌握得还不是太好。汤圆是南方冬至时最为常见的食物,在南京地区也是比较普遍。运用运汤圆的情境,让幼儿在充满冬至氛围的游戏中练习掌握快速起跑、迅速停止的方法。

● **活动准备**

桌子,垫子。

● **活动重点**

能够在快速跑后迅速停止。

● **活动难点**

能在停止后保持身体平稳,汤圆不洒出来。

第二章 以幼儿园活动为主体的节气课程资源开发案例

表2-38 体育活动"运汤圆"流程

	活动过程	场地布置图	负荷	时间/分钟
开始部分（热身）	一、跑步入场，启动热身活动 1. 围绕场地用多种方式走（踏步走、高抬腿走、踮起脚尖走），灵活的变化方向 2. 学螃蟹走路，注意手眼协调 二、专项热身 高抬腿、下蹲等下肢运动		中大	3
基本部分	一、设置情景 师：今天小朋友们给外婆送汤圆，要路过一段危险的小路，小路的尽头有一条河，河里有鳄鱼，你们送汤圆的时候要小心 二、探索快速急停的方法 师：如何才能又快又稳地送汤圆到外婆家呢？ 幼儿分两列尝试快跑后急停 总结：跑到河边要快速停下，并且看好手里的汤圆别洒了出来 三、改变小路的距离，幼儿再次尝试，教师巡回指导		中	6
	四、游戏：送汤圆 1. 教师讲解游戏规则 师：幼儿分三队，快速跑过去送汤圆，到达河边后迅速停下，从两边绕过将汤圆送到家 送完汤圆后返回队伍接着进行游戏 2. 幼儿示范		大	7
结束部分（放松）	放松整理 1. 活动总结：表扬敢于接受挑战、善于思考的幼儿，点名表扬个别突破自己的幼儿 2. 放松活动：幼儿和老师一起伸展手臂、甩甩胳膊，幼儿互相捏一捏手臂、捏一捏大腿		小中	3

269

(三) 大班活动内容

科学活动"蚯蚓结"

● **活动目标**

1. 知道冬至到来的气候变化，发现蚯蚓结的自然现象。
2. 通过养殖、观察蚯蚓等，感知蚯蚓在冬至时的动作形态。
3. 喜欢参加集体观察活动，感受探究过程的乐趣。

● **前期经验**

幼儿对蚯蚓并不陌生，观察过蚯蚓，了解蚯蚓的基本特性，知道在立夏节气时，地下温度升高，蚯蚓会从地下钻出来，知道蚯蚓喜欢潮湿的泥土。而现在天气越来越冷，我们也看不到蚯蚓了，蚯蚓去哪了呢？冬天的蚯蚓会是什么样的呢？这引起了幼儿的兴趣，寻找蚯蚓之旅也拉开了序幕。

幼儿了解冬至节气的三候，并见过蚯蚓。

● **活动准备**

蚯蚓习性的视频，营养土，水，植物，黑袋子，干草，放大镜，实物蚯蚓，蚯蚓养殖记录单。

● **活动重点**

感知蚯蚓在冬至时的动作形态，了解因温度变化动物发生的变化。

● **活动难点**

通过养殖、观察蚯蚓等，感知蚯蚓在冬至时的动作形态。

● **活动过程**

1. 出示蚯蚓和蚯蚓结图片，观察蚯蚓的外形特征，了解冬至时的蚯蚓结现象。

师：小朋友们，图片上的蚯蚓是什么样的？

师：冬至的蚯蚓跟我们平时看到的一样吗？哪里不一样？蚯蚓为什

第二章 以幼儿园活动为主体的节气课程资源开发案例

么是蜷缩着的呢？

总结：冬至节气的一候——蚯蚓结。蚯蚓喜欢潮湿、温暖的地方，当气温低于8摄氏度，蚯蚓就会停止生长。虽然现在是冬至，阳气不断回升，但是寒气仍然十分强盛，蚯蚓因为感受到强烈的寒气而蜷缩起来。就像我们感受到寒冷会将自己缩起来一样。

2. 播放视频，探索发现蚯蚓的秘密。

师：蚯蚓喜欢吃什么？喜欢生活在哪里？它对植物有什么作用呢？蚯蚓是怎么蠕动的？

总结：蚯蚓生活在土壤里，喜欢在夜晚出行，温暖潮湿的地方是它的最爱。蚯蚓腹部有刚毛，它借助刚毛一伸一缩蠕动爬行。蚯蚓是植物的好朋友，帮助疏松土壤，还会吃掉垃圾，真是出色的环保卫士呀。

3. 分组制作观察盒，观察实物蚯蚓。

（1）观看养殖蚯蚓的视频。

师：蚯蚓结持续到什么节气呢？我们自然角里也有蚯蚓，蚯蚓在寒冷的环境里会冻死，如何能让蚯蚓安稳过冬呢？我们给蚯蚓建造一个保暖的观察盒吧！

（2）幼儿根据蚯蚓特点分组讨论需要的材料和制作观察盒的方法，并用自己的方式记录。

（3）幼儿分组制作观察盒，并放在自然角观察、记录。

美术活动"梅花朵朵开"（水墨）

● **活动目标**

1. 知道九瓣梅花的外形特征和色彩特点。
2. 在"点"的基础上学习"点转"的技能，尝试运用"点转"法画九瓣梅花。
3. 通过艺术创作感受《九九消寒图》在生活中的实用价值。

● **前期经验**

在每年的冬至节气活动中,班级都会制作《九九消寒图》,张贴在班级里,因而幼儿对《九九消寒图》有较完善的认识。大班幼儿对《九九消寒图》的功能比较熟悉,在往年的消寒图制作中,幼儿采用盖章、粘贴等方式,在这次活动中"点转"的技能是第一次使用。

● **活动准备**

《九九消寒图》,树干底板(宣纸),毛笔,国画颜料。

● **活动重点**

知道九瓣梅花的外形及色彩特点并尝试"点转"。

● **活动难点**

尝试运用"点转"法画九瓣梅花。

● **活动过程**

1. 了解《九九消寒图》,激发幼儿的学习兴趣。

古时候,从冬至起,画素白梅花一枝,枝上共有白梅九朵,每朵梅花有九瓣。每天用红笔将一瓣白梅涂红,待到白梅红遍时,"九九寒天"便结束了。所谓"画九",就是用图画来记录"九九寒天"的进程。

2. 欣赏《九九消寒图》,观察九瓣梅花的外形特征和色彩特点。

(1) 观察梅花的外形特征。

师:今天老师带来了一些梅花的图片,我们一起来看一看。这幅图上有几朵梅花? 每朵上面有几瓣? 是什么样子的?

总结:九朵,每朵有九瓣,看起来像一个圆,中间有花蕊。

(2) 观察梅花的颜色特点。

师:梅花的花瓣是什么颜色的?

3. 幼儿尝试探索梅花的画法。

师:梅花可以怎么画呢?

第二章　以幼儿园活动为主体的节气课程资源开发案例

总结:用"大白云"型号的笔"点转"画出花瓣,用小勾线笔浓墨画花蕊。

4. 幼儿创作,教师巡回观察。

师:你想画一幅怎样的《九九消寒图》?怎么样才能把梅花画得好看?看看这是什么?(宣纸)这些纸有什么特别之处?

5. 集体欣赏、交流。

鼓励幼儿侧重从画面的色彩、造型以及细节添画等方面来评价作品。

语言活动"中国记忆,传统节日"(绘本阅读)

● **活动目标**

1. 仔细观察、理解画面内容,了解"冬至大如年"的说法。

2. 理解人物之间心里所蕴藏的感情,大胆表述自己的想法。

3. 感受中国传统文化习俗带来的幸福感,喜爱传统节日,萌发民族自豪感。

● **前期经验**

幼儿有绘本阅读的经验,知道绘本是一页一页翻看的,对每页的内容进行观察和想象,能从绘本内容中引发自我的思考,并有个性地解读。

● **活动准备**

PPT(内容为绘本《冬至节》),绘本人手一本。

● **活动重点**

仔细阅读绘本,理解画面内容。

● **活动难点**

通过阅读绘本感受传统节日习俗和其中蕴含的情感。

● **活动过程**

1. 谈话导入。

师:今天老师给小朋友们带来一个绘本故事,这个故事跟我们的传统

273

文化有关,你们猜猜,与哪个节气有关呢?最近我们迎来了什么节气?

2. 初步感知画面,欣赏理解绘本内容。

(1) 出示绘本封面,观察讲述。

师:这本书的封面上有什么?故事的名字叫作《冬至节》。封面上的小朋友在干什么?吃的是什么东西?

(2) 播放绘本内容PPT,讲述绘本内容。

幼儿完整地感知绘本故事,感受传统文化习俗。教师边讲述边播放PPT,引导幼儿仔细观察PPT中的图片。

师:绘本故事中讲述的是什么节气?你觉得爷爷和小晏之间的感情怎么样?爷爷为什么说馄饨是他儿时的记忆呢?

3. 讨论绘本内容,了解冬至的说法及习俗。

师:爷爷和小晏去吃"馄饨侯"家的什么呢?冬至为什么要吃馄饨?在去的路上,天气怎么样?为什么会有"冬至大如年"的说法?冬至为什么又要吃饺子呢?

4. 配乐完整欣赏故事,进一步感受故事中的温情与幸福感。

(1) 幼儿随乐自主阅读绘本,与同伴交流阅读的感受,分享自己收集的有关冬至的传说和民俗。

(2) 教师总结提升,引导幼儿感受中国传统文化习俗并萌发民族自豪感,鼓励幼儿大胆表达情感。

师:看完这本绘本,你有什么感觉?你从绘本中知道了哪些关于冬至的事情?

● 活动延伸

《冬至节》是丛书《中国记忆·传统节日》中的一本,我们可以一起在语言区阅读别的节日绘本。

第二章　以幼儿园活动为主体的节气课程资源开发案例

数学活动"梅花朵朵"(单数、双数)

● **活动目标**

1. 理解10以内单双数的含义,知道两个两个数,正好数完的是双数,数完后还剩下一个的是单数。

2. 能进行10以内单双数的相互转换,发展思维的可逆性和灵活性。

3. 在活动中感受数学的乐趣。

● **前期经验**

大班幼儿对数字充满好奇。单双数的认识对于大班幼儿来说还是比较实用的,在学习过程中,幼儿不仅能够理解数概念与用途,而且能够享受逻辑推理的乐趣。但是大班幼儿不理解单双数的含义,虽然反复记背十分流利,但一到实际区分某数是单数还是双数时却遇到了困难,他们不是胡乱猜测就是茫然不知所措。在活动中通过幼儿熟悉的梅花游戏,让幼儿感知单双数的排列规律,让他们亲自了解单双数的概念。

● **活动准备**

音乐,单双数梅花卡人手一份,操作单,勾线笔。

● **活动重点**

理解10以内单双数的含义,知道两个两个数,正好数完的是双数,数完后还剩下一个的是单数。

● **活动难点**

能进行10以内单双数的相互转换,发展思维的可逆性和灵活性。

● **活动过程**

1. 游戏引入,初步感知单数和双数。

师:小朋友们,我们一起来玩一个"抱梅花"的游戏。

(1)介绍游戏规则。

师:小朋友们下午好,欢迎你们来到南京梅花山,我是梅花山的管理

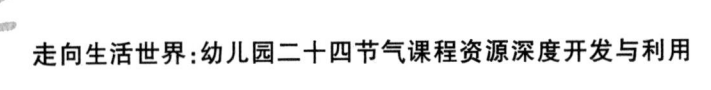

员,现在我们来玩一个游戏,请听清楚游戏规则,现在你们都是小梅花,当音乐起的时候请你们开始随风舞蹈,当音乐停下请快速找到另一朵小梅花并且抱在一起。

(2)幼儿游戏,教师指导。

师:(第一次游戏)其余人找到了好朋友,且两个两个地抱在一起了,只剩下一朵小梅花。

师:(第二次游戏)现在我要请一名工作人员跟我们一起玩游戏,我们再一起跟着音乐随风舞动起来。

总结:刚刚在第一次游戏中两个两个抱在一起,最后只剩下一个的人数总数叫作单数。第二次游戏的时候两个两个抱在一起,一个都不剩的人数总数叫双数。

2. 集体操作,初步区分10以内的单双数,感知单数、双数的含义。

(1)介绍操作材料。

师:看,我们梅花山的地上被风吹落了许多梅花,它们很多,老师需要将它们按照单双数分出来,(出示梅花图片)你们有什么样的方法辨别出哪些是单数、哪些是双数吗?

(2)请个别幼儿说出自己的辨别方式。

师:我们有什么样的方法一眼就看出来是几?(用数字代替)

(3)幼儿操作,教师巡回指导。

师:现在请你们回到座位上,看一看你们的梅花朵数是双数还是单数。

(4)幼儿集体验证。

总结:1朵、3朵、5朵、7朵、9朵的梅花都是两朵两朵配对在一起,最后还剩下一朵,这些数字,它们有一个共同的名字叫作"单数";2朵、4朵、6朵、8朵、10朵的梅花两朵两朵配对在一起,最后一朵也不剩的,它们也有一个共同的名字叫作"双数"。

3. 引导幼儿按顺序说出10以内的单双数。

（1）念念单数,念念双数。

师:请你们一起来按顺序念一念单数1、3、5、7、9,双数2、4、6、8、10。非常感谢你们帮我分出了单双数。

（2）玩游戏"抱梅花",进一步区分10以内的单双数。

师:（介绍游戏玩法）现在我们来玩"抱梅花"的游戏,游戏规则改变了哦,请听清楚我的要求,游戏开始你们随音乐舞蹈,当音乐停止我会说单数,你们抱在一起的人数必须是单数,如果我说双数,你们抱在一起的人数是双数。

师:当老师报的是双数但是只剩下一朵小梅花时怎么办？（再加一朵就是双数）

4. 经验迁移到生活,引导幼儿寻找身体上和活动室内的单双数。

师:请小朋友们找找你们身上或者我们的教室里面什么地方是单,什么地方是双,请用自己的方式记录下来并且和你的同伴说一说你都找到了哪些。

社会活动"冬至知多少"

● **活动目标**

1. 知道冬至在每年公历12月21日—23日的某天,了解冬至到来时的一些基本特征。

2. 收集并说出有关冬至的传说、民俗等。

3. 体验与同伴分享交流冬至小知识的乐趣,感受冬至节气与自己的生活息息相关并喜欢冬至节气。

● **前期经验**

通过前期的亲子调查表,可以发现幼儿对于冬至这一节气的了解已经比较丰富了,不少幼儿都用自己的方式在调查表上进行了记录,可见幼儿有一定的收集资料的能力。幼儿步入大班以后,与同伴分享交流的愿望更强烈了,但一些幼儿在分享过程中会紧张、表达顺序会变得杂乱,可以借调查表帮助幼儿理顺表达的顺序。

● **活动准备**

《我们的节气——冬至》调查表,动画《冬至》。

● **活动重点**

了解冬至的气候和民俗。

● **活动难点**

结合自己的调查表与同伴相互交流,大胆讲述。

● **活动过程**

1. 谈话导入。

师:本周我们迎来了冬天的第四个节气,周末请小朋友们回家和爸爸妈妈做了一个冬至大调查,相信大家对冬至的由来和习俗都有了一定的了解,谁来说一说呢?

师:说一说你知道的冬至,冬至在什么时候？你们还知道关于冬至的其他小知识吗？

幼儿分享交流自己的调查表。

总结:每年12月21日—23日某天迎来了冬至。冬至是我国特有的节气,冬至也是二十四节气中最先确定的节气。冬至这一天,天气会有所变化。冬至这天白天是一年中最短的一天,夜晚是最长的一天。再往后,白天一天比一天长,而夜晚一天比一天短,从这一天开始,天气会越来越冷,我们就要数九啦!

2. 南京的冬至习俗。

师:冬至节气到了,我们南京有什么习俗?

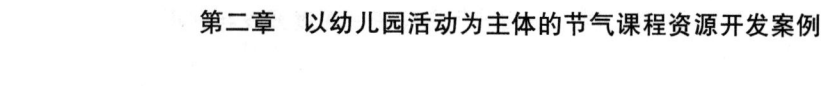

幼儿根据调查表交流分享。

总结:小朋友们了解得真不少,在刚刚的分享中是不是又学到了许多你没有调查到的小知识呢? 在南京,我们会吃饺子,喝青菜豆腐汤,喝鸡汤,有许多人说,在冬至这天喝鸡汤,寓意着可以补上一年的营养。

3. 冬至怎么过。

师:了解了冬至的由来和习俗,你们的冬至准备怎么过呢? 可以跟好朋友说一说。

幼儿自由讨论,交流分享。

总结:可以回家和爸爸妈妈一起包饺子、喝鸡汤,买、折、画漂亮的鞋袜送给爷爷奶奶,也可以和爸爸妈妈一起看看冬至的那一天太阳什么时候升起、什么时候落下,为数九记录做准备,从冬至开始每天记录温度,开始数九……

● 延伸活动

冬至夜是一年中最长的一夜,许多老人认为冬至夜的梦最美好,大家互相传梦可以"圆梦"。在冬至后,幼儿可以画下冬至夜里的梦,和伙伴们一起猜一猜、说一说,交流自己的梦。

音乐活动"数九歌"(歌唱)

● 活动目标

1. 理解"数九"的含义,能较好地唱出附点音符中的节奏。

2. 学唱歌曲,按歌词内容"一九二九""不出手"创编动作,进行歌表演。

3. 喜欢歌表演,体验与同伴共同表演的乐趣。

● 前期经验

幼儿熟悉《数九歌》的内容,对"数九"的概念比较了解。在音乐活动中已有过根据歌曲创编动作的前期经验,能跟随歌曲做相应的动作。

● **活动准备**

含《数九歌》内容的PPT。

● **活动重点**

学唱歌曲,唱准附点音符。

● **活动难点**

按歌词内容创编动作。

● **活动过程**

1. 学唱《数九歌》,了解歌曲内容。

(1)展示PPT,复习《数九歌》。

师:小朋友们,我们之前了解了很多关于节气的知识,还学习了一首《数九歌》,你们记得《数九歌》吗?在我国有"九九"的说法,用来计算时令。计算的方法是从冬至日算起,第一个九天叫"一九",第二个九天叫"二九",依此类推,一直到"九九",即第九个九天,这时冬天已过完,春天来到了。我们的祖先把这个编成了一首歌,听老师来念一念。

(2)理解歌词内容。

师:在刚才的歌中,有哪些内容?

2. 学唱歌曲,强调附点音符。

(1)教师有感情地演唱。

(2)幼儿学唱歌曲,强调附点音符。

师:在刚刚的歌曲里,你们发现有趣的地方了吗?就是附点音符,让我们用好听的声音来学唱这首歌曲吧!

3. 根据歌词内容创编动作并进行表演。

(1)幼儿创编动作。

师:这么有趣的歌曲,小朋友们能不能用身体创编动作并进行表

演呢?

师:大家可以先思考一下,"一九二九"可以用什么动作来表示,"不出手"可以用什么动作表示?

师:请小朋友们自己想一想动作,想好的小朋友可以上来试一试。

(2)两人或多人合作表演。

幼儿已经单独将《数九歌》用动作表现出来,鼓励幼儿找一个或多个小伙伴合作进行表演。

4. 活动结束。

总结:今天我们学唱了一首有趣的歌曲叫作《数九歌》,希望小朋友们回家后也能将这首歌曲带给更多的人。

体育活动"麋鹿跳"(助跑跨跳)

● **活动目标**

1. 练习助跑跨跳的基本动作,增强腿部肌肉的力量。

2. 尝试灵敏地快跑,助跑距离大于 1 米,感知用一只脚用力蹬地,同时身体重心向前移带后腿跨过小河,单脚落地并保持平衡的方法。

3. 能勇敢地参与体育活动,遵守游戏规则,在活动中注意安全。

● **前期经验**

经过两年多的节气活动学习,大班幼儿对于冬至这一节气的物候特征是比较清楚的,知道"麋角解"是冬至节气三候之一。而助跑跨跳是幼儿在中班就接触到的体育活动基本动作,一直会在各种游戏中运用到。但步入大班以后,对动作的要求更加精细,幼儿还不能完全掌握这个动作。通过模仿麋鹿进行助跑跨跳,练习动作,以期能跳出更远的距离。

● **活动准备**

拱桥4个,梅花桩若干,绳子4条,树叶若干。

● **活动重点**

掌握助跑距离大于1米的助跑方法。

● **活动难点**

感知用一只脚用力蹬地,同时身体重心向前移带后腿跨过小河,单脚落地并保持平衡的方法。

表2-39 体育活动"麋鹿跳"的流程

	活动过程	场地布置图	负荷	时间/分钟
开始部分（热身）	一、热身准备 随着音乐师幼进行热身运动,幼儿扮小鹿,做走跑交替入场的动作 师:天气真好,让我们一起出去玩吧 二、专项准备 听音乐做小鹿模仿操,为助跑跨跳做重点部位(腿)的专项热身		中	5
基本部分	一、创设情境,引起兴趣 师:小鹿们,冬天到了,我们要储存粮食过冬了,一起去森林里摘树叶吧,我们看看去森林里的路线图 介绍场地,引导幼儿说说要过几关 师:要想到达森林里,我们要学会一些本领,我们一起看看 教师将幼儿带到场地,与幼儿钻山洞、过独木桥,在前进过程中,出现了障碍——两道深沟,横在幼儿面前,启发幼儿想一想怎样才能安全有效地越过这两道深沟		中大	4

续表

活动过程	场地布置图	负荷	时间/分钟
基本部分 二、初次探索不同玩法,满足玩的欲望 师:你刚才用了什么办法过去?(幼儿示范) 师:刚才有的小朋友是双脚跳过去的,有的是跨过去的,那如果把深沟变宽一点,你们还过得去吗(幼儿自由讨论) 幼儿再次尝试:怎么样过去?(幼儿示范)如何跨得更远? 教师小结:我们可以助跑跨跳过去(请个别幼儿示范) 三、教师示范并讲解助跑跨跳的要求 1.要求:助跑时要有一定的距离,跨时一条腿要用力蹬地,另外一条腿要尽量往上弹起再自然落下 幼儿分散练习,教师观察并适当引导 2.再次集中讲解动作 师:好了,小鹿们都学会了这个本领,现在可以去森林里摘树叶了		中大	6
四、游戏"运树叶" 师:小鹿们,天快黑了,我们快点把树叶运回家吧。请小鹿们选择自己喜欢的道路运回树叶(遵守游戏规则,自觉排队) 幼儿游戏3—5次		大	8—10
结束部分(放松) 一、活动总结 表扬善于开动脑筋思考问题、敢于接受挑战、勇于创新的幼儿,对个别幼儿突破自己点名表扬 二、放松活动 师幼共同放松身体 师:让我们把场地收拾一下,一起回"家"吧		小	4

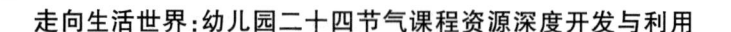

（四）节气特色体验活动

1. 活动目的

在古代民间有"冬至大如年"的说法,冬至被视为冬季的大节日。冬至节气有画九、吃饺子等习俗,幼儿可以亲身感受冬至节气的文化和习俗,提高自主能力和动手操作能力,感受冬至节气的浓浓氛围。

2. 活动对象

全园幼儿、教职工。

3. 材料准备

幼儿园菜地中的蔬菜、饺子皮、大米、卷轴。

4. 活动过程

（1）前期经验。

通过资料收集,了解冬至的习俗和美食,如九九消寒图、吃饺子、吃菜饭等。和幼儿讨论:什么是市集?市集里有什么?你想在冬日市集里卖什么?根据冬至节气的习俗和特点以及幼儿的想法,确定班级冬日市集的摊位内容。

（2）市集筹备。

① 摊位名称确定流程:在确定班级的摊位内容后,先由幼儿提出几个有意向的摊位名称,再进行民主投票,最终确定一个班级摊位的名称。

② 摊位 LOGO 设计流程:幼儿先绘画设计摊位的 LOGO,再进行民主投票,最终确定一个图画作为班级摊位的 LOGO。

③ 摊位布置流程:根据摊位内容,在幼儿园中实地考察、选择场地,准备摊位需要用到的桌椅等,幼儿绘画、自制手工作品装饰摊位,或收集一些灯串、桌布等材料将摊位进行装饰。

④ 物品准备流程:根据摊位内容,师幼共同梳理摊位需要用到的物品和材料,进行收集和准备。

⑤ 确定摊主流程:了解摊主的任务和分工,幼儿知道摊主的职责。

(3) 市集开市。

推荐摊位有以下几个。

① 九九消寒图。

准备:卷轴、毛笔、墨水、颜料。

流程:幼儿了解九九消寒图的寓意,并欣赏,幼儿在摊位上绘制一幅自己的九九消寒图。

② 饺子。

准备:大白菜(幼儿园菜地里种植的)、饺子皮、肉末、锅、碗、勺子、桌布。

流程:幼儿将菜地里的大白菜提前清洗切碎,并和肉末一起混合,幼儿在摊位上亲手包饺子,煮熟后品尝自己包的饺子。

③ 菜饭。

准备:青菜、大米、电饭煲。

流程:幼儿将菜地里的青菜提前清洗沥干切碎,锅中倒入油,倒入青菜翻炒,大米淘好后,放入电饭锅,倒入炒好的青菜,搅拌后盖上盖子,煮熟后,用余温继续焖半小时。

(4) 市集回顾。

冬日市集在幼儿自由自主、互相服务、欢声笑语中结束,幼儿不仅了

图 2-17　　　　　　　　图 2-18

图 2-19　　　　　　　　　　　　图 2-20

解和体验了冬至节气的习俗,还见证了自己的成长,幼儿可以将自己在冬日市集过程中难忘或有意义的事以绘画的形式记录下来,和同伴分享、交流。

(五) 科学小实验

1. 活动目的

冬至是全年中白天最短,黑夜最长的一天。过完冬至,白天渐渐变长,黑夜渐渐变短。九九消寒图是冬至后计算春暖日期的图,幼儿不仅可以画九,还可以用不同的颜色标注出当天的天气情况。

2. 小班篇:九九消寒图

(1) 材料准备:《九九消寒图》(见图 2-21) 全班一份。

(2) 活动过程:从冬至那天开始,每天画一片梅花花瓣,不同的天气可以用不同的颜色涂。过完冬至,观察一九二九的天气变化。

3. 中、大班篇:太阳公公上班啦

(1) 材料准备:时钟(中班幼儿提供数字时钟,大班幼儿提供指针时钟),记录表(见表 2-40)人手一份。

(2) 活动过程:在冬至节气里,每天进行一次日出和日落的记录,可以带到幼儿园与同伴讲述自己的发现。通过记录,发现冬至节气白天渐渐变长,黑夜渐渐变短的变化。

第二章 以幼儿园活动为主体的节气课程资源开发案例

九九消寒图

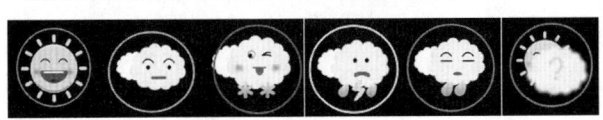

图 2-21

表 2-40 冬至节气日出和日落时间

日期	日出时间	日落时间
___年___月___日		
___年___月___日		
___年___月___日		
___年___月___日		
___年___月___日		

287

续表

日期	日出时间	日落时间
___年___月___日		
___年___月___日		
___年___月___日		
___年___月___日		
___年___月___日		
___年___月___日		
___年___月___日		
___年___月___日		
___年___月___日		
___年___月___日		

三、冬至节气课程资源开发与反思

冬至不觉寒,只因遇蚯蚓

(一)案例背景

冬至,古有"日短"或"日短至"之称。传说蚯蚓是阴曲阳伸的生物,此时虽然阳气已经生长,但阴气仍然十分强盛,土中的蚯蚓仍然蜷缩着身体。所谓"一场雨一场凉",细雨过后,大自然开始了一系列变化,幼儿园里冬天的景象越来越明显了。这样一个极佳的教育资源,自然不能浪费,我们和孩子一起寻找着自然,探寻着大自然的秘密。

(二)案例描述

1. 冬至一候,蚯蚓结

蚯蚓是变温动物,活动的规律和温度有着密切的关系。冬至到,阳气始至,天气的阴寒达到了极致,天最冷。通过一系列活动,孩子们了解了冬至有三候,其中一候是蚯蚓结。"蚯蚓会打结吗?""蚯蚓打结是什么样子的?""蚯蚓打结了会不会疼?"带着一系列的问题,孩子们对蚯蚓产生了浓厚的兴趣。他们便从寻找蚯蚓开始,探寻蚯蚓的秘密……

2. 展开搜寻,哪里能找到你

此后的一段时间里,草坪成了孩子们散步时的首选。他们自发地分成几组,开始了蚯蚓大搜寻。然而,蚯蚓却迟迟没有露面。于是,孩子们开始了讨论。皓皓:"在草丛里找,以前我在草丛里见过。"六月:"轮胎里黑黑的,和蚯蚓一样,它们可能会躲在那儿!"乐乐:"桥下也不能放过,我们去看看吧!"诺诺:"我知道,它最喜欢土,肯定在种植园里!"几次搜寻未果后,我提醒孩子们:"不如我们先调查下蚯蚓喜欢住哪里吧,这样我们就能有目的地去找了。"孩子们非常赞同,回家后在爸爸妈妈的协助下开始了调查和搜索。第二天,大家进行了交流分享,确定诺诺说的"蚯蚓喜欢泥土"是对的。于是,接下来的几天,园里有土的地方都出现了孩子们的身影。功夫不负有心人,孩子们利用铲子等工具,终于在雨后的某天,在小菜园里的土壤里发现了两条蚯蚓,他们别提有多开心了。

3. 我们想认识你

他们找来树枝,轻轻地把蚯蚓挑了起来,生怕弄疼它们。"把它们带回教室吧!""以后它们就是我们的朋友啦!"孩子们七嘴八舌地说着。我说:"好啊,但它们住哪儿呢?"孩子们自信地说:"我们造一个它们喜欢的家不就行了吗?"回到教室,孩子们立刻找来一个透明的盒子,在里面放了一些土,按自己的理解给蚯蚓安了个"家"。区域游戏时,自然角里人满为患,大家饶有兴趣地观察、探究着"家"里的蚯蚓。根据孩子们的需要,我提供了放大镜、筷子、手电筒等工具;同时,为方便深入探究,他们还找来了更多的蚯蚓。观察中,孩子们交流着自己的发现。贝贝:"它们怎么这么小啊?"乐乐:"它们不小,它们是长长的。"贝贝:"你看,这条钻到土里去了。"豆豆:"它饿了,它要吃土了。"贝贝:"可是它钻进去,我都看不见它了。"帅帅:"我们把它拿出来吧!"帅帅说着用筷子轻轻地把蚯蚓挑了出来。童童胆子大:"我来摸摸它。哦,它身上黏黏的。"贝贝也有新发现:"快看,它身上还有线呢,像斑马线。"持续几天的观察让孩子们发现了许多蚯蚓的秘密。随着观察的深入,问题也随之而来:"蚯蚓有眼睛吗?它们在土里怎么看东西的?""蚯蚓的嘴巴在哪里?我想看着它吃东西。""蚯蚓喜欢吃什么?""蚯蚓为什么那么喜欢往土里钻呀?"……孩子们想深入探究的愿望溢于言表。

4. 深入探究,让我们走近你

问题是孩儿们保持探究兴趣的关键,以问题为导向的学习就是引导孩子们发现问题、解决问题,从而获得知识经验,满足成长的需要。探究:蚯蚓喜欢吃什么?随着蚯蚓在教室里安家落户,"蚯蚓喜欢吃什么"的问题引起了孩子们的关注。我及时抓住孩子们的兴趣点,从已有生活经验入手,鼓励他们大胆猜测。聪聪:"它生活在土里,肯定喜欢吃土。"乐乐:"我感觉它也喜欢吃树叶。"达达:"它会吃掉在地上的面包屑吗?"诗诗:"它还喜欢吃我们菜地里种的菜。"为了验证自己的猜想,孩子们找来各种自认为蚯蚓喜欢吃的东西,撕得小小的,放在了泥土里。孩子们发现蚯蚓会把这些食物和泥土搅拌在一起,然后食物就慢慢不见了。但这些东西是不是都被蚯蚓吃掉了呢?大家并不确定。这时,辰辰为大家带来了和妈妈一起上网搜索的结果:"蚯蚓是杂食动物,除了玻璃、橡胶、金属,其余的它都喜欢吃。"答案有了,但孩子们并没有停止自己的观察。细心的诺诺和六月通过比较发现,蚯蚓更喜欢吃甜甜酸酸的东西。这一发现让孩子们兴奋不已,这下他们喂食时目标更明确啦!探究:蚯蚓有眼睛吗?一天游戏分享时,诺诺提出了一个困惑:"蚯蚓的头和尾巴怎么看上去是一样的?我分不清。"小海站起来:"看看它眼睛在哪里不就行了,长眼睛的地方肯定是头。"大家都认可小海的话,纷纷寻找蚯蚓的眼睛。令人失望的是,大家都没有什么发现。这是怎么回事?已有网上搜索经验的孩子们请我上网为他们寻找答案。不查不知道,一查吓一跳:蚯蚓没有眼睛。这一答案引起了孩子们更强的好奇心：那蚯蚓怎么看东西呢？我继续为他们搜索：蚯蚓有发达的感光器官，它依靠这些器官来感受外界的光线。可有的孩子还是有些怀疑：是这样吗？我建议孩子们试一试。孩子们找来一块深色毛巾，把它盖在了饲养盒上。在毛巾的一角，塞进了一个打开的手电筒。然后，大家开始了等待。2个小时后，当我们掀开毛巾时，发现蚯蚓都躲到较黑的一边去了。孩子们兴奋极了！紧接着，孩子们又开始了蚯蚓有没有鼻子、耳朵、嘴巴的探究。他们有的和爸爸妈妈一起上网查询，有的尝试用实验的方法验证。很快，孩子们探究的结果也出来了：蚯蚓有嘴巴，但没有鼻子和耳朵，它是靠身上敏锐的感觉细胞来感知外面的世界的。孩子们由衷地感叹："蚯蚓可真奇妙！"

5. 适时放手，期待更好的你

接下来的几天，孩子们对蚯蚓的照料更细心了，无论是喂食、洒水还是松土，都小心翼翼的。但孩子们发现，饲养盒里的蚯蚓越来越"懒"，不爱动也不爱吃了。孩子们很担心：这些蚯蚓会不会死掉？饲养盒是它们最好的家吗？于是，我们又一次进行了讨论。妮妮："把它们送回去吧，可能它们更喜欢那里。"诗诗："可是，我有点舍不得。"帅帅："想它们的时候，我们到泥洞边去看它们。"聪聪："送回去它们会长得更强壮！"就这样，孩子们艰难地选择了放手。午饭后，孩子们轮番和蚯蚓进行了告别，然后郑重地把它们送回了曾经发现它们的地方。看着重回故里的蚯蚓，孩子们恋恋不舍，同时又有着满脸的期待。

（三）案例反思

1. 以探究活动引发幼儿的深度学习

深度学习是一种学习者在自身学习兴趣的基础上以高阶思维发展和问题解决为目标，通过对学习内容的深度加工来获得新的认知结构并能实现知识和能力有效迁移与应用的一种学习方式。幼儿的主动参与是引发其深度学习的关键因素，在这个过程中幼儿的认知、思维、情感协同发展。幼儿在对蚯蚓的外形特征以及蚯蚓的生活习性产生兴趣后,通过同伴讨论、实验验证、观察分析等方式沉浸式地探索关于蚯蚓的奥秘,寻找问题的答案,此次探究的过程就是学习的过程,就是经验积累的过程,也是学习兴趣、学习态度、学习品质全面涉入的过程。教师要重视和把握幼儿得以深度学习的契机,尊重幼儿学习的主体性,将学习和探究的机会还给幼儿。教师应鼓励幼儿自我表达、积极探究、大胆交流,当下仅作为观察者,观察幼儿、了解幼儿,才能为下一步的适宜支持建立基础。

2. 以生命教育联结幼儿的情感体验

生命教育是影响人一生的教育,是教育永恒的主题与终极追求。幼儿热爱生命、尊重生命、与自然和谐相处是幼儿情感态度价值观的基本原则。在对蚯蚓产生好奇—展开搜寻—认识蚯蚓—深入探究—适时放手的活动中,幼儿的情感体验发生了微妙的变化。例如,发现蚯蚓生活习性常识的激动心情、感觉蚯蚓不喜欢被困后的释放决定都体现了幼儿敬畏自然、尊重生命、保护生态意识的萌芽与唤醒。幼儿的生命教育包括但不局限于感知自然,自我认知、安全防护、学会感恩等多维度内涵,教师应为幼儿提供丰富的体验活动,引导幼儿互动体验,切身感悟生命教育的真谛与意义。

3. 以适宜指导促进幼儿的经验提升

《指南》科学领域中提出:"为孩子提供一些有趣的探究工具,大人用自己的好奇心和探究积极性感染和带动孩子。""真诚地接纳、多方面支持和鼓励孩子的探索行为。"在本次探索蚯蚓的活动中,教师的适当介入和适宜指导是非常到位、值得肯定的。在幼儿观察蚯蚓时,提供了放大镜、筷子、手电筒等工具,保障幼儿观察探究的物质基础。在幼儿进行蚯蚓喜欢吃什么以及有没有眼睛等器官的探究时,利用网络为幼儿的探究结果提供科学的验证。最主要的是,教师对幼儿的兴趣和问题都给予支持和鼓励的态度,为幼儿构建了宽松的心理氛围,激发了幼儿敢于探究、

乐于探究的内驱力。教师的适宜指导为幼儿的学习与发展提供了强有力的支架,推动幼儿充分探索和经验提升。

4. 以实际生活挖掘幼儿的课程资源

幼儿园课程资源的挖掘和利用是课程建设的重要工作之一。在开发幼儿园资源的过程中,教师要明晰幼儿在实际生活中产生兴趣的事物是最值得利用的课程资源,是幼儿现实发展所需要的课程资源。在此基础上,教师要有研究和整理课程资源的意识。同样的资源,不同年龄幼儿使用的方法有所不同,幼儿习得的经验也将有所差异。能否结合幼儿实际水平、已有经验、年龄特点和最近发展区等方面进行审议,直接关系到课程建设的质量和走向。因此,教师要基于幼儿学习与发展需要,合理利用课程资源,保证课程的有效实施。

第三章

以家园活动为主体的案例

第三章　以家园活动为主体的案例

由于大寒、立春、大暑、立秋、处暑五个节气一般在寒暑假期间，为了凸显幼儿在资源开发中的主体性，保证幼儿有完整的二十四节气体验，幼儿园研发了《家园共育手册》，每个节气编印一本手册，手册里记录了各个节气的习俗、气候以及相关绘本、儿歌，推荐了亲子游戏、手工活动、食育等方面内容。手册中还留有一些空白页，可以让幼儿和家长自主记录开展的活动内容。

家园活动的开发设计方案正是在《家园共育手册》的基础上完善与提炼而成，方案为家庭生活提供一定的资源，鼓励家长参与节气活动，陪伴幼儿开展有意义的活动。家长对于节气资源的认知是有限的，因此在课程资源深度开发设计方案（家园活动）中提出了有效可行的活动目标，选择了简单易懂的活动内容，利用家庭中较容易得到的材料、便于观察到的现象，开展家庭体验活动和科学小实验，同时提供劳动建议、时令美食、节气保健、节气景象等内容，丰富幼儿假期生活的同时，保障幼儿获得二十四节气经验的完整性。

本章选取了立春节气课程资源开发设计方案。

一、立春节气课程资源开发设计方案

（一）设计意图

立春是二十四节气之始，"立"就是"开始"的意思，立春节气的到来象征着春天的来到。过了立春，万物开始复苏，一切都显得生机勃勃的。在南京，立春节气的气温仍然比较低，人们还穿着厚厚的衣服。立春节气也会迎来我们重要的节日——春节，这是中国人最重要的节日之一，是阖家团圆的幸福时刻。

在本主题中，孩子们在家庭生活中体验中国传统节日的氛围、习俗，品尝节日美食，与家长共同探索节日的风俗习惯，在动手操作中体验不同节气资源带来的趣味，同时增加亲子互动，使家庭生活更加丰富。

（二）活动目标

（1）感受立春节气的社会习俗，在寻找春天的过程中感受节气的变化。知道春节是中国人的重要节日，在制作春饼、剪春字的过程中体会春节的热闹氛围，并用语言表达自己对春节的理解，学念儿歌。

（2）体会立春节气的自然变化，通过测量气温发现天气逐渐回暖，能借助种植活动感受立春象征着万物复苏。

（3）愿意参与节气艺术活动，欣赏节气艺术作品，通过唱一唱、做一做，感受音乐律动美。能与家长合作做手工，并用亲手制作的作品营造春节氛围。

（三）资源开发

表 3-1 立春节气课程资源开发

资源	类别	现实生活世界	传统节气要素
自然资源	动物	小虫	鱼背着冰块游、冬眠的小虫、春牛、松鼠、野鸭
	植物	迎春花、水仙花	迎春花、报春花、山茶花、水仙花、木槿花、扶桑花、虎刺梅
	气候	万物复苏	立春后气温回升，东亚南支西风急流已开始减弱，隆冬气候已快要结束
社会资源	美食	春饼、春卷	春盘、春饼、春卷、春盒
	文学	儿歌《春天到》《找春天》；绘本《立春节》《当春天来临》《画春天》	
	社区或家长	春节拜年、做春菜、舞龙舞狮	

续表

资源	类别	现实生活世界	传统节气要素
已生成的活动资源		春节习俗:拜年、发红包、说吉祥话、贴对联 春节美食:凉拌什锦菜、包春卷、吃八宝饭 花灯:知道花灯的由来、制作花灯、唱花灯谣	

（四）活动设计

表3-2 立春节气活动设计

活动类型	年龄班	活动名称
家庭体验活动	小班	体育游戏:彩带走
		儿歌:春天到
		种植:春大葱
	中班	手工:年年有"鱼"
		歌曲:小燕子
		绘画:迎春花
	大班	劳动:制作春饼
		科学探索:生豆芽
		剪纸:春
科学小实验	小班	寻找春天
	中班	测量温度
	大班	

（五）劳动建议

1. 小班篇:我会叠衣服

活动建议:小班孩子年龄较小,生活自理能力也比较弱。天气寒冷,孩子们都穿上了厚厚的外套,让孩子们学一些叠衣服的本领吧！先把外套平铺在床上,先折叠袖子,左边折叠一下,右边折叠一下,两个袖子抱一抱,再把帽子折叠一下,最后再上下折叠一下,叠好之后记得分类摆放哦！

活动评价:(1)在力所能及的范围内独立叠放外套等衣物;(2)能够在家人指导和帮助下尝试叠放外套。

2. 中班篇:我是家庭小帮手

活动建议:中班的孩子要学会做一些力所能及的家务劳动了,可以帮爸爸妈妈做什么呢?每天吃完晚餐后,可以帮家人主动回收碗筷,将这些餐具送至洗碗池,还可以将厨余垃圾收集起来扔进厨余垃圾桶。

活动评价:(1)能主动帮助家人餐后回收碗筷和扔厨余垃圾;(2)能在家人的引导和帮助下回收餐具。

3. 大班篇:做春饼

活动建议:立春已至,人们会举行迎春、打春等仪式。这个节气也有吃春饼的习俗,带着孩子一起动手制作春饼吧!做春饼需要准备饼皮和馅料,先用面粉和面制作饼皮,在平底锅中煎至微微泛黄,再用自己喜欢的食材制作春饼的馅料,最后动手卷一卷就可以品尝美味的春饼啦!

活动评价:(1)知道做春饼的步骤,能够与家人一同制作春饼;(2)尝试在家人指导下制作春饼。

(六)时令美食

1. 春饼

春天到底是来了,一个"立"字,似乎是立意,毕竟体感还是较冷的,但这丝毫不会打消人们向往春天迎接春天的热情,家里团坐,一份薄饼卷上时令韭黄、荠菜等,一起"咬春",这便是人们迎接春天最好的方式之一。

2. 春卷

春卷是春饼的衍生,现在也是老南京人"咬春"的方式,春卷经过高温油炸,酥脆金黄,既品尝到了美食,也是图个吉利。

3. 什锦菜

南京的立春少不了"什锦菜",它也会出现在重要的宴会场合中,这

无疑体现了它存在的重要寓意。"什锦菜"又名"十锦菜",顾名思义,"十"是十种菜,其中的每一种都被赋予了祝福的寓意,如黄豆芽叫如意、千张叫千秋百代等,十种拌在一起更是代表了人们对新一轮四季的美好期望,体现了对十全十美的美好期待。

4. 萝卜

萝卜味辣,适当多吃萝卜,有助于行气、消积化食等,民间更有"小人参"说法,春季多吃点萝卜可以帮助缓解春困,所以立春时节吃点萝卜,既是"咬春",也能增强体质。

(七) 节气保健

立春节气时,非常容易遇上"倒春寒"的状况,此时保健养生的重点应以预防风寒为主,"阴冷莫过倒春寒,预防疾病放在先",意思就是比寒冬的冷风还厉害的就是倒春寒。所以,要在穿衣上捂得严实点,俗话说"春捂秋冻"就是这个意思。同时,立春时节经常逢春节前后,容易高发食源性疾病。日常生活应注意食品卫生,不吃腐败变质、不干净的食物;养成饭前便后洗手等良好个人卫生习惯,防止食源性疾病发生;保证厨房工具的卫生;食品要分类放置;发霉变质食物一定不能进食等。这个时节,大家要早睡早起,适当多参加室外活动,增强免疫力。

(八) 节气景象

"烟笼寒水月笼沙,夜泊秦淮近酒家"。自古秦淮河就是文人骚客喜爱之地,夫子庙也是南京人过年的"打卡"盛地,它是南京的人文象征,代表着六朝古都深厚的底蕴。对于南京人而言,夫子庙也承载了自己童年的回忆。它像是一艘画船,驶进了我们的梦中,也像是一盏花灯,照亮我们的笑颜。

二、活动内容

（一）小班活动内容

体育游戏：彩带走

● 活动目标

1. 知道"彩带走"游戏的规则和路线。

2. 能保持平衡地走在铺好的彩带上。

3. 愿意利用家里的物品进行体育游戏，喜欢家庭小游戏。

● 活动准备

彩带（长度越长越好，也可以几根拼接）。

● 活动过程

1. 室内热身活动。

找一个空间较大的地方（客厅），跟随家长一起做热身运动，活动上下肢，重点活动腿。

2. 游戏：彩带走。

（1）第一次游戏，由家长发起游戏，把彩带铺在地上，长度越长越好，幼儿沿着彩带走，不能走到彩带的外面，且要保持好身体的平衡。

（2）第二次游戏，由幼儿摆放彩带，幼儿根据自己的意愿摆放，并沿着彩带走。

（3）第三次游戏，家长与幼儿共同游戏，在地上摆放好彩带，在中间做好标记，家长和幼儿分别从两头往中间走，先到中间的获胜，在走的过程中保持平衡，脚不能离开彩带。

（4）第四次游戏，将彩带摆放成弯弯曲曲的形状，幼儿再次挑战，平稳、快速地走过彩带。

3. 放松拉伸活动。

幼儿随着家长一起放松身体，重点拉伸腿部。

第三章　以家园活动为主体的案例

儿歌：春天到

● **活动目标**

1. 知道儿歌里的春天有哪些动植物发生了变化。
2. 理解儿歌含义，能与家长共同朗诵儿歌。
3. 喜欢听儿歌，愿意用自己喜欢的声调、动作表演儿歌。

● **活动准备**

与儿歌《春天到》内容相关的图片若干，轻音乐。

● **活动过程**

1. 谈话导入：关于春天。

家长：你知道什么是春天吗？春天里有什么？

总结：立春节气到了，就代表着春天来了，虽然现在我们还穿着棉衣，但春天已经悄悄来了，外面的小花会渐渐开放，小鸟也会慢慢多起来。

2. 完整聆听儿歌，讨论儿歌的含义。

(1) 家长完整朗诵儿歌，幼儿聆听。

家长：儿歌叫什么名字？里面都有什么内容？

总结：儿歌的名字叫《春天到》，里面讲了很多关于春天的景象，有花朵、小草、小鸟、蝴蝶和蜜蜂。

(2) 幼儿观看与儿歌相关的图片，理解儿歌含义。

家长：为什么花儿是开口笑？蝴蝶蜜蜂会跳舞吗？

(3) 幼儿尝试朗诵儿歌，家长鼓励幼儿配乐朗诵。

家长：你可以试试和音乐一起朗诵，还可以加上喜欢的动作哦！

(4) 幼儿邀请家人一起欣赏儿歌表演。

种植：春大葱

● **活动目标**

1. 知道春天可以种植大葱，大葱是非常常见的植物。

2. 能在爸爸妈妈的帮助下用正确的方式种植大葱。

3. 喜欢参与种植活动,能主动给植物浇水。

● 活动准备

大葱幼苗、土、种植器皿、铲子、水。

● 活动过程

1. 餐桌上的讨论:大葱。

家长:今天我们吃的菜有一个是大葱,找找看,是哪一个呢?

总结:大葱是烧菜经常会用到的,我们一起来种一种吧!

2. 讨论种植大葱的步骤。

家长:我们买来了大葱的幼苗,应该怎么种呢?

(1) 幼儿独立思考种植的方法和步骤。

(2) 家长根据幼儿的回答做总结。

总结:首先准备一个种植的器皿,最好能大一些,这样大葱能长得更好。接着把土倒进器皿里,不要太满,土里挖一个小坑,把幼苗放进去,再用一些土盖上,压平,洒上一些水,就种好了。

3. 幼儿操作,家长辅助。

4. 讨论大葱的养护方式。

家长:大葱种好了,要怎么样才能让它们长得更好呢?

总结:要把大葱放在有阳光、通风的地方,定期给它们浇水。

(二) 中班活动内容

手工:年年有"鱼"

● 活动目标

1. 知道"年年有余"是春节的谚语,象征美好的祝福。

2. 能在爸爸妈妈的帮助下,根据步骤图制作小鱼。

3. 愿意用制作好的小鱼布置家里春节的氛围。

● **活动准备**

卷纸筒,剪刀,红色卡纸,双面胶,金色贴纸,细红绳,剪好的鱼嘴、鱼尾、圆形鱼鳞,流苏,步骤图。

● **活动过程**

1. 讨论:年年有余的含义。

家长:在春节时,大家都会希望自己家能年年有余。这是什么意思呢?

总结:年年有余是一种祝福,希望我们家富足,每年都有余下来的,通常我们用小鱼来代表"余"。

2. 观察步骤图,按步骤操作。

(1) 幼儿仔细观察步骤图,并说一说每个步骤分别是怎么做的。

家长:你能看得懂吗?第一步怎么做?其他步骤呢?

(2) 完成七个步骤。

图3-1　先按步骤图准备好材料,把鱼嘴、鱼尾、圆形鱼鳞剪好做准备

图3-2　在卷纸筒外裹上一层红色卡纸,用双面胶粘贴好

图3-3　将细红绳从卷纸筒中间穿过,下面系上用金色贴纸包好的流苏

图3-4　然后把做好的鱼嘴用双面胶粘贴在卷纸筒上

图 3-5　再把圆形的鱼鳞用双面胶一片片地粘贴在卷纸筒上

图 3-6　把剪好的鱼尾用双面胶粘贴在卷纸筒上

图 3-7　最后贴上眼睛,一条可爱的年年有"鱼"就做好啦

（3）和爸爸妈妈一起制作。

3. 讨论：使用作品布置春节气氛。

总结：我们可以把小鱼挂在哪里呢？一起去挂起来吧！

歌曲：小燕子

● 活动目标

1. 知道《小燕子》是一首经典歌曲,理解歌曲含义。

2. 能和爸爸妈妈一起演唱歌曲,唱准歌曲。

3. 乐意进行歌曲演唱,大胆表现自己。

● 活动准备

歌曲音频《小燕子》。

● **活动过程**

1. 谜语导入。

家长:小小姑娘穿花衣,带着剪刀天上飞。猜一猜,这是什么?

总结:小燕子会穿着花衣服,每年春天就会从北方飞回来。

2. 和家长一起学唱歌曲。

(1)播放歌曲音频。

家长:《小燕子》是爸爸妈妈从小就听的歌,现在我们一起来听一听吧!

(2)家长讲解歌词含义。

家长:歌词你听懂了吗?有哪些是听不明白的?

总结:歌词里唱的就是小燕子的特征和习性。

(3)演唱歌曲,和家长对唱、接唱歌曲。

3. 歌表演:小燕子。

邀请其他家人做观众,一起欣赏幼儿的表演。

绘画:迎春花

● **活动目标**

1. 知道迎春花的颜色和形态特征。

2. 能用不同的工具表现迎春花。

3. 喜欢对自然物进行观察,并用作画的方式表现。

● **活动准备**

1. 物质准备:画纸,绿色颜料,黄色颜料,牙刷,毛笔,棉签。

2. 经验准备:幼儿看过迎春花的实物或图片。

● **活动过程**

1. 讨论迎春花的颜色和形态。

家长:迎春花是什么样子的?有绿色的枝条,细细长长的垂下来,上面开着黄色的小花。

2. 介绍操作材料。

寻找家里合适的作画工具：牙刷、毛笔、棉签等。

3. 讨论操作步骤。

（1）首先准备好材料。

（2）用牙刷蘸取绿色颜料，在纸上刷出草丛，或提前画好花坛等场景。

（3）用毛笔蘸取绿色颜料画出迎春花的枝干，有粗有细。

（4）用笔尖或者棉签蘸取黄色颜料点画出花朵。

4. 幼儿作画，并共同欣赏作品。

（三）大班活动内容

劳动：制作春饼

● **活动目标**

1. 知道立春有吃春饼的习俗，知道春饼的制作方式。

2. 能够按照步骤制作春饼，将春饼的馅料用饼皮包裹住。

3. 不怕困难，遇到困难能向旁人求助。

● **活动准备**

韭菜，豆芽，萝卜，饼皮。

● **活动过程**

1. 讨论。

家长：在立春，有"咬春"的习俗，什么叫作"咬春"呢？

总结：这里的"春"指的是春饼，在立春有吃春饼的习俗。

2. 了解春饼的制作过程。

（1）豆芽、韭菜、萝卜等食材焯水后切成段。

（2）将饼皮摊开放在桌上。

（3）夹取一些切好的食材放在饼皮上，可以根据个人口味进行调整。

（4）将饼皮卷好后用食用油封口。

（5）卷好的春饼上锅蒸熟。

3. 幼儿操作，家长辅助。

4. 讨论春饼的改良方式。

总结：可以根据个人的口味加入自己喜欢的食材，制作创意春饼。

科学探索：生豆芽

● 活动目标

1. 了解豆芽的生长方式，知道立春是豆芽生长的合适时机。

2. 能够按步骤制作好豆芽培养皿，并能定期进行换水、清洁等。

3. 对植物的生长感兴趣，有探究的欲望。

● 活动准备

空碗，吸水性好的布，黄豆若干，水。

● 活动过程

1. 讨论。

家长：好吃的豆芽是怎么生长出来的呢？

总结：豆芽好吃，但是生长的过程却不复杂，我们在家里就可以"种"豆芽。

2. 了解豆芽的生长过程。

（1）在装有黄豆的碗中倒入适量的水没过黄豆。

（2）黄豆浸泡一天，待黄豆泡大。

（3）用湿抹布覆盖住黄豆。

（4）持续观察记录黄豆的生长情况。

3. 幼儿操作，家长辅助。

讨论豆芽的营养价值。

家长：吃豆芽对我们的身体有哪些好处呢？

总结：春吃芽能让我们心情舒畅，减少生气上火的情况。

剪纸：春

● 活动目标

1. 知道"春"字象征着春节、立春节气。

2. 能在爸爸妈妈的帮助下，根据示意图进行剪纸。

3. 愿意用剪好的春字布置家里，剪纸的过程中有耐心、不急躁。

● 活动准备

1. 物质准备：红色正方形纸，剪刀，直尺，铅笔，剪纸示意图。

2. 经验准备：幼儿在幼儿园有过剪纸的经验。

● 活动过程

1. 与爸爸妈妈交谈"春"字的功能和作用。

家长：你知道现在是什么节气吗？马上我们要过一个什么节日？

总结：立春节气要到了，春节也要到了，春节就是过年，我们一起来制作一些好看的手工品装饰家里吧！

2. 观察剪纸示意图，按步骤操作。

（1）仔细观察剪纸示意图，说一说每个步骤分别是怎么做的。

家长：你能看懂吗？第一步是怎么做的？其他步骤呢？

（2）完成七个步骤。

图 3-8　将红色的正方形纸沿对角线对折　　图 3-9　再将折纸沿中线对折一次

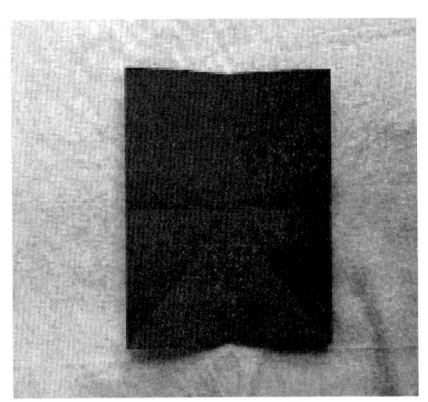

第三章　以家园活动为主体的案例

图 3-10　折出三角形

图 3-11　把折好的双三角沿中线再次对折

图 3-12　在折好的三角形上写上"春"字的一半,这一步需要爸爸妈妈的帮助

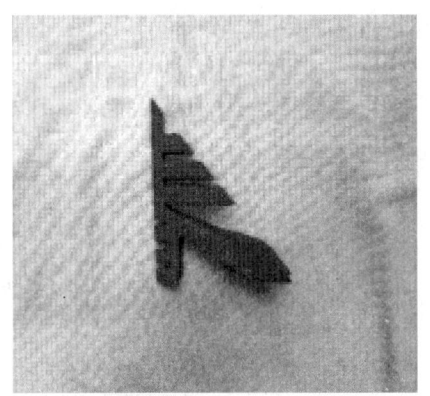

图 3-13　沿着写好的春字剪开

图 3-14　打开剪好的春字,就获得了一个立体"春"字

(3) 在爸爸妈妈的帮助下尽可能独立完成作品。

3. 讨论:家里春节时怎么布置?

家长:这个"春"字做好了能做什么呢?

总结:"春"字很有春节的氛围,我们可以用线串起来,挂在家里,很好看,我们一起来试一试吧!

(四) 科学小实验

1. 活动目的

立春节气象征着春天的到来,在这个节气,也迎来了春节,小朋友们会和爸爸妈妈一起走亲访友,去到南京的各个地方。小朋友们可以和爸爸妈妈一起用眼睛、用画笔、用相机记录下春天的到来,也能通过温度的变化感受春天。

2. 小班篇:寻找春天

(1) 材料准备:相机一台、打印机、笔、记录表(见表3-3)。

表 3-3 寻找春天

日期	地点	照片
___年___月___日		
___年___月___日		
___年___月___日		
___年___月___日		
___年___月___日		

(2) 活动过程:利用假期和爸爸妈妈一起找找春天的"信号",可能是一朵小花悄悄开放,也可能是湖面开始游泳的小鸭子。将寻找到的春天拍下来,打印照片贴在记录表里,或者用画笔在记录表里记录。

4. 中、大班篇:测量温度

(1) 材料准备:电子温度计一个,笔,记录图(见图3-15)。

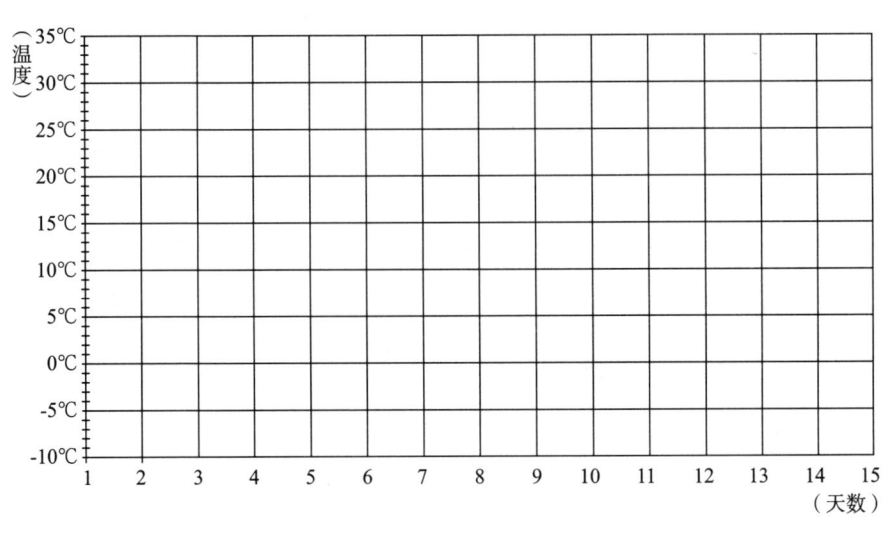

图 3-15 测量温度记录图

(2) 活动过程:在立春节气里,每天同一时间测量一次气温,在爸爸妈妈的帮助下记录在坐标点上,经过 15 天的记录后,将 15 天的坐标点连成折线图,发现立春节气温度的变化和起伏,感知立春节气的到来象征着春天的到来。

第四章

教研历程

一、阶段一:着眼建构,多元对话

(一)明晰内涵,探索资源

课程的架构与预设一定是建立在教师充分了解该节气的基础上。以霜降节气为例,我们组织教师从资源入手,从网络、书籍等多渠道搜集霜降节气相关资料,并就节气资源开展研讨,以下为教研实录。

主持人:在研讨前,大家都已经搜集、查阅了霜降节气的相关资料,了解了节气的内涵,今天我们就霜降节气的内涵和资源,分享交流一下。

教师1:霜降节气的三候分别是:一候豺乃祭兽,二候草木黄落,三候蛰虫咸俯。

教师2:霜降是秋天的最后一个节气,霜降后天气变冷,出现初霜,叶子也发生了颜色上的变化。俗话说"霜降杀百草",霜降过后,植物渐渐失去生机,大地一片萧索。

教师3:霜降节气昼夜温差较大,中午气温较高,秋燥明显,容易流鼻血等。

教师4:霜降是收获的季节,可以收萝卜、板栗、玉米、柿子等,霜降到了莫等闲,人们可以在这个节气种油菜、大蒜、香菜、蚕豆、韭菜(耐寒)。这个节气刚出现霜,人们称为早霜、菊花霜,这个节气有赏霜的习俗。

教师5:霜降有三防,一防秋郁,二防秋寒,三防秋燥。这个时候运动量要适当加大,以提高身体免疫力。有些地方有打霜降的习俗,此外还有斗牛,登高赏菊,吃柿子、牛羊鸭肉、白萝卜等。

教师6:霜叶红于二月花,霜降后叶子陆续变红。霜打菊花开,菊花也进入鼎盛时期。

主持人:刚刚老师们都说了一些霜降的气候特征、习俗、自然物的变化以及霜降的进补食材。我们从中提炼一下节气资源。

中班教师:菊花、柿子、叶子、霜、芦苇。

大班教师:板栗、萝卜、红薯、牛肉、鸭子(吃鸭子贴秋膘)。

中班教师:也可以进行各种种植活动,刚刚总结到的种油菜、大蒜、香菜、蚕豆、韭菜等。

主持人:大家已经梳理了霜降节气资源,那么哪些资源是贴近幼儿生活、方便我们在幼儿园实施课程的?

教师1:霜是最明显的气候特征,我们可以选用。

教师2:孩子可以早起后观察,可以进行家园共育,感知霜的形成。

教师3:落叶遍地都是,比较常见,幼儿、教师方便收集。

教师4:树叶可以进行标本制作、粘贴画、褪色实验、叶脉书签制作等活动。

教师5:这个季节树叶的颜色多样,可以寻找不同颜色的树叶。

主持人:树叶有很多种,其中枫叶是栖霞区的特色,栖霞山是中国四大赏枫地之一,也可以围绕它展开活动的。

教师4:对,枫叶颜色鲜亮,形状特别,孩子也比较感兴趣。

教师6:幼儿园有枫叶的资源,可以开展拓印、书签、印画活动。

教师1:也可以给树穿衣服,霜降要注意给树保暖。

教师3:对,可以引导幼儿想一想如何给树保暖,了解保暖的方式。

教师2:可以品尝柿子,孩子们对其感兴趣,也比较常见。

教师5:孩子可以了解柿子的品种,利用柿子制作各种美食。

教师4:做柿子蛋挞、晒柿子,柿子皮可以进行印染。

教师1:幼儿园种了萝卜,可以进行拔萝卜、腌萝卜活动,也可以进行剪、撕萝卜的艺术活动。

第四章 教研历程

教师2：还有萝卜排队、萝卜蹲、运萝卜的游戏。

教师3：还可以进行萝卜印章、晒萝卜活动。

主持人：霜降有典型的气候特征，早晚温差比较大，孩子可以进行温度记录，并做好保暖工作。

教师5：我们可以围绕防秋燥展开活动，不光多喝水，也可以提醒孩子擦面霜。

教师6：霜降节气芦苇花会盛开，芦苇会扬起灰色穗状的花。

教师4：那我们刚好可以进行观察、绘画活动。

主持人：刚刚我们讲到了霜、树、柿子、萝卜、气温、芦苇花等霜降节气元素，围绕霜降的三候有没有可以利用的资源呢？

教师1：一候豺乃祭兽不好进行园本的活动。

教师2：是的，比较不常见，不好观察。动物园也没有看到过。

教师3：二候草木黄落，围绕落叶的活动我们刚刚也有说到，是比较好获得的。

教师4：三候蛰虫咸俯，孩子可以找虫子进行观察。

主持人：已经有植物方面的资源，动物方面还有吗？

教师5：霜降节气蚂蚱逐渐减少，乌龟开始准备进入冬眠期。

主持人：通过大家的讨论，我们发现，我们的资源分为自然资源和社会资源两种，其中自然资源包括动物、植物、气候，而社会资源一般放在美食、文学作品和家园社互动这几个方面，大家收集的资源还是比较全面的。

至此，我们整理的霜降节气资源思维导图基本生成，如图4-1。

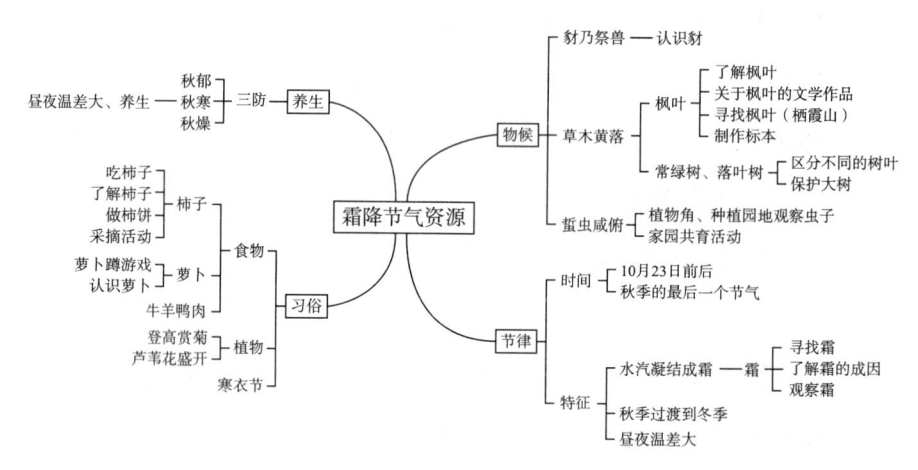

图 4-1　霜降节气资源

（二）链接《指南》，梳理目标

目标是课程的出发点和归属，在预设霜降活动总目标时，我们基于已有资源和设想的活动，结合《指南》目标和幼儿的年龄特点，来制订既满足幼儿现实发展需求又能促进幼儿长远发展的目标，力求每个活动既符合幼儿的年龄特征，又满足幼儿身心发展的需要。不同年龄段的幼儿对节气文化的理解和程度有所不同，所以预设的发展目标应以不同层级、不同水平形式呈现。同时，节气活动是随着时间线索发展的，所以，在制订目标时，我们也考虑到要和前、后的节气有所衔接和递增，考虑小、中、大不同年龄阶段幼儿发展目标的层次性。小班重在参与和体验；中班重点放在感知和了解；大班的活动要更加关注幼儿对节气的理解、表达与表现。我们首先对应《指南》的总目标，就霜降节气的目标展开讨论。以下为教研实录。

主持人：围绕我们梳理的资源结合指南，思考霜降的总目标可以定在哪几个方向。

1. 健康领域

教师 1：有一定的适应能力——早晚温差大。

教师2：动作协调灵敏——摘柿子、切柿子，围绕萝卜的体育游戏；要有良好的卫生习惯——预防感冒、防秋燥等。

教师6：要有自我保护能力，生活自理能力——增减衣物、多喝水。

教师3：多锻炼，早起参加体育活动。能使用简单的劳动工具，考虑走跑跳钻爬多种技能。

2. 语言领域

教师4：能清楚地表达自己的想法——可以说说对节气、气温还有一些季节变化的理解。

教师5：可以围绕《指南》语言领域的目标一、二、三开展一些关于霜降的活动，如散文、故事、儿歌的理解、表达等。

3. 社会领域

教师1：愿意交往和分享，喜欢参加集体活动。

教师3：能与同伴分工合作。

主持人：还有爱祖国爱家乡——栖霞红枫美，了解霜降习俗。

教师6：关心他人——重阳节关心老人。

教师2：重阳节有时候在寒露节气，是不是可以放到补充活动去？

4. 科学领域

教师3：科学领域也是几条目标均涉及了，重点看孩子的发展水平然后生成相对应的活动。

教师4：用柿子、叶子组织科学活动非常适合，需要一定的探究过程。

教师5：数量、空间关系——萝卜在地下、叶子在上面等。

5. 艺术领域

教师1：喜欢自然界与生活中美的事物，在欣赏自然界和生活环境中美的事物时，关注其色彩、形态等特征。欣赏各种美的事物，如菊花、枫叶、芦苇。

教师2：表现与创造——围绕柿子、枫叶等资源进行折纸、国画、表演、歌唱等。

教师3：音乐活动也可以有我们都熟悉的买菜、拔根芦柴花等。

在该阶段的研讨过程中，老师们一边对照《指南》目标梳理，一边链接资源想一些可以开展的活动，但如何划分三个年龄段的目标与活动，还需进一步的思考。我们组织教师以年级组为单位，对应《指南》中不同年龄段的目标，梳理出本年龄段的主题总目标和预设的活动。通过老师们的分组研讨，各年龄段的主题总目标基本梳理完成。如图4-2。

霜降主题总目标

小班
1. 健康：在活动中，通过动手操作，学会自己穿衣服，随时增减衣物，以防感冒；练习双脚并拢向前跳的动作，提高身体的平衡能力。
2. 语言：学会用完整的短句表达自己的意愿；初步用连贯的语言复述简单有趣的儿歌和故事。
3. 社会：能够适应幼儿园的集体生活，大胆尝试主动交往，愿意与同伴一起玩游戏，体验与同伴玩游戏的快乐。
4. 科学：知道霜降节气到来，感受节气特征，知道霜降是二十四节气之一，通过图片观察霜的形成，体验探索大自然的乐趣，能在游戏、观察、表述等过程中区别物体所在的上、下、前、后的空间方位。
5. 艺术：学习用自然的声音唱歌，尝试大胆在同伴面前歌唱；能够大胆用颜料进行手指点画、棉签画、手印画等。

中班
1. 健康：天气变化时，能够适应季节的变化；知道多吃新鲜的蔬菜和水果对身体有好处，合理科学的饮食；能较灵活自抛自接球与听信号游戏，发展身体的协调性，积极并坚持体育锻炼。
2. 语言：能用语言说出霜降时节的变化；喜欢欣赏不同的文学作品，大胆想象，初步尝试仿编；感受语言的韵律和意境美，初步对文学作品感兴趣。
3. 社会：了解霜降时节，能与同伴合作讨论霜降的含义；知道朋友间要分享，能与同伴友好相处；在集体中大胆展示自己，具有自尊、自信、自主的表现。
4. 科学：感知节气中周围动植物的变化，对大自然产生探究兴趣；了解为树木保暖的方法，有爱护树木的意识，通过观察、比较找相同，初步感知空间方位的关系。
5. 艺术：细心观察，初步了解了静物写生的方法，能运用自己喜欢的方式与材料大胆创作，感受霜降中事物的色彩美；学习辨别不同的节奏，初步与同伴配合着指挥演奏打击乐器。

大班
1. 健康：知道天气转凉，要及时增添衣物；了解霜降时节的饮食习俗，并能说说哪些食物能养生；在脚夹包接力和立定跳远的活动中发展动作的协调性、灵敏性。
2. 语言：能感受文学作品的意境美，初步理解文学作品中运用的比喻、拟人手法；能用完整连贯的语言复述散文或故事内容，愿意与同伴合作表演童话故事。
3. 社会：了解霜降时节常见植物的名称，将自己观察到的植物变化与同伴、家人分享，并大胆向同伴介绍霜降时节的自然现象和习俗，萌发热爱家乡的情感。
4. 科学：在观察探索中发现霜降时节动植物的变化，对自己身边的植物感兴趣，有积极的探索欲望；认识"+、-"符号，初步建立加减法的概念；探索学习6的分成。
5. 艺术：积极学习用多种材料表达自己对霜降节气的认识，乐意用绘画等方式记录自己的发现；能用自然美好的声音基本准确地唱歌，努力运用不同的速度、力度、音色来表现音乐的性质。

图4-2 霜降主题总目标

（三）确定路径，生成方案

确定了各年龄段的主题目标后，我们开始设想不同资源的利用方式和活动的可实施路径，以此来达成我们预设的目标，就这个问题，我们组织教师，再次展开研讨。

主持人：我们的节气活动是融合在幼儿的一日生活中的，所以达成目标的渠道有很多，大家现在想到的，实现目标的途径有哪些呢？

教师1：首先想到的就是集体教学活动。

教师2：还可以是游戏活动。

教师3：霜降节气里涉及的收集树叶、栖霞山赏枫叶是需要通过家园共育活动实现的。

教师4：还有生活活动，比如增添衣物、多喝水防秋燥。

教师5：观察园内变化时，通过散步活动、谈话活动可以实现目标。

教师6：一些动作技能的发展在晨间锻炼时可以实现。

主持人：环境是重要的教育资源，对幼儿有着潜移默化的影响。在活动开展的过程中，我们也要重视环境的教育作用。

教师3：是的，我们要考虑到不同节气的环境创设。

主持人：那我们通过大家的梳理，可以总结出活动路径有集体活动、日常活动、环境创设、家园共育等。

在梳理好活动路径后，各年级组教师再次以年级组为单位，收集、撰写预设的霜降主题活动方案。（以小班为例）

枫红霜花白——马群幼儿园小班霜降主题课程

● **主题思路**

霜降为二十四节气之一，一般是在每年公历的10月23日前后。这时中国黄河流域一带出现初霜，大部分地区多忙于播种三麦等作物。霜降是秋季的最后一个节气，是秋季到冬季的过渡节气。在这个节气里，小朋友们一起认识霜，和枫叶做游戏；认识各种各样的萝卜……他们在与伙伴们一起游戏的同时感受朋友的意义。让我们跟着孩子们的脚步走进大自然，一起感受霜降时的变化，欣赏枫叶的美丽，品尝柿子的香甜……

【**我们的思考**】通过主题思路的阐述，帮助老师们初步了解该节气的时间、气象、物候等，基于节气资源，对照《指南》，梳理主题开展的思路和设想幼儿在这个节气中可以开展的活动。

● 主题目标

1. 健康。

在活动中,通过动手操作,学会自己穿衣服,随时增减衣物,以防感冒;练习双脚并拢向前跳的动作,提高身体的平衡能力。

2. 语言。

学会用完整的短句表达自己的意愿;初步用连贯的语言复述简单有趣的儿歌和故事。

3. 社会。

能够适应幼儿园的集体生活,大胆尝试主动交往,愿意与同伴一起玩游戏,体验和同伴玩游戏的快乐。

4. 科学。

知道霜降节气到来,感受节气特征,知道霜降是二十四节气之一,通过图片观察霜的形成,体验探索大自然的乐趣;能在游戏、观察、表述等过程中区别物体所在的上、下、前、后的空间方位。

5. 艺术。

学习用自然的声音唱歌,尝试大胆在同伴面前歌唱。能够大胆用颜料进行手指点画、棉签画、手印画等。

【我们的思考】帮助教师厘清本主题中的总目标,能根据目标,对接下来的活动产生思考,同时,结合本班幼儿的能力和需要,通过不同的途径,科学、灵活地落实。

● 集体活动

1. 活动内容。

表4-1 霜降节气主要集体活动

第一周	第二周
科学"认识霜"	儿歌"小枫叶"

续表

第一周	第二周
健康"我会穿衣服"	歌曲"拔萝卜"
数学"1和许多"	体育"小兔拔萝卜"
故事"小兔找朋友"	社会"小枫叶的好朋友"
美术"手指点柿子"	数学"萝卜在哪里"

【我们的思考】在主题目标已确定的背景下,我们结合所搜集到的资源,开始设想不同资源的利用方式和活动的可实施路径,以此来达成我们预设的主题目标。为满足幼儿全面发展的需要,我们围绕五大领域,结合前、后的节气中幼儿经验的衔接和递增,分别预设了符合幼儿年龄特点和发展水平的活动。因霜降节气时长为14天,一个节气中,幼儿在园时间一般为10天左右,故我们共预设了10节集体教学活动。

2. 活动目标(略)。

● 区域活动

表4-2 霜降节气区域活动

区域	可能引发的活动	材料准备	观察与指导要点
语言区	1. 看图讲述:霜降知多少 2. 绘本《火晶柿子小猪》	1. 霜降节气相关图片(果实、霜花等) 2. 相关书籍	1. 通过观察图片,能够简单地说出图片的内容,能说出霜降水果的名称、外形特征 2. 能根据画面,简单说出故事的情节
建构区	1. 小兔萝卜地 2. 小花	1. 清水积木,萝卜地图片 2. 清水积木,草皮、雪花片等	1. 尝试用围合的方法搭建出萝卜地 2. 通过观察制作步骤图及在老师的引导下运用雪花片拼插出小花,能用颜色区分出花蕊和花瓣

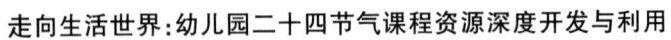

续表

区域	可能引发的活动	材料准备	观察与指导要点
美工区	1. 手指点画"柿子" 2. 树叶粘贴画 3. 萝卜印画	1. 各色颜料、柿子树底板 2. 各种各样的落叶、胶棒 3. 大小不一的萝卜	1. 了解柿子的外形特征,学习用手指点画方式点出柿子,不重叠 2. 能选择自己喜欢的叶子或枯枝拼摆并粘贴画作 3. 选择喜欢的颜色,尝试用大小不一的萝卜横截面进行印画
生活区	1. 穿衣服 2. 晒衣服	1. 衣服 2. 袜子 3. 晾衣夹	1. 尝试利用图示和儿歌学习穿衣服 2. 能将袜子进行配对整理 3. 能用小夹子夹住衣服晾晒,锻炼小肌肉群
科学认知区	1. 方位:柿子在哪里 2. 匹配:叶子找妈妈 3. 数学:"1"和"许多"	1. 框子、柿子图卡片 2. 各类叶子 3. 鱼和鱼缸操作单	1. 能自主摆放柿子,认知柿子在框子里面、外面、上面、下面 2. 初步根据叶子种类找到相应大树 3. 能根据鱼缸大小分出"1"和"许多"
角色区	1. 娃娃家:我为宝宝穿衣服 2. 带宝宝秋游	1. 娃娃 2. 提供各类小衣服(开衫、扣扣子衣服、拉链衣服等) 3. 餐垫、背包	1. 学当爸爸妈妈,帮助宝宝穿衣服 2. 在老师的引导下,能开展带娃娃秋游、逛公园等游戏情节
自然角	观赏类:可爱的萝卜手工、美丽的菊花	1. 提供各种各样的实物萝卜 2. 提供菊花盆栽	1. 欣赏用各种各样的萝卜制作的手工品,愿意和同伴介绍自己的作品 2. 欣赏菊花,知道菊花的多样色彩和种类
	种植类:种萝卜、观察植物生长情况	萝卜	水培萝卜,观察萝卜的根须变化
	饲养类:照顾养在饲养角的昆虫	之前节气中饲养的昆虫	观察霜降时节昆虫都做什么

【我们的思考】在设计区域活动表格时,我们最初只设计了区域名称和材料准备两栏,但在研讨中发现,只提供材料建议,教师实施时可能会出现不会合理使用材料、材料使用不充分的情况,同时,不知道在幼儿活动时重点关注哪些方面。所以我们在已有的两栏基础上,增添了"可能引发的活动与价值"和"观察与指导要点"。在内容设置上,我们根据上一个节气中区域活动的实施与开展,结合幼儿的发展需要和发展水平,预设了以上区域活动。例如,建构区中,上一个节气的建构区重点观察幼儿可以尝试用平铺、垒高等建构技能搭建花坛并尝试用多种积塑材料拼插小花,在本节气中,我们就重点观察了幼儿尝试用围合的方法搭建出萝卜地,在运用雪花片拼插出小花,能用颜色区分出花蕊和花瓣,由此可见,在搭建方法上观察重点由"平铺、垒高"转换为"围合",在花朵的建构上观察重点由"拼插"转换为"能用颜色区分出花蕊和花瓣",是有一定的进阶的。

● 日常活动

1. 体育锻炼。

(1)晨间锻炼。

① 熟悉活动场地和游戏材料。

② 正确使用游戏材料及运动器械,注意活动中的安全。

③ 乐意参加简单的锻炼,愿意接受挑战,例如,触跳够物——摘柿子、捡落叶、摇马、拱门、跳圈、赶小猪等锻炼项目。

(2)体育游戏。

① 调皮的树叶娃娃。

活动目标:能听信号做动作,练习走、跑交替;根据教师的语言指令和铃鼓节奏快慢的变化快速反应,做出相应的动作;感受树叶娃娃飞舞、调皮的乐趣。

玩法:树叶娃娃可调皮了,它们总是喜欢和风姐姐玩游戏。小朋友们

演树叶娃娃全部都蹲在地上。当风姐姐说"刮小风了",你们就从地上站起来走走;当风姐姐说"龙卷风来了",你们就到处跑;当风姐姐说"风停下来了",你们就在原地站好不动。幼儿根据教师的语言指令玩游戏。游戏中提醒幼儿在走和跑的时候要当心,不要碰到别人,更不能推别人。根据幼儿兴趣,可开展游戏2—3次。

② 小蚂蚁运粮食。

活动目标:知道手膝着地爬行的姿势;通过练习手膝着地爬行,发展动作的协调性;鼓励幼儿主动参与活动,体验友爱的情感。

玩法:幼儿自由地爬过"山洞",走过"小桥",来到空地。(有节奏的音乐,教师注意观察幼儿爬的方法,及时指导纠正)教师:"这里有很多粮食,我们把它们运回家吧!"幼儿手拿"粮食"跑回起点,把"粮食"放在筐内后继续爬过"山洞"走过"小桥"去运粮食。

(3) 大型器械:平衡木。

① 能在高15—20厘米的平衡木行走,保持平衡。

② 知道用打开双臂的方法维持身体平衡,有良好的安全意识,活动中注意安全。

2. 生活活动。

(1) 餐点、饮水。

① 主动排队接水,站在指定区域喝水。

② 提醒幼儿吃完点心后将嘴巴擦干净,节约用纸。

(2) 如厕、盥洗。

① 在日常活动中利用儿歌视频等方式让幼儿掌握正确的洗手方法,洗手时用流动的水将手冲洗干净。

② 鼓励幼儿抹肥皂时将水龙头关上,节约用水。

③ 提醒幼儿有便意时主动如厕,养成饭前便后洗手的习惯。

(3)睡眠、整理。

① 安静地进入卧室,将脱下的鞋子摆放整齐。

② 情绪安定地入睡,不打扰别人午睡。

③ 能分清鞋子的左右。

3. 谈话活动。

(1)晨间谈话。

① 你今天来幼儿园的路上看到草地上白白的是什么?霜和雪一样吗?

② 说一说枫树叶子颜色的变化。

③ 观察自然角菊花的样子和变化,尝试给菊花浇水。

(2)过渡环节。

① 游戏"大风吹"。

② 聊一聊霜降时节的水果,帮助幼儿了解适当多吃水果可以防秋燥。

③ 欣赏霜降时节的景色照片,感受多彩的深秋。

(3)餐前准备。

① 学习正确的洗手方法,用毛巾将手擦干。

② 介绍当天的食物名称及营养价值,鼓励幼儿不挑食。

(4)散步主题。

① 观察枫叶颜色的变化,到小菜地和草丛里观察小蚂蚁如何运粮食。

② 收集落叶,带回班级。

【我们的思考】为了更好地达成目标,我们又展开了新的思考与讨论,探索更多可以达成目标的途径,如幼儿在园的体育活动、生活活动、游戏活动、谈话活动等。体育活动中,我们也从晨间锻炼、体育游戏、大型器械多方面考虑幼儿动作技能目标的达成;生活活动中,无论是餐点、饮水,还是如厕、盥洗,以及午睡环节都旨在培养幼儿在不同节气中的养生意识和行为;谈话活动中,我们利用晨间谈话、餐前准备、散步等环节,观察自然环境,讨论有关节气物候的话题。通过活动的设定,给教师提供充分的节气活动渗透进一日生活的建议。

● 环境创设

(1)霜降节气主题墙:粘贴各种各样霜降的照片;收集各种霜降时节柿子成熟、枫叶红了的图片。

(2)丰富班级墙面,粘贴幼儿活动时的照片。

(3)过渡环节带幼儿欣赏早霜(菊花霜)和柿子成熟的图片。

(4)为幼儿提供展示作品的平台。

(5)丰富班级自然角,添置自然角植物。

【我们的思考】环境是重要的教育资源,对幼儿有着潜移默化的影响。在活动开展的过程中,我们也要重视环境的教育作用。在不同的节气中,我们提供了不同的环境创设建议。如及时在班级中粘贴有关节气的图片或将收集来的关于节气的种子、水果、自然物等进行展示,充分营造节气的氛围。在幼儿不断探索节气活动的同时,对幼儿活动时的美好时刻进行记录,并在班级中进行展示与分享,鼓励幼儿大胆进行更多有趣的探索。

● 家园共育

(1)家长与幼儿共同收集有关霜降时花草树木、果实等资料。

(2)家长积极配合幼儿园,天冷了,鼓励幼儿按时入园,积极参加晨间锻炼。

(3)鼓励幼儿用绘画的方式表达自己的感受。

(4)在家可与家人一起品尝柿子。

(5)家长积极配合,鼓励幼儿早起去户外拍摄下霜场景,观察霜花。

（6）利用节假日，带幼儿去大自然中寻找霜降后的变化，并鼓励幼儿用语言表达出来。

【我们的思考】家园共育在节气活动的开展中也是至关重要的，例如节气里的物候特征除了幼儿园里的有限资源，大自然里还有更多值得探索的，这一版块中，关于家园共育的建议，可以为家长提供更多的活动参考，鼓励家长和幼儿共同观察、收集；我们也希望家长可以围绕节气生活和幼儿进行探索与探讨，一起品尝节气美食、一起交流节气变化、一起观察节气之美。

在三个活动方案成型后，我们组织三个年级组教师再次聚集研讨，主要解决节气元素体现不明显、活动设计重复、活动内容与目标不统一等问题。此次研讨后，小、中、大三个年龄阶段的霜降主题目标基本成型，交由各年级组进行组内教研，确定实施方向。

二、阶段二：优化活动，追随发展

园部经过前一阶段的教研，形成了霜降主题的活动资源手册，为班级活动的实施提供了多样的选择，接下来的年级组教研，我们主要从幼儿、活动内容、教师等多个维度进行，逐步厘清霜降活动的意义与价值，明确如何实施主题活动，包含活动的选择、采用哪些形式、如何利用资源等，提升活动实施的有效性。

在霜降活动的选择这一过程中，我们会以"问卷调查""谈话活动"的形式，了解幼儿的已有经验和兴趣点。如在霜降开始前，教师在幼儿的户外活动中，通过观察发现幼儿对枫叶有了初步的了解，但现阶段的枫叶为什么是绿色、枫叶的大小和见过的也有不同等问题，可见幼儿对枫叶是有探究兴趣的。并且在这段时间，幼儿园菜地里的萝卜也越长越大，幼儿对不同萝卜的外形特征和气味也有着探索欲望。基于对幼儿的经验调查，我们认为要尊重幼儿兴趣点给予集体活动或个别化学习等方式的支持，要针对幼儿的已有经验去进一步调整已预设的活动目标、活动内容等，努力将幼儿的经验强化。

（一）教研实录 1：对话幼儿（以小班年级组为例）

教研时间："霜降"活动开展前。

霜降是秋天的最后一个节气，一般是在每年公历的 10 月 23 日前后。在主题活动开始实施之前，我们已依据霜降的节气特征和小班幼儿的已有经验，从预设的 14 节集体活动中筛选出适宜小班幼儿开展的 7 节集体活动，本次教研将对主题思路、主题目标的设定、资源的选择、区域材料的投放、一日生活环节的渗透、环境的创设以及课程内容的安排进行研讨。

主持人：请大家根据自己的经验，发表对本次霜降主题思路的看法。

教师 1：要先说一下霜降节气来临的时间，一般是在每年公历的 10 月 23 日前后。

教师 2：要解释一下霜降的作物和气候特点，为什么这个节气叫作霜降。

教师 3：霜降是秋天的最后一个节气，也是秋天到冬天的过渡节气。

主持人：看来大家对霜降的主体思路已经有了一定的了解，那么对于主题目标的设定，有没有优化和调整的地方？

教师 1：我们需要根据现阶段小班孩子的年龄特点和已有经验对原有的主题目标进行调整，有些需要增加，有些对于孩子来说有点难了需要更改一下。

教师 2：我觉得在原有的目标上增加一条自理能力方面的目标，要学会自己穿衣服，随时增减衣物，以防感冒；在户外活动的时候能够掌握双脚同时向前连续行进跳的动作，锻炼腿部力量，提高动作的协调性。

教师 3：在语言发展方面，之前的目标有点难了，要调整为会用完整的短句，表达自己的意愿，根据画面简单说出故事的情节，初步学会用替

代相关词汇的方式进行儿歌仿编。

教师 4：能够适应幼儿园的集体生活，大胆尝试主动交往，知道自己的朋友是谁，能大胆地向他人介绍自己的好朋友，体验和同伴玩游戏的快乐。

教师 5："知道霜降节气到来，感受节气特征，初步感知霜的形成，体验探索大自然的乐趣"这个目标对于目前的天气来说暂时还实现不了，孩子对于这个气候特点可能还不能完全体会到，只能通过照片和视频来感受了。在动手操作中，理解"1"和"许多"的分合关系，这个目标是可以的。

教师 6：在上音乐活动的时候，能理解音乐游戏规则，感受乐段的不同节奏和情绪。能自主选择印画材料，能用印画的方式表现柿子树。

主持人：我来总结一下，大家设定的目标都是依据我们本次主题活动实施的内容以及《指南》中五大领域的要求来制订和调整的，其中也囊括了一日生活中的部分环节以及霜降时节的气候特点。那在霜降节气，有哪些资源可以供孩子们开展活动呢？

教师 1：有很多自然资源，小朋友们一起认识霜，和枫叶做游戏；认识各种各样的萝卜……

教师 2：还有柿子，可以品尝柿子、做柿饼。还有板栗，可以带孩子一起烤板栗，做板栗饼。

教师 3：要带孩子一起了解霜降的气候特点，天气渐渐变冷了，初霜是怎么产生的，跟孩子们一起走进大自然，一起感受霜降时的气候变化。

主持人：是的，霜降节气的资源主要就是一些自然资源和一些气候特点，那么在区域活动中，我们可以怎么设置目标以及投放材料？

教师 1：我觉得区域活动的目标一定要和主题目标有联系，这样一来，我们在主题活动中使用的教具和孩子们的作品也可以投放在区域中作为延伸再次运用。

教师2：萝卜是霜降的资源之一，在建构区中可以新增一些材料，如萝卜地图片、草皮、雪花片、积木。小班重点关注幼儿用雪花片拼插小花。

教师3：《火晶柿子小猪》这个绘本很贴合霜降，可以在图书角增添相关的绘本，教师可以引导孩子根据绘本的画面，简单说出故事的情节。

教师4：语言活动"小枫叶"中的头饰可以投放在语言区，孩子们可以戴着头饰继续仿编儿歌，还可以进行表演游戏。

教师5：美工区里可以投放柿子树底板和落叶，之前美术活动的材料可以继续投放，再增添一些新的拓印材料，孩子们可以将美术作品粘贴在柿子树上，再放一些大小不同的萝卜，还可以用萝卜的横截面进行拓印。

教师6：可以在生活区里投放穿衣服步骤的图示，教师可以创编朗朗上口的儿歌帮助幼儿记忆穿衣服的步骤。益智区除了可以继续使用数学活动的材料，再另外新增方位活动"柿子在哪里"，重点关注幼儿能够自主摆放柿子，认知柿子在框子里面、外面、上面、下面。

主持人：听了大家的想法，相信老师对霜降的区域活动创设都有了大概的框架，我觉得秋天到了，孩子们都会和家人一起外出游玩。在娃娃家可以投放一些野餐垫、小背包，老师可以带领孩子们一起开展带娃娃秋游、逛公园等游戏情节。那在一日活动中又可以怎么渗透呢？

教师1：可以在晨锻环节增加捡落叶、平衡木、摇马、拱门、跳圈、赶小猪等游戏。

教师2：秋天到了，很多孩子都会在周末的时候跟家人出去玩，也一定看到了很多有关秋天的景色，在晨间谈话的时候，可以和孩子聊聊今天来幼儿园的路上看到草地上白白的是什么，有没有看到枫叶颜色的变化；有没有看到自然角菊花的样子和变化等。

教师3：吃完午饭散步的时候，可在带孩子观察幼儿园里枫叶颜色的变化；到小菜地里和草丛里观察小蚂蚁如何运粮食，还可以带领孩子收集落叶，一起劳动，带回班级再次利用。

教师4：餐前准备的时候，可以玩"大风吹"的游戏，大风吹，吹到谁，谁就来说一说，可以说一说霜降时节的水果，或者自己的好朋友等。

主持人：是的，我们的课程资源可以融入孩子的一日活动中，让课程服务于孩子。那关于霜降主题的环境创设大家有什么想法？

教师1：可以以柿子为主题，将柿子树布置在主题墙中，既可以用来张贴孩子的作品，也可以作为节气的元素。

教师2：布置霜降主题墙，粘贴一些霜降照片，带领孩子了解霜的形成。

教师3：我们可以以枫叶为主设置主题墙。

主持人：听了大家的想法，我觉得在环境的创设中，我们还可以借助幼儿的视角布置、装饰，根据季节的变化进行实时的更换等，紧跟幼儿学习的脚步，在深入与丰富中获得成长。最后，我们将对霜降主题实施的集体活动进行研讨。

教师1：我来说一说语言活动"小枫叶"吧，我觉得孩子们首先要有看枫叶的经验，然后要准备的教具有儿歌的图片、小枫叶的挂牌或者头饰若干。

教师2：我准备的是数学活动"小猫过生日"，主要是准备一些小动物和小鱼的图片。

教师3：美术活动"美丽的柿子树"需要海绵印章、棉签和各种各样的颜料，前期经验是需要孩子看过柿子，了解柿子的外形特点。

教师4：我准备的是社会活动"小枫叶的好朋友"，需要音乐《抱一抱》和PPT。

教师5："拔萝卜"活动需要一些萝卜的挂饰，还需要兔子和熊的头饰各一个。

教师6：体育活动"小兔拔萝卜"需要一些玩具模型，营造一个情境氛围。

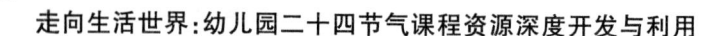

教师 7:"霜的形成"准备的材料比较多,需要找一些霜的图片、霜形成的视频、制作霜的步骤图,还要准备实验材料,每组要有冰块、盐和小勺供幼儿操作。

主持人:在霜降主题活动中,可以通过柿子、萝卜、枫叶等元素开展霜降主题活动,不仅让孩子们通过各种丰富有趣的活动了解节气与气候变化的关系,还对二十四节气传统文化有更多的了解,树立亲近自然、爱护自然的意识和观念,让传统文化的种子在孩子们的心中生根发芽。

(二) 教研实录2:对话教师(以小班年级组为例)

教研时间:"霜降"活动开展前。

教师作为活动实施的主体之一,对于活动的开展过程具有很重要的影响。在霜降活动开展前,我们除了需要尽可能地了解霜降的相关知识及幼儿的所思所想和行为,还需要确定好教师自身对活动价值的掌握程度,因为只有心中有目标,才能做好随时承接幼儿的兴趣转变和新活动生发的准备,才能顺应幼儿的自然发展,将他们的发展有目的、有计划地纳入教育的轨道中。在每次教研时,我们会以小组座谈的方式,在活动后,了解教师的想法,判断教师的课程执行力。

主持人:经过刚刚的讨论,我们确定了接下来实施的霜降主题的活动价值,那大家认为在实施时,根据你们班孩子的情况最核心的目标是什么?

教师1:我认为有两个重点,第一个是在现阶段小班入园的第三个月里,他们学会自己穿脱衣服,在家里也能坚持完成。第二个是在霜降节气感受到节气特征,知道当季水果柿子很常见,枫叶也很多。

教师2:我也认为本主题活动最核心的目标是健康领域的学会自己穿衣服,随时增减衣物,因为当前的天气早晚温差非常大,幼儿完成目标可以预防感冒。社会领域的目标是幼儿能够适应幼儿园的集体生活,大胆尝试主动交往,知道自己的朋友是谁。能大胆向他人介绍自己的好朋友也是非常核心的,幼儿在幼儿园有好朋友才能爱上幼儿园。

教师3:我认为霜降主题的核心目标是让幼儿知道霜降节气,并且知道霜降节气中柿子和枫叶是节气中的主要自然特征,在社会交往方面让幼儿大胆主动交往,知道热了自己脱外套。如在美术活动"美丽的柿子树"和语言活动"小枫叶"的过程中让幼儿自主产生兴趣,从而引出霜降节气的特征,在户外游戏中出汗了会主动告诉老师并自己脱衣服。

教师4:每个领域都有核心的目标,如知道霜降节气,了解昼夜温差大会产生霜,初步感知霜的形成。学会自己穿衣服,根据温度的变化随时增减衣物。能适应集体生活,有自己的好朋友,能向大家介绍自己的好朋友。

教师5:我和前面两位老师观点一样,科学和健康目标是最核心的,让幼儿知道霜降节气的到来,感知霜的形成。在霜降节气到来的时候,因天气原因,让幼儿学会自己穿衣服和增减衣服。

教师6:我认为是健康和社会领域。十月底班级进行了自理能力比赛,部分幼儿基本能够自己穿脱衣物,但还有少部分做不到。霜降节气季节交替,温度变化大,考验幼儿自主穿脱衣物的能力。此外,根据家长反馈情况,我们发现部分家长关心幼儿在园的社交情况,担心孩子因为内向的性格交不到朋友。良好的同伴关系、师生关系能缓解幼儿集体生活的焦虑,帮助幼儿树立认同感和归属感。

教师7:大家说的都很符合幼儿现阶段实际情况,但我认为我们既然选择了节气为活动的主线,那么让孩子们知道霜降什么时候到,霜降的节气特征是什么也很重要,其次就是在这当中观察动植物都有什么样的变化,愿意用不同的方式表达自己的想法,比如可以制作黏土柿子,或者撕纸柿子。

主持人:的确,我们实施节气主题活动,正是因为节气是贴合我们每

走向生活世界:幼儿园二十四节气课程资源深度开发与利用

一天的生活,我们想让孩子能够在日常生活中,自然而然地感受到节气知识,感受到生活的美妙,然后顺其自然地让学习发生,那我们在实施中的关键在哪里,如何直观有效地丰富幼儿经验?可以从哪些路径去达成我们的核心目标呢?

教师1:该主题活动的实施关键在于是否能够有效地利用幼儿身边真实的资源,比如柿子、枫叶、萝卜。这些都是幼儿生活中易得的、常见的,有效的利用可以让幼儿获得真实的经验。

教师2:对,我们对于柿子与枫叶一定要提供实物。

教师3:我想说一下,我觉得除了实物的提供,我们其实还可以用不同形式让幼儿了解霜降中的各种自然元素,体验探索大自然的乐趣。感受霜降与之前有哪些变化,枫叶在渐渐变色、柿子丰收等。

主持人:可以举个例子吗?

教师3:比如,晨间谈话时让幼儿说一说自己观察到的路上的变化,体育游戏中与枫叶做游戏。渗透在一日生活之中,如散步时观察植物的变化,观察蚂蚁如何运粮食。入园离园时感受温度的变化,在霜降节气看到的景色。其实实施的关键在于多种形式,真实情境下,让幼儿知道霜降节气已经到来了。

教师4:我来补充一下,我们对活动的实施要充分考虑幼儿的前期经验所处的阶段,对此节气的了解,然后要贴近幼儿的现实生活,不能脱离他们的生活认知,比如带幼儿真实认识霜降节气的动植物,尤其是水果,让幼儿能够亲身参与,在做的过程中积累更多的经验。

教师5:我认为日常渗透是关键。对小班幼儿来说节气概念是不清晰的,只能通过环境的变化、饮食的调整等方面才能切身感受到,因此在幼儿的一日生活中渗透显得尤为重要。

教师6:我们也不能忽略家长,要家园共育,将家长资源利用起来。利用入园离园时间感受温度变化,需要穿脱外套,增加幼儿的生活经验;

家长周末可以带孩子去果园找柿子树,体会不同柿子的手感、味道。

主持人: 大家都能基于小班幼儿的年龄特点和本园的实际情况,有重点地思考这一阶段的活动核心目标,我们要在这一阶段,充分利用霜降节气的特点"柿子""枫叶""天气转冷"去实现幼儿在科学和健康两个领域的目标。通过给幼儿创造一个真实的环境让他们感受霜降的特点,让他们亲身参与到体验活动中去,感受自然的秘密。最后再提醒大家一下,在接下来的实施中,要时刻关注幼儿的兴趣变化,适时调整我们的活动内容,灵活机动,内容跟随着幼儿的兴趣走。让幼儿用心去体验,用语言描述、用画笔表达、用小手去创造,让幼儿建构自己的经验,也给予他们随时回顾经验的机会。

三、阶段三:基于幼儿,共思再行

课程实施是一个动态的过程,活动的预设与生成是根据幼儿的情况来制订的,在活动开展中,我们会持续聚焦幼儿的兴趣、经验发展和行为表现,定期对已经实施的课程做反思、小结和调整。我们坚持以幼儿为主体来观察、调整和完善,只有这样,活动才有生命力,才能真正做到一切基于幼儿、为了幼儿、发展幼儿。作为新时代的幼儿教师,我们想要深入了解幼儿,促进幼儿成长,不只需要做好观察和记录,更需要去探寻幼儿行为表现背后的深层原因,并因材施教。

霜降节气活动已经进行了一半,每个班的实施情况到底怎么样呢?幼儿对哪些活动尤为感兴趣呢?有没有超出幼儿能力水平和经验的活动设置?霜降节气的资源是否能起到合理的推进作用?这些都值得老师们坐下来好好探讨,所以,在每个节气活动进行到中期时,我们都要求年级组教师开展针对本次节气活动的专项研讨,将经过研讨后的教研内容纳入节气课程,进一步丰富和完善园本课程资源库。

（一）教研实录1（以小班年级组为例）

教研时间：霜降活动开展过程中。

本次霜降活动在10月中下旬开展，为期近两周。针对已经开展了一周的霜降活动，老师们对于活动目标的达成、幼儿经验发展、霜降节气资源使用情况、家长反馈情况等方面进行了细致的回顾和讨论。

主持人：霜降节气已经过半，现在请各班老师说一说已经开展过的活动里，遇到了哪些问题或者有哪些更好的提议，作为对霜降节气的一个中期回顾和小结，给我们接下来的活动做调整和提升。大家可以说一下霜降节气活动的目标达成情况、实施效果、利用到了哪些资源或者你用了哪些替代手段。

教师1：我先讲"霜的形成"。这节活动在材料准备上遇到了一点难题。这节活动用到的冰块，是我在上课之前从超市买的，因为那几天气温比较高，所以送来的时候已经有点化了。在等冰块的时候，我们就组织小朋友先进行别的游戏。

教师2：小一班上完活动课就跟我们班沟通了这个情况，所以我们班晚上去买了一个保温箱。我们试了一下提前3小时用这个保温箱给冰块保温，实验证明能行得通，保温箱里一点化掉的水都没有，所以我们第二天就用了这个保温箱，效果挺好。

主持人：除了刚刚说的"霜的形成"里面冰块的问题，还有其他老师有什么反思或者是想要跟别人分享的建议？

教师3：我们班小朋友制作霜的实验还是挺成功的，都能制出霜来，但是好像小班的小朋友在进行科学活动的时候，对操作更感兴趣，他们更喜欢加盐和搅拌这个过程，并不会主动去观察是否形成了霜，需要老师一直去提醒他们。

教师4：小班小朋友在这种科学活动中，更重操作，他不能把因果联系起来，不晓得及时观察，他只是感觉很好玩。

教师3：对,他的手在哪他眼睛就在哪,搅拌的时候,小朋友一直盯着杯子里看。所以当时在引导观察的时候,我就提醒小朋友,把手上的搅拌棒停下来,再蹲下来,看一看杯壁有没有霜,这样很具体的引导,他才会蹲下来去发现变化。

教师5：这节活动在最初设计的时候,是让幼儿自己去发现什么材料可以帮助改变温度、在什么上面可以看到霜,但是我们班在前期师幼互动的时候发现小朋友的经验完全没有涉及这一方面。

主持人：我们就以这节活动为例,如果我们希望幼儿在大班的时候达到一个最理想的自由探索的状态,那我们中班时需要达成什么样的目标?小班又应该达到什么水平呢?大家可以思考一下。

教师6：根据《指南》的话,小班就是具备初步的探究能力。首先是感兴趣,能发现事物明显的特征,比如说结霜了和没有结霜的差别,了解这种"有"和"没有"、"软"和"硬"、"冷"和"热"比较明显的特征。然后小班幼儿应该要认识常见动植物和天气情况,这一类是比较直观、比较贴近生活的东西,小朋友是可以做到的,这都属于经验的最初积累。到中班的话,是要求能够比较和发现事物的相同和不同,能够进行猜测调查。大班的时候可能对观察、记录、比较的要求更细一点,并且能够验证猜测,会尝试解决问题等,能力发展是这样一个递进的过程。

主持人：大家认可这个思路吗?幼儿的能力发展是这样一个慢慢提升的过程,所以也请各位老师一定要把《纲要》《指南》放在心中,遵照幼儿的年龄特点、遵循幼儿的成长规律,用适宜的期待与幼儿共同向前。另外关于"霜的形成"这节活动,我们在之后的物质准备中,需要添加一个保温箱,在教师支持这一方面,需要老师用更简单、直接的语言对幼儿进行引导。

教师4：我来说一下语言活动"小枫叶"。上完这节活动,我的感受是节气活动真的是需要有很多的前期经验,比如说这节活动的重点我是放在了仿编上面,仿编小枫叶飘到了哪里,做了什么事情。如果你们班的幼儿在活动前没有认真观察过树叶飘落的现象,他们根本就没办法想象小枫叶除了飘到地上还能飘到哪里去,也仿编不出什么内容来。但是个别小朋友他可能是在家的时候观察过树叶飘落,他的仿编就很有新意,比如漂在水里像小船、漂在水面像游泳、飘在雨里在跳舞,小朋友的回答让我很惊喜。所以,针对"小枫叶"这节活动,幼儿得有这样的前期经验,他才能投入地去想象,发散思维。

主持人:关于"小枫叶"这节活动,幼儿的前期经验可以通过哪些途径去铺垫呢?

教师6:在这节活动开展前,老师可以带小朋友在幼儿园里观察一下风吹过时树叶飘落的样子,也不一定非要是枫树,小朋友的经验是可以迁移的,也可以给幼儿讲讲关于树叶旅行的故事,其实对小朋友来说还是很有启发的。另外,也可以让爸爸妈妈趁着出游的时候,带着小朋友去观察。

主持人:所以"小枫叶"这节活动,老师一定要做好经验铺垫,这是本节活动很重要的一项准备工作。另外,节气活动尤其重视"实物""实景""实地",如果条件允许的话,这节语言活动可以调整到室外,让幼儿在优美的环境下、真实的氛围里去感受秋天和仿编句子。

教师7:我来说说数学活动"粘雀嘴"。这节活动,如果说利用资源的话,我们用到了幼儿园的树枝、树叶、枯草,其实就是给小朋友看了一下拼成的鸟窝,我总觉得资源利用上有点空。大家有没有什么更好的资源利用方法?

教师3:我们班对这个活动的资源利用是有延伸的。开学的时候,我提了一下这节活动课,我希望有个鸟窝,然后保育老师就记到心里去了。活动之后我们班保育老师去拔了好多稻草和野草,把草晒干,然后她带着小朋友亲手做了个鸟窝,做得非常像。但是鸟窝底那儿的草老是往下漏,

保育老师又研究出来底边上的草应该是旋转着编过去,然后这个鸟窝就变得更结实了,还挺有意思。她最近学了折纸,她就把鸟给折出来放在鸟窝上。小朋友每天都围在保育老师身边跟着做鸟窝、逗小鸟,热闹得很。

教师7:你们班的鸟窝我要去学习一下。

主持人:前期经验和经验延伸对幼儿而言都是很重要的一部分,不管在活动前还是后,只要是有铺垫,有推进的,就是有意义的。当我们到中班再开展节气活动的时候,我们老师和小朋友就一定可以再利用上这样的经验,对类似资源的利用也会更扎实、更充分。

教师2:"粘雀嘴"其实讲的是节气里面的一个风俗,小鸟会去偷吃庄稼,然后需要把它的小嘴巴给粘起来,它就不吃了。其实在这节活动之前,我们还需要给小朋友讲一讲为什么要把小鸟的嘴粘起来,再比如说如果用这节活动去做一个生活制作类的那种,搓个小糯米团,然后煮一煮吃一吃,感受糯米粘牙的那种感觉,会不会更符合这节课一点。

教师1:这样感觉活动层次会更丰富,既深刻了解了习俗,又有了迁移经验。

主持人:对于这节活动的改进,我们前面可以通过一个小故事或者通过操作活动让小朋友明白粘雀嘴的故事背景,然后由这个故事生发出来一个数学的规律排序活动。关于节气课程里的家长工作这一块,大家有没有什么想法?

教师5:我们在第一次跟所有的家长见面的时候,我们说这学期要开展节气课程。就现在而言,我们利用了很多家长资源,但我觉得自己班级反馈给家长的关于节气的活动好像不太突出。你们呢?

教师1:我有同感,但是有一点我很困惑,比如"吃秋梨"那节活动,我们从小朋友的角度开展了活动,引导小朋友触摸、闻香、品尝,小朋友其实特别喜欢这节活动,但是在家长眼中,可能就没什么特别之处。

教师3:结合之前的活动形式和小朋友的兴趣点,我们是不是可以在

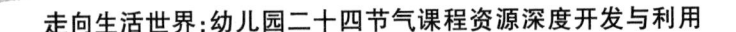

"吃秋梨"这节活动之后,搞一个"第二课时",把品尝秋梨这个环节搞成"秋梨品鉴会",邀请家长到园来参加。我们把场地定在小农庄旁边,让大家一边赏落叶,一边吃秋梨,这样或许会让幼儿觉得更有趣,同时也让家长参与进来,感受节气课程的稳步实施过程。

教师6:想法挺好的,而且可以实施。我们可以用小椅子,也可以用地垫,可替换的东西还是很多的。

(二) 教研实录2(以小班年级组为例)

节气课程的开展是由幼儿视角预设的,教师基于幼儿在活动中的兴趣和经验,也会延伸出各种各样的主题和活动,这是幼儿的变化和成长印迹。其实,在节气活动的开展中,教师也有很多自己的想法、困惑和感悟,这是教师思考的结晶,是教师专业成长的印迹。在《幼儿园教师专业标准》中明确指出:"掌握观察、谈话、记录等了解幼儿的基本方法;在教育活动中观察幼儿,根据幼儿的表现和需要,调整活动,给予适宜的指导;有效运用观察、谈话、家园联系、作品分析等多种方式,客观地、全面地了解和评价幼儿"是教师必须具备的专业能力,因此,在每次节气活动的研讨最后,我们也会给教师充分的时间和机会来表达自己的所思所想。由此产生的讨论,不仅切实解决了一些问题,也让这个团队在头脑风暴中有了更开放的思维点。

主持人:除去刚刚我们所讨论的活动目标达成情况、资源利用情况等,各位老师在自己实施节气课程的过程中,有没有其他感受和想法?

教师1:我最近的感觉就是,上完这一节活动了,小朋友好像只知道霜降吃柿子、枫叶红了、有梨子吃,幼儿真正在节气方面的经验的提升,好像特别的局限。

教师3:你忘记那天林园长给我们开会的时候最后讲的话了吗?"你不是一定要让幼儿知道什么,而是要让他在节气活动中有更多的体验。"小班的小朋友才入园三个月,他们能力水平还是有限的,小班这个时候更

注重的是体验,我们把经验积累好,然后真正到大班的时候,小朋友能力、经验、思维就刚刚好啦!

教师6:这一点要考虑到小朋友年龄阶段的问题,第一个是他比较小,可能对这些概念理解起来稍微慢一点,包括知识需要浅显一些他才能明白,现在其实才开展节气活动三个月,我们老师还是要静待花开。

教师7:因为我以前没有接触过节气课程,所以我之前在备课的时候自己也有很多不懂的地方,我就去查资料,但其实还是一知半解。我在给小朋友组织集体教学和游戏的时候,自己就会有更深一步的理解。有的时候小朋友还会冒出一些关于霜降的问题,问得我措手不及,我就会赶紧去查一下,或者引导小朋友回家和爸爸妈妈先讨论一下,然后再找合适的机会跟小朋友一起聊一聊。我觉得我自己真的是学到了很多。比如"大雁南飞"那节活动,我先是在班上给他们科普一下,大雁它是怎么在天空中飞的,它什么季节飞,然后讲和霜降的关系,大雁大概要到南方去过冬什么的。我自己也是第一次这么清楚地了解这个知识点。

主持人:经过今天对霜降节气的探讨,大家对之后的立冬节气有什么计划或想法?

教师2:立冬我们会涉及了解萝卜这一类的食物,我们可以选几个话题,让家长提前带小朋友去聊一聊这些,等我们要开展这个活动的时候,多数孩子可能了解过了,就能把经验链接起来了。

教师3:我觉得腌菜真的还蛮有意义的,可以早早准备起来。光凭我们去做,我们经验不足也不知道能不能腌好,我们可以邀请家长,特别是一些奶奶,她们肯定有秘诀。我们让家长参与进来,腌肉、腌菜一定能搞得很有趣,到时候我们再邀请爸爸妈妈来品尝一下,让小朋友们感受一下收获和成功的快乐。

教师5:我之前还担心上关于雪的活动的时候不下雪怎么办,听大家今天一分析,我觉得了解在前,实践延后也是不错的方式。

主持人：越到后期小朋友接触的节气知识越深奥，对教师而言，没有扎实的知识引导不了幼儿；对幼儿而言，没有良好的经验基础感受不了，所以我们从小班开始除了要认真地完成活动课、开展相关游戏体验以外，更重要的是要培养小班幼儿的生活经验、节气经验，所以我们现在是从浅显开始，逐步深入节气，与幼儿共同进步。

四、阶段四：反思沉淀，助长经验

幼儿园每个节气活动方案实施后的专项研讨，从功能上来说是活动方案开发、活动方案优化管理的途径和方法，其目的是进一步完善节气活动方案的建构，能帮助幼儿园更好地把握节气活动的科学性、合理性、发展性、可行性。经过反复实践、实验、总结，我们归纳出以下活动实施后研讨的四步模式。

第一步：回顾活动实践过程，分享已有形成性经验。

第二步：梳理问题，形成初步研讨内容。

第三步：结合教育理论及经验展开研讨，提出可行性建议。

第四步：总结提炼，优化方案。

结合以上四步模式，我们将研讨侧重为活动开展的价值，从而在霜降节气主题活动方案实施后，围绕该主题活动方案实施的过程进行专题研讨。

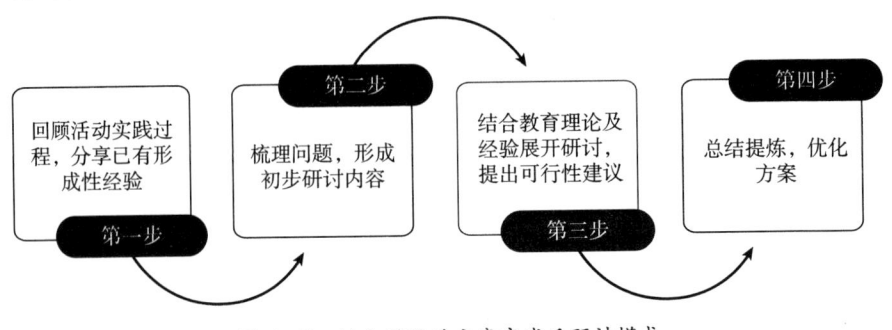

图 4-3　幼儿园活动方案实践后研讨模式

（一）回顾活动实践过程，分享已有形成性经验

这是方案实施后研讨的第一步。先以班级为单位，针对霜降节气主题活动方案实施后进行研讨，研讨内容从以下七方面（见表4-3）展开，班级两位教师进行研讨，重新回顾梳理本班幼儿的目标达成情况、经验变化等，将研讨内容如实记录。再以年级组为单位，由年级组长、教师共同研讨。同时，会将各班级间实施活动中的经验进行分享，教师在实施过程中支持策略的不同，幼儿兴趣点、生成性活动的开展等，分享已有形成性经验以供互相学习。在研讨后，会将活动中生成的优质资源纳入幼儿园的电子资源包，比如霜降节气生成性活动资源（见表4-4）。具体研讨模式的实践见下文。

表4-3 幼儿园节气主题活动方案实施后研讨记录表

年龄段	时间	内容
主题后研讨内容	研讨完成的目标	
	幼儿获得的经验	
	幼儿最感兴趣的活动	
	基于幼儿兴趣开展的生成活动	
	有效利用了哪些资源	
	主题亮点	
	主题的不足与建议	

表4-4 霜降节气生成性活动资源

节气资源	生成性活动
萝卜	种萝卜、拔萝卜、吃萝卜、萝卜手工
枫叶	制作树叶拓印画、赏枫叶、枫叶折纸
柿子	认识柿子、品尝柿子、制作黏土柿子、做柿饼
芙蓉花	纸巾浸染制作芙蓉花
板栗	烤板栗、剥板栗、吃板栗

（二）梳理问题，形成初步研讨内容

这是方案实施后研讨的第二步。将同年龄段班级的研讨内容纵向对比后，通过选择、分析、概括，最终形成2—4个综合性问题，并以此作为活动后研讨的主要问题。

（三）结合教育理论及经验展开研讨，提出可行性建议

这是方案实施后研讨的第三步。研讨主体包括：教师、教学主任、园长、专家等。他们将围绕研讨主题问题，依据《指南》、教育理论（如陶行知教育理论、陈鹤琴教育理论、建构主义理论等）及教育经验展开研讨并提出有效建议，经研讨主持人汇总后，由研讨参与人员再次研讨得出解决策略和方案。

（四）总结提炼，优化方案

这是方案实施后研讨的第四步。根据第三步的研讨结果，主题活动方案进一步指导具体方案建构人员修改节气活动方案，直至最终确定方案实施的具体细节。

通过这样多次、分阶段、分步骤的研讨，最终建构适合幼儿园幼儿发展的节气活动方案，对有的已经接近成熟、基本定型的生成性活动，可将其纳入幼儿资源库，在供给本园教师使用的同时，也推荐给更多的幼教同行选用。

1. 教研实录1

教研时间：霜降活动实施后。

研讨地点：课程资源室。

研讨人员：小班组教师。

研讨准备：教师收集幼儿活动相关材料，如照片、视频、作品等。

主持人：霜降节气主题活动已结束，下面各班根据班级实施情况，从完成的目标、幼儿获得的经验、幼儿最感兴趣的活动、基于幼儿兴趣开展的生成活动、有效利用的资源以及主题的亮点与不足等方面出发，对本主

题的实施进行研讨。

（1）审视完成的目标。

教师1：健康领域中,幼儿动手操作学会穿脱衣服这项目标基本达成,但是增减衣服需要在老师的提醒下完成。

教师2：是的,我们班的情况也是这样的,只有个别幼儿能够主动地增减衣物,其他的幼儿还需要老师的提醒。

教师3：小三班的幼儿已经能够自己穿脱外套,但是一些需要套头的,比较难穿的衣服还是需要老师的帮助。

教师4：小四班本主题下进行了班级内部的自理能力比赛,所以带着幼儿进行了练习,所以我们班这条目标基本能够完成。

教师5：对于动作发展方面,我们班幼儿能够双脚同时向前连续行进跳,并且参与度很高,班级幼儿很喜欢参加体育活动。

教师6：是的,小班幼儿对于体育游戏非常喜欢,都能够完成这个动作。

教师3：但是在跳跃的距离和高度上还是会有比较大的差异。

教师7：那是肯定的,幼儿动作发展水平是不同的,针对动作发展较弱的幼儿,之后要多加练习。

教师1：语言领域目标中,班上幼儿能用完整的短句表达自己的意愿。只有个别幼儿能根据画面简单说出故事的情节,儿歌的仿编也只有个别幼儿完成。

教师8：我们班的幼儿无法通过观察画面说出故事情节,他们观察不出不同画面中的关联性。

教师2：我们班幼儿也能用完整的短句表达想法,但在用替代词进行仿编时,只有部分幼儿能够完成。

教师6：社会领域的目标完成得比较好,幼儿能主动交往,有自己的好朋友,知道自己的好朋友是谁,也能向他人介绍自己的好朋友。比如:

我的好朋友是小米谷,我们经常在一起玩。

教师8:这条目标我们班完成的稍微有点欠缺,班级有几个幼儿还会存在不想来幼儿园、不适应幼儿园的情况。

教师3:小三班也能适应幼儿园的集体生活,能大胆尝试主动介绍自己的好朋友。

教师4:小四班也是同样情况。

教师1:科学领域,幼儿能够理解"1"和"许多"的概念,也能说出"1"和"许多"。

教师5:是的,特别是在故事情境中。

教师6:我也发现了,如果能给幼儿创设一种情境,就更能帮助他们理解数概念。

教师7:我们班幼儿也是同样,对于"1"和"许多"的概念能够很快掌握,这点我还是比较意外的。

教师1:艺术领域,能用印花的方式表现柿子树。

教师4:柿子的大小、疏密只有个别幼儿能表示出。

教师3:歌唱活动中,只能表现出音乐的节奏,对于情绪的理解不到位。大多数幼儿能够理解游戏规则。

教师6:我们班幼儿比较喜欢音乐游戏,能遵守游戏规则,能听出音乐里不同段落的区别,但是不会有比较明显的情绪变化,能理解情绪的变化,但无法表现。

教师3:是的,我们班幼儿也一样,没办法有区分地表现段落中的不同情绪,看来这是一个共性问题。

(2)幼儿获得的经验。

教师1:在霜降节气中,幼儿获得的经验还是很多的。下面我说一些幼儿能够基本达成的。先穿脱衣服,幼儿在园期间可以持续练习,在体育活动中排队与队形的转换,有了很大的提高。

教师2：是的，体育常规有了明显的进步。

教师1：再是幼儿能够学会怎么去交朋友。

教师2：早上入园有一部分幼儿能跟老师打招呼。

教师2：还有艺术领域方面，我们班幼儿对柿子非常感兴趣，所以每天都会在美工区里制作柿子，并且用印画和黏土结合的方式制作柿子和柿子蒂。

教师3：我们班幼儿最明显的获得的经验就是双脚能够连续向前跳，由于我们班幼儿动作发展普遍较弱，有个别幼儿路都走不稳，所以能获取到这方面的经验是非常明显的。

教师4：还有幼儿明显对大自然产生了兴趣，有好奇心和求知欲。由于霜降节气也算是进入了深秋，在气候的变换上挺明显的，便于幼儿进行观察和获取经验。

教师4：我们班则是自我服务能力有明显的增强，由于本主题中温度变化大，早晚的温差大，所以很多幼儿早上入园穿得很多，到了中午又很热，这段时间生病的幼儿也多，所以我们着重强调了衣物的增减。

教师5：是的，为此我们班还专门进行了自理能力比赛，要求家长带着幼儿在家也进行练习，所以我们班在这方面的经验获得挺明显的。

（3）幼儿感兴趣的活动。

教师1：我们班对美术活动"美丽的柿子树"感兴趣，他们喜欢柿子，在活动中材料丰富真实，易获得。同时幼儿对印画的方式感兴趣，因为易操作，有成就感。作品的呈现有氛围感。

教师2：我们班也喜欢，除此之外，对数学活动"小猫过生日"感兴趣。活动中的教具是一个动态的PPT，新颖有趣，容易引起幼儿兴趣。在区域里也会自己用玩具感受"1"和"许多"。

教师3：我们班幼儿喜欢体育活动"小兔拔萝卜"，主要幼儿对活动里的情境感兴趣，游戏难度对于幼儿有挑战。

教师4：还有社会活动"小枫叶的好朋友"，幼儿在最初的入园焦虑过去后，开始适应幼儿园的生活，同时也喜欢交往，喜欢交朋友。

教师5：我们班最感兴趣的也是社会活动"小枫叶的好朋友"。幼儿原来不能相互熟悉，通过这个活动，培养了幼儿主动结交朋友的意识。

（4）基于幼儿兴趣开展的生成活动。

教师1：幼儿对柿子感兴趣，我们就带幼儿生成关于柿子的健康和科学活动。小班幼儿对剥皮很执着，热爱给各种水果蔬菜剥皮。

教师2：这是他们认知事物的一种方式。

教师3：是的，所以我们就带他们给柿子刨皮、切、品尝等。同时也带着幼儿了解柿子的软硬、柿子的区别。没想到他们也很感兴趣。

教师4：对，还有家长反映幼儿回家后要他们带自己去寻找柿子。

教师2：之后也带着他们用各种艺术形式表现柿子，比如前面说到的用印画和黏土。

教师3：我们班则是围绕着萝卜开展了系列生成活动。

教师4：是的，幼儿园的菜地里有萝卜，最近也长得特别好。户外游戏的时候，幼儿就会观察萝卜，正好这也是一种自然资源，我们就加以利用带着幼儿一起拔萝卜。

教师3：可是拔出来的萝卜很快就会失去水分，会蔫了，于是孩子们就一起想办法怎样才能保存。在共同翻阅资料后，我们想到了水培萝卜，正好我们自然角有空的水培器皿，于是我们就带着孩子们进行了水培萝卜的实验。

教师4：同时在生活区投放了切蔬菜的材料，幼儿能够在区域游戏里切萝卜。

教师5：我们在共同了解过霜降节气的物候特征后，我们班的幼儿对霜感兴趣。因此每天都会带着幼儿外出寻找霜。但是由于气候的限制，并没有在户外找到霜。

教师6:是的,为了弥补孩子们的遗憾,我们用其他形式模拟霜。我们用盐模拟霜,并进行了树叶上霜的美术作品的创作。

教师5:霜降主题虽然过去了,但是寻找霜的活动并没有停止,在后续我们还会持续进行观察记录。

教师7:我们班幼儿对霜降节气的一些物候现象感兴趣。因为天气变凉,有很多落叶飘落下来,我们的幼儿在散步期间捡拾落叶。

教师8:是的,孩子们会把收集到的树叶当成宝贝一样,我们会把它们做成书签,树叶粘贴画等。

(5) 有效利用的资源。

教师1:我们在霜降节气里利用最多的是自然资源:柿子、枫叶、萝卜。

教师2:是的,我们班幼儿对柿子非常感兴趣,我们也重点利用了柿子这一资源。

教师3:我们班有效利用了幼儿园的已有资源——菜地里的萝卜。

教师4:我们重点利用了家长资源,因为幼儿在幼儿园的时间是有限的,在家园中开展持续性的节气活动是必不可少的。

(6) 主题的亮点与不足。

教师1:在本主题中,我们深度利用了柿子资源,抓住幼儿的兴趣点,多领域地开展活动。

教师2:是的,但是对于柿子的持续性观察不够,比如可以准备生的柿子,通过方法让它变成熟的柿子,让幼儿能持续观察。

教师3:小二班的亮点则是将水培萝卜与自然角、生活区、科学区、美工区相结合,深度利用萝卜这一资源。

教师4:但是自然角没有及时投放关于萝卜的观察记录。

教师3:我们则是围绕萝卜、枫叶、柿子进行不同领域的活动,如了解观察实物柿子的外形、味道以及催熟的方法。

教师5：但是由于节气特征与当季天气变化不一致，没有找到霜。

教师6：是的，我们也是有效利用节气中的自然资源开展相应活动。

教师7：由于天气原因，幼儿对于节气的气候变化感受不足。

主持人：请老师们将研讨内容进行整理总结，在园内的集体研讨上进行交流。

2. 教研实录2（园部集体教研）

研讨地点：园部多功能室。

研讨人员：全体教师。

研讨主题：霜降节气主题活动。

研讨准备：年级组汇总后的相关材料，如照片、视频、作品等。

主持人：各年级组将霜降节气的研讨内容进行交流。（交流过程略）

主持人：下面请各年级组进行研讨反馈，围绕"霜降节气资源的有效利用"这一主题进行研讨。

小班年级组代表：下面就小班年级组在本主题中的实施情况进行反馈，就"节气资源的利用"这一情况，我们凝练了几个关键词：适宜性、主动性、随机性。首先，小班老师选择的资源是适合小班幼儿年龄特点的，并从幼儿的能力出发，看见幼儿的最近发展区，活动的目标设置不会过于简单，当然也不会是幼儿完全达不到的。其次，小班老师能很好地发挥幼儿的主动性，由幼儿的兴趣进行引领，从幼儿的兴趣出发进行资源的选取和利用。例如，小一班幼儿对柿子这一资源感兴趣，小一班老师就利用柿子进行延伸，开展了预设活动以外的活动，促进幼儿经验的进一步发展。还有小二班的萝卜，也源于我们身边的资源。最后，小班老师利用的资源也不是一成不变的，而是具有随机性的，例如小三班在发现现在的气候条件无法发现霜的时候，老师会根据情况进行调整，紧紧抓住幼儿对于霜的兴趣开发新资源。

小班年级组自己提出的不足之处，主要是节气物候现象不明显和由于时间的关系,资源利用的后续性不足等问题。幼儿的发展不是一朝一夕就能达成的,正如我们的课程也不是一蹴而就的。并不是本主题结束了就不能进行后续活动的开展,等到了下个节气,或是下下个节气,当孩子们突然有一天在草地上发现了霜,我相信这带给孩子的经验和惊喜是不会随着时间的推移而冲淡的。而是会发现节气的乐趣,会更加地喜欢与自然对话,与节气对话!

以上教研实录来源于真实的霜降节气研讨现场,选取了小班年级组的反馈情况进行还原。对幼儿园课程建设中的问题,以课程审议的方式进行调整与优化,是探索适宜性课程的一种有效策略。以幼儿发展为目标的课程审议机制现已成为我园课程决策的基本模式,我们在三段式的课程审议路径中循环往复,使动态化的课程具备一定的活力。发挥教师集体智慧的优势,在相互分享、交流与权衡中调适与创生,以达到课程适应性和适切性的共生共长。

未来,我园将继续把课程审议应用于园本课程的开发、实施的全过程,在实施中调整,在发展中优化,促进幼儿园课程建设的发展。